荆楚
名师

荆楚名师系列丛书

教育慢慢来

伍学明◎著

长江出版传媒 | 湖北教育出版社

(鄂)新登字 02 号

图书在版编目(CIP)数据

教育慢慢来/伍学明编著.
—武汉:湖北教育出版社,2019.8(2021.1 重印)
(荆楚名师教育丛书)

ISBN 978-7-5564-3238-7

Ⅰ.①教…
Ⅱ.①伍…
Ⅲ.①中学-校长-学校管理-研究
Ⅳ.①G637.1

中国版本图书馆 CIP 数据核字(2019)第 158350 号

教育慢慢来 JIAO YU MAN MAN LAI

总策划	方 平		
责任编辑	贾 培 周海英	责任校对	李 镧
封面设计	牛 红	责任督印	张遇春

出版发行	长江出版传媒	430070 武汉市雄楚大道 268 号
	湖北教育出版社	430070 武汉市雄楚大道 268 号
经销	新华书店	
网址	http://www.hbedup.com	
印刷	湖北新华印务有限公司	
地址	武汉市硚口区长风路 31 号	
开本	710mm×1000mm 1/16	
印张	16	
字数	220 千字	
版次	2019 年 8 月第 1 版	
印次	2021 年 1 月第 3 次印刷	
书号	ISBN 978-7-5564-3238-7	
定价	38.00 元	

自　序

教育，慢慢来

写下这个标题的时候，我的内心是矛盾的。一方面，作为一名老师，我看过太多的案例，了解中小学阶段不少的孩子“小时了了，大未必佳”，教育效益不具有即时性。而另一方面，因为来自家长的追求和各种排名，我似乎又不能不去追求教育的眼前利益。谁不期待尽早摘到教育的果子，考高分，读名校？这些果子未必香甜，但是它能带给家长一时的愉悦，能够获得社会的赞许，甚至能够给校长和老师带来更具功名的未来。

不过，教育还真得慢慢来！

孩子的未来急不得。

每年高考大幕落下，网上都会传出一份《高考状元去哪儿了》的报告。有一个发现，高考状元成为“职场状元”的凤毛麟角，即在目前我国商界和政界等行业的“职场状元群体”中难觅高考状元的身影。大家都在反思这一现象。中南大学蔡言厚教授指出，高考主要考查一个人学习知识、应对书面测试的能力，书面测试毕竟不可能将复杂的现实职场有效地予以体现，现实世界中的职业发展成功与否有很多影响因素，如个人在职业发展上有无“人类事业心”“社会责任感”“强烈兴趣”，能否具有立志、苦读、敬业、报国的优良品质和“达则兼济天下”的规划、抱负、志趣、雄心。而这些，更能决定一个人走得多远，飞得多高。

美国国家档案馆最近公布的档案显示，多数总统青少年时代的校园表现平平。肯尼迪八年级时的语文考试仅得55分，约翰逊三年级的语法考试成绩为D，老布什的考试成绩多为六七十分。这样的案例我们也不陌生。当离开中学一二十年后，我们会发现当年班级或学校最出众的“尖子生”已成普通人；而在不同领域崭露头角的，多是那些当年表现平平的同学。有人称之为“第十名现象”，即日后有成就者，往往并非当年的最拔尖者，多是那些成绩中等偏上的同学。这其中有一个道理，那些过于专注学业的同学，在非智力因素的发展上失去了很多机会，以致于在以后职场中的发展反而变得狭隘。

学习成绩领先，未必未来人生能领先。让孩子不只单纯地追求分数，而多一些非智力因素的发展，这样更能给他未来人生发展的力量。

孩子的成长急不得。

“教育”一词，在德语中的意思是“唤醒、引导”；而在英语中，则表示“自然成长”；《学记》言：“道而弗牵，强而弗抑，开而弗达。”如果不尊重孩子的成长规律，教育会适得其反。每个老师都会遇到一些特殊的孩子，或是学不会，或是坐不住，又或是调皮，最好的教育方法不是强制，而是等待。曾经看到一篇美文，写到一位母亲参加孩子的家长会的故事。从幼儿园开始，孩子被老师数落多动、考试排名倒数、考高中有困难等，但是这位母亲总是不断鼓励自己的孩子，默默等待，孩子最后考上了名牌大学。我们身边也有这样的例子，小时候和成人后判若两人的不在少数，有些孩子有时变得懂事仿佛就在一夜间。

慢慢来，教育的过程中也许能看到别样的风景。张文亮的《牵一只蜗牛去散步》给很多教育人以启示：“我不能走太快，蜗牛已经尽力爬，为何每次总是那么一点点？我催它，我唬它，我责备它，蜗牛用抱歉的眼光看着我，彷佛说：‘人家已经尽力了嘛！’我拉它，我扯它，甚至想踢它，蜗牛受了伤，它流着汗，喘着气，往前爬……”可是后来随着我放平了心态，却看到了不一样的风景。“咦？我闻到花香，原来这边还有个花园；我感到微风，原来夜里的微风这么温柔。慢着！我听到鸟叫，我听到虫鸣。我看到满天的星斗多亮丽！咦？我以前怎么没有这般细腻的体会？”放慢脚步，把自己主观的想法放在一边，陪着孩子静静体味生活的滋味，倾听孩子内心声音在俗世的回响，教育自然而然就会发生。

教育慢慢来，是对教育功利的拒绝。小学毕业读名初中，初中毕业读名高中，高中毕业读名大学，考高分，追名校。不可否认，高分、名校是可以带给一个人更多的机会，但是好多孩子却因为成长中的透支，已经没了理想，没了兴趣，没了实践创新的能力。还有不少的孩子跌倒在奔跑的路上，更是得不偿失。

教育慢慢来，是对教育规律的尊重。肖川说：“学校最应该是优哉游哉、藏焉息焉的地方，最应该非常的从容，非常的宽松、宽容与宽厚，非常的闲适与祥和。学生的成长需要有足够的智力负荷、理智挑战，也需要有身心的舒展、愉悦和惬意。”

教育慢慢来，是对孩子个体的尊重。每一个孩子都是静待开放的花朵，每一朵花只会在属于自己的花期里绚烂绽放，那些没有被“唤醒”的孩子只是没有到他的花期。学校要致力于给学生们提供丰富的课程，让他们更多地参与体验，自然成长；老师要做好学生的引路人、陪伴者，不断地去激励、唤醒他们。

随着接触的学生越来越多，我越发地感受到，教育得慢慢来。因此在学校的工作中，我总是营造一种人文环境，让一些有影响的场景和故事留在学生的心中，让老师能以一种人文情怀对待教育、对待每一个学生。我会把课程观念植于老师们心中，因为课程就是学生成长的跑道，节庆课程、开学课程、毕业课程、社团课程、实践课程，每一次的活动都力求充满创意，旨在让学生有不一样的体验。我会牢牢地盯住课堂，课堂是提高质量的阵地，是师生交流的平台，是学生智力与非智力因素同步发展的地方；课堂不能仅成为知识的运输场，不能是老师的主场。另外，我们把非常多的关注点放在了老师身上，老师是学校的第一生产力，学校激励、唤醒了老师的职业动力，老师在教育过程中才会发挥出无限的创造力。

当一个学生确实不适应的时候，我们会尝试在学校给他一个绿色通道；当一位老师确实觉得无奈的时候，我们常常会给他安慰。

慢慢来，教育，就会好起来！

目 录 —— CONTENTS

微笑协定

愚人节的玩笑 /003
微笑协定 /004
学生心底藏着爱 /007
由二黄毛想到的 /008
学生的另一个身份叫孩子 /010
时间是一剂教育的良药 /012
让教育更接近学生 /015
不妨让学生多几个满分 /018
你会觉得遗憾吗 /020
孩子，不要轻易流泪 /022
“差生”并不差 /024
牵挂妈妈的女生 /026
看看第一次 /028
学生需要怎样的学习
——从王雷的成绩说起 /029
好成绩需学习自觉 /032
兴趣是成功的添加剂 /034
和孩子一起成长 /036
绿色捐助 /038
每个孩子都是沉睡的巨人 /039
多给学生鼓励和期待 /041
还要教会学生们走路 /043
学生带着草皮来 /045
又是一年三月三 /046

少一些刻意如何

少一些刻意如何 /051
老师，课堂上你越位了 /053
拥有学习过程才是真学习 /056
课改需要点“折腾” /059
学会倾听比积极发言更重要 /062
教学中更需要预设 /064
老师要多走下讲台 /068
教学中是否启发太少 /070
我为小林老师打 call /071
教学设计不妨简单些 /074
这节课，我看到了阳光 /076
教学中缺少一根线 /078
请先让学生试一试 /080
心中先要有目标 /083
不破怎能立 /085
让学生在课堂上说起来 /087
学习不能囫囵吞枣 /089
从女老师请产假说起 /091
在儿子班级上课 /092

把快乐还给学生

家长来信 /097
把快乐还给学生 /099
校园里的传家宝展览 /100
亲情监考员 /102
节日里，我们没有表彰 /104
不要让新技术产生负效益 /106
教育是一段坚守的历程 /108

“订单式”家长会 /109
让教育无处不在 /111
琐事琐记 /113
教育的关键在细节处 /119
辛苦是获得一切的定律 /121
优秀的背后都是艰苦卓绝 /123
换一种角度看评价 /125
辛苦，未必心苦 /126
校长不能总拿钱说事 /128
教学研究并非要“高大上” /131
请精心准备好第一课 /133
执行力是最大的方法 /134
找到工作的幸福之道 /136

老师要懂得悦纳

幸遇肖恩先生 /141
老师要懂得悦纳 /144
也谈特级教师的培养 /147
老师的三种职业心态 /149
老师要读点教育理论 /151
每位老师都要读读陶行知 /154
你有这样的心态吗 /157
威信是潜在的教育力量 /159
老师不能忽视自己的家长身份 /161
你愿意做寿先生的学生吗 /163
怎么能忘记了阅读 /166
聆听班主任的故事 /167
把心交给学生 /173
写给一位调离的老师 /175

拿什么让学生留恋

让阳光洒满教育 /179
阳光与教育断想 /181
拿什么让学生终生留恋 /182
让学生多晒晒太阳 /184
他们并非不喜欢阅读 /186
让学生因为遇见我们而感到幸运 /188
考试何必这么难 /189
不妨把难度降一点儿 /191
教育公平的注脚是“适合” /193
评估太细，学校难出特色 /195
学校不能作茧自缚 /197
校长眼里不能只有分数 /199
好教育是做出来的 /201
这般赶考又为何 /203
体罚之法当休矣 /206
为什么总有学生辍学离开 /208
他们的梦想在哪儿 /211
校园生活给学生留点什么 /213
教育该怎样触动学生 /215
空巢家庭空了谁 /218
校园里的“骨脆脆” /220
学校能在分数前多点理性吗 /222
我的台湾之行 /224
教育是内心的一份信仰
——赴香港学习考察所见所感 /235

后记

阳光守望 /244

微笑协定

愚人节的玩笑

2003 年，我第一次任教毕业班，遇到一班很调皮的学生，给他们上语文课。班主任整天蹲在教室，依然改变不了这班学生那种漫不经心的学习态度。他们上课说笑，下课疯闹。老师们上课的感觉都不好，给他们上课似乎只是为了把安排的教学时间应付过去。

那是一个晚自习，我走进教室准备评讲试卷。学生们出奇的安静，几十双眼睛都注视着我。我没有感觉到这种异样，转身看黑板，看到满满的一板数学题，不禁气从中来。“怎么没有擦黑板，不知道是语文晚自习吗?”我斥责道。看看讲台，黑板擦不见了，可恨的是，连粉笔也没有一支。“你们都学好了，不用复习了……”我发泄一通，旧怨新仇全倒了出来。学生们从没见我发过这么大的脾气，都木然地坐在座位上。大家在沉闷中度过了一节课。

第二节晚自习，我在教室门口停了一会儿，看到黑板擦干净了，讲台上收拾得很整齐，几盒粉笔摆放有序，学生们低着头写作业。我心想，那顿批评还算有效。我得意地走上讲台，赫然看到一张小纸条：“老师，今天是愚人节，我们只是想逗您开心!”“愚人节!”只觉大脑轰的一下，惭愧迅速袭击了我的全身。不擦黑板，藏起黑板擦，藏起粉笔，学生只是想在这样一个特别的日子里跟老师玩一次“捉迷藏”，制造一份愚人节的快乐。他们怀着一颗善良的心，而我却以怨相报，真是一个“愚人”!

我的心再也平静不下来，想起那些不顾情面的批评，那些显得严酷的作业惩罚，看学生时那种漠然的表情……老师种种过分的严厉，并没有泯灭他们的天真善良。很多时候我们对学生以怨相待，总觉得他们有那样多的不是，却忘记了他们是孩子，忘记了走进他们的心灵。

那年中考结束后，八个语文老师中，我拿了最高的奖金。对学生的刺痛，他们或许早已忘记，但那愚鲁的行为却让我每天都自我反省。我总是相信自己很成熟，也总是把学生想象得很幼稚，其实消除这种心理的距离，善意体察每个学生，就会发现，他们是那么的可爱。

愚人节又要到了，多么希望能再有学生把我当作一个“愚人”。这次，我定能和他们一起分享愚人节的快乐。

微笑协定

小曦在七年级的时候就表现出她的与众不同，顶撞老师，欺负同学，着衣个性，上课迟到，经常不完成作业。老师批评不奏效，家长到学校也腻烦了。

我刚来这所学校的时候，有一个调皮的女生，号称学生“大姐大”，任何男女生违纪的事情都能与她扯上关系，但老师对她无可奈何。在对她的教育上不知花费了多少精力。当我了解到这个学生时，第一反应就是，七年级就如此不得了，长大了还了得？况且还是个女生。

我特别了解了这个学生，发现她的成绩并不差，尽管总是一副玩世不恭的样子，每次考试都居于全班前十名。她的眼神中流露出一种叛逆，从中可以找到总是与同学闹矛盾的源头。据说有一次替同学打抱不平，找到高年级的同学，上去就给了别人一巴掌。

我找到她，指出她调皮的事实。面对校长，她没有一般同学的不安和局促，依然摆出一副不在乎的表情，可能正在建立心理防线，准备接受批评。接下来，我夸赞起她的成绩，没想到不怎么学习的她成绩还在班上有这么好的位次，调皮掩盖了成绩，以致于老师们都忘了她还是个优秀的学生。她开始显得不自在，我推测，她有很长时间没有听到过表扬了。一句表扬，让她脸上有了不自然的淡淡一笑。说实话，观察很长时间，我没有看到她笑过。每次巡查走过她的班级，她一定会在走廊，一定是一副怪样的表情。她的心理防线有点放松，我把话题转向她的家庭。得知她和我校大多数的学生一样被父母留守在家，和爷爷奶奶在一起生活。小时候很受娇宠，习惯没有得到培养，渴望父母的时候父母不在身边，慢慢地形成了这种孤僻、自我、叛逆的性格。她说，在她四个月大的时候，父母就出了门，几年见不到一次。难得在一起几天，父母对她也总是批评打骂，春节的时候刚刚揍了她一顿。整个暑假，她竟然没有和父母联系过。

她说，她恨她的父母。恨的含义她未必真懂，但她内心的感受我能理解。我发自内心地对她充满怜悯，本应该是父母的宝贝，却因为与父母接触太少没有建立起骨肉之情。从小缺少母爱，感受不到家庭的温暖，接受的往往是粗暴式的教育，她又怎能温柔地对待这个世界呢？

学校有很多学生类似她的这种家庭情况，于是号召校党支部和政教部门联合，组织所有党员和学生亲情结对，对这些亲情缺失的孩子，给予多一份的关爱。学生由班级推荐，老师由学生选择。几次接触之后，小曦选择了我。在全校的结对仪式上，我寄语她以及跟她一样的留守同学，表达对他们的期望。我坚信，她一定会发生变化。

随后，我到她的家里做了一次家访。她的爷爷听说我要来，甚是不安，以为孩子惹了什么麻烦。我表明身份，肯定孩子在学校好的表现，告诉她的爷爷，孩子真的很聪明，很懂事，很有自己的思想。爷爷听到对孩子的表扬，自然笑得合不拢嘴，也历数起她小时候聪明懂事的例子。我进一步说明来意，因为小曦父母不在身边，我将在学校担负起她临时亲人的责任，孩子遇到什么困难都可以直接找临时亲人帮忙，家长也可以直接和我联系。我们也谈到小曦父母的不对，谈到对小曦的期望，爷爷好像看到一个可以托付孩子的救星，激动不已。

小曦确实有很大的变化，校园里再也看不到她整天晃荡的身影，班主任肯定了她的进步。我忠实地履行着亲情结对的责任，经常性地关心她的学习及生活，经过她教室门口的时候多看她几眼。有几次，她上课注意力不集中，阅读魔幻书籍，我维护她在同学前的面子，过后再把她叫到办公室。她坦诚地承认自己的错误，以往冷漠的神情逐渐灿烂起来。每次看到我，都会主动地和我打招呼。

小曦的学习又有了进步，和我也越来越亲近，我把她当作孩子，她也认可我这个亲人。可是一段时间后，我发现了异样。我几次走过她教室，她似乎有意躲着我，即使和同学一起从我身边走过，也没有和我招呼。我担心她的心理有什么异常，于是找了个机会，假装随意地问："怎么见面也不叫老师了?"她不好意思地笑笑："每次都喊校长，同学们说我讨好校长。"处于成长期的孩子们，有着各种心思，对于她的解释，我能接受。说明她开始在意同学的感受，在意在同学中的形象了，以前那种自我叛逆的个性正在收敛。我说："这样吧，没什么特殊的事情你也不用和校长打招呼了，每次看见我的时候，如果心情不错，就微笑一下吧。"这个协定似乎很有意思，她立马回我一个微笑。

果然，每次遇到小曦，她都会灿烂一笑。那天，学校组织考试，我在考前巡视经过她的教室时，她坐在教室的最角落，等待老师下发试卷。看到我时，她微笑着向我示意，脸上写着从容和自信。我心中一阵感动和释然。

我想，一个学会了微笑的孩子心中一定是向善的，她会懂得尊重别人，会欣赏生活的美好。很为这个微笑协定叫好，不经意中我播下了一颗阳光的种子。

学生心底藏着爱

接连几天，心情就像潮湿的天气一样。出了几天门，和学生们分别了几天，匆忙回到学校，一天便堆积了好几节课，另外还有一个中午值日。

看到学生所交的作业：敷衍的态度，潦草的字迹，大片的空白，一股无名之火从胸腔中蹿出来。这班学生，临近中考，个个还是一副无所谓的态度。老师软硬的办法都用完了，可他们依然是一副死猪不怕开水烫的样子，真是皇帝不急太监急！学生的耳朵都在老师的批评声中麻木了吧！

不知是因为旅途的劳累，还是繁重工作的压力，赶往教室时只觉得头重脚轻，浑身疲软乏力。直觉告诉我，感冒了。这段时间的流行感冒，看来我是不能幸免了。走进教室，因为身体不适，没有批评学生，学生也似乎比往日安静了许多，或平静，或思索，或欣喜，或惊讶的表情挂在脸上。我用平和的声调讲解试卷，偶尔的几声咳嗽在安静的教室里显得有些不和谐，一部分学生便把目光从试卷移到我的身上。

下课了，身体很累，但课堂感觉很好。

再次走进教室，来到讲台，打开书本，一股暖流立刻涌遍全身。“老师，吃两颗药会好一些!”字是反手写的。写着歪歪斜斜字迹的纸片包裹着两颗“阿莫西林”和“草珊瑚含片”，绿色的药片仿佛散发着生命的活力。“不要问我是谁，它是全班同学对您的祝福，祝您早日康复!”是谁?心中一下闪烁出无数个名字，我迅速地扫视了教室的每一个角落。台下鸦雀无声，没有人看我一眼。

“老师，我给您倒杯水去!”调皮的程念拿起我的杯子往外跑，杯盖掉在地上发出叮当的响声，教室里随即响起一阵咯咯的笑声。忽然觉得这声音是多么的清脆，以前一直觉得这是多么的喧闹。

想起了曾经对学生的种种斥责，一直责怨学生没有责任心，没有情感，没有热情，却忽略了学生心中流淌的爱。因为默写不过关而惩罚他们，想象过学生憎恨我的程度，此刻觉得多么荒唐可笑。

由二黄毛想到的

二黄毛是谁?

牛汉的小学同学。班上三个同学，考试最后一名的就是他。“二黄毛一只手几个指头都说不上来，村里人谁都知道”，“老师还夸我的狗聪明，说比二黄毛会念书”。可是就是这样一个“差生”，作者在文末深情地回忆道：“抗日战争期间，二黄毛打仗不怕死，负了几回伤……他的一生受到乡里几代人的尊敬。”

文中还有一个被老师定义比牛汉有出息的同学，“他一辈子挎着篮子在附近几个村子里叫卖纸烟、花生、火柴等小东西”。

二黄毛是谁?

仿佛我儿时的同学，20 世纪 80 年代，农村里的孩子都兴起个土一点的小名，说是那样命会好些。所以一帮儿时的玩伴多有叫“大狗”“小狗”“柱子”“小山”“黄毛”的。二黄毛就仿佛那个坐在教室角落、经常被老师批评或者罚站的同学。小学同学几乎没了联系，初中同学倒是联系不断，其中成绩最优的耀才和我当了老师，成绩次之的几个同学读了大学，在大城市立足下来，成绩平平的几个同学在本地抑或在南方干下了自己的一番事业。

并无自我诽谤之意，但我也常常思考：那时成绩并不见佳的同学，他们靠什么走到了成功的位置。直到今天，我发现了他们身上的优点：敢想、肯做、能吃苦、不怕失败。他们学得了比同行更精湛的手艺，他们获得了比我们更丰富的经历，他们形成了对社会敏锐的观察力。一个人走向成功的道路上，有比书本知识更重要的东西。

二黄毛是谁?

每间教室里，都不止一个二黄毛。成绩差得一塌糊涂，多半是小学的时候就落下了基础，不懂却装着听讲的样子，在教室的某个角落一坐就是三年。有时抄着完全不知所以的作业，经常因为作业没有完成被惩罚。老师对他是失望了，家长也只想着他不犯事就好。

可是他，在走廊碰着老师的时候，不经意间会向老师问声“好”；在课间的时候，他会带着同学玩点花样；班级集体活动时，他就是一个勇士。只是，学生坐在教室，我们只习惯以是否听话来评判一个学生；传统考试的紧箍咒还在老师们头上，我们只习惯以分数来评判一个学生的前途。也许，我们永远不会承认他们的优点，或者从没有正眼看到。

其实，智商并非只有文化分数能够体现，换个角度看智商，也许那些“差生”也有高智商。况且智商只是影响成功的一个因素，一定的智商基础，情商、意商往往起着决定性的作用。

善待那些“二黄毛”吧，特别是那些被老师批评、惩罚了很多次，依然笑意盎然地问“老师好”的学生，他们将来一定会比现在优秀！

学生的另一个身份叫孩子

易是九年级开学后不久转到我校的一个学生。尽管从介绍中了解到该学生特别调皮，逃学、打架，最出格的是在原学校和老师发生了直接冲突。不过看到该学生时我还是大为吃惊，完全社会化的穿着不说，整个人一副蛮横、不可一世的样子，冷漠的眼神让老师看着都有几分寒意。

专门有人打招呼，必须接受。当然也有前提，那就是只要这位学生再次违纪，学校坚决劝退。我想，这样的学生就如一颗定时炸弹，待在学校，随时都可能给学校闹出点事来。我和易谈完话，第一个要求，就是剪掉长头发，衣着符合我们学校学生穿戴标准。然后，把他安排到学校雷主任班上。雷主任管理班级很有一套，再调皮的学生到了他的班上，最后都服服帖帖，毕业的时候，对老师仍充满留恋。

一个星期以后，雷主任告诉我。易不来了，说是受不了学校的管束，我暗自欢喜。卖了领导面子，又少了学生管理的安全隐患。没过两天，他又来了，家长送过来时一副无奈和恳求的表情。体会到家长的不易，我和雷主任商量后同意他再次入学。这样反反复复，一个学期有三四次，不过只是逃学，没有其他违纪行为发生。我和雷主任便达成默契，只要没有其他违纪行为，学校还是尽可能给他一个就读的机会。

在学校里，只要碰到，我便主动和他打个招呼。班主任也不时找他谈谈心，几次没有到校，班主任都亲自到家里去接他。慢慢地，易的脸上有了微笑。临近寒假，天气寒冷，且考试在即，易再次退学，说是害怕考试，年后再来上学。他进入初中后就没有好好学习过，到了九年级也并未用心，害怕考试说明他开始关注自己的学习，这让我们意识到他内心的变化。有一次，他委托班主任给语文老师传信，让语文老师别逼他搞学习，他知道自己不是学习的料，初中毕业后就去当兵，自己以后有了出息一定来感谢语文老师。其中透露出他对学习的无奈，也透露出他人生的理想，这让我们感到欣慰。想想他们，坐在教室，听着天书一样的讲课，不能出声，不能乱动，还真是一种折磨。凭着这种韧性一坐几年，看着老师的冷眼长大，想必也练就出一种品质，只要品德不坏，他们未必不能走向人生的成功。

一学期的相处中，我惊叹于他的变化。学校总是有学生违纪事件发生，他却从来没有参加过。尤其他的眼神不再是那么冷漠，站在同学中间，不再显得另类。那天到他所在的班级听课，我坐在他的旁边，他向我微笑，天真中有点腼腆，很纯净的那种笑。

刹那间，我的心里暖暖的，原来他也还只是个孩子。

感谢班主任及班上科任老师对他的改变，曾经在其他学校敢打老师的学生，我们差点儿把他直接推向了社会。要是没有这一年，我不敢想象他会对学校有怎样的敌意，他的性情会怎样发展，他对社会会有怎样的破坏。但是，我知道，他做回了孩子，他懂得了安静地坐在教室，懂得了对别人的尊重，有了和大多数孩子一样的生活习惯，相信他一定会找到自己人生的坐标。

调皮的学生、迟钝的学生总是存在，就如一片土地，相同的种子发出芽来，生长过程中总是呈现出高矮胖瘦不同的形态。不同的成长环境，让每个孩子呈现出不同的形态。有的家庭富足，有的家庭寒苦；有的父母关怀备至，有的父母劳燕分飞；有的时时受到呵护，有的处处遭遇挫折。不同的环境孕育出不一样的孩子，作为老师，我们怎么能以一种眼光看待、一个标准要求他们？孩子就像玉石，有些可能已经美玉初现，让我们怦然心动，赞赏不绝；而有些则还在石块里掩藏，需要我们静下心来细细地去打磨。只要我们愿意相信和期待，每个孩子都将是独一无二的美玉，终会发出耀眼的光芒。

陶行知先生说："你的教鞭下有瓦特，你的冷眼里有牛顿，你的讥笑中有爱迪生……"扬起教鞭的时候，老师们不妨多点宽容，因为他们只是孩子。善待孩子，让每个孩子都能在老师和颜悦色、循循善诱的教育中学习；让每个孩子都能从老师那里得到鼓励和肯定，从而树立自信心，稚嫩的心灵因为这种关怀一定会变得纯真与美好起来。

想起电影《放牛班的春天》。那位始终微笑的老师，从窗口翩跹而出的纸条，始终不断回响在耳边的歌声，那本厚厚的日记……他努力去维护那些孩子的自尊，去培养那些孩子的尊严，而不是在他们出现错误的时候打压制止。在他的教导下，那群原本挣扎在最底层、被抛弃的孩子，都成就了自己的事业。这才是真正的教育吧。教育，不仅是教人知识，更要教人如何做人，如何尊重自己、尊重别人。

时间是一剂教育的良药

在食堂进早餐，是一天美好的开始。

老师们围桌而坐，讲述着各种新鲜事，早餐的香气氤氲在轻松的笑声中，没有大街上的嘈杂，也无需酒店中的优雅，实在是惬意极了。食堂的师傅也总是变换着早餐的品种，刺激着老师们的味蕾，稍不控制，长胖是不经意的事。我害怕在学校吃中晚餐，控制不了食量，几餐之后肚子就会凸起来。但是早餐是必需的，早早地来到学校，感受晨起校园的静谧，看着学生们一张张新鲜的脸，心里一阵愉悦。当然，让人开心的，还有早餐桌上老师们的爆料，谈起这个班级那个学生，某某学生的了不得，某某学生的巨大转变。

孟是一个让老师操心的学生，不仅学习基础差，而且染上网瘾，据说在家里经常趁父母睡着了半夜跑到网吧，凌晨再回到家里。一段时间后家长发现了这个秘密，于是也破解了孩子一直上课无精打采的谜。不知道是因为学习基础太差，还是他的意识停留在虚幻世界中，老师在给他做辅导的时候，他的思维时时处于一种短路的状态，刚刚讲完的题目，再做一遍，依然不会。不要试图了解他什么，在老师面前他总是一言不发，一脸可怜，眼泪随时吧嗒吧嗒。并且做什么都特别缓慢，上课几分钟后才拿出书本，作业永远完不成，试卷总是大片的空白。真是让人失望甚至崩溃的学生！

黎老师是位爱心十足且细心的班主任，不仅安慰家长，而且总是能发现学生身上的闪光点，寻找教育的突破口。一个偶然的机会，黎老师发现孟会下象棋，找人与之对弈，班上竟然没有人是他对手。这个发现让黎老师兴奋不已，会下棋的学生肯定不笨，黎老师有了这样的判断。想到自己的老公会下棋，放学后黎老师便把孟带到家里，交代老公一个任务，陪孟同学下棋。慢慢地，黎老师发现，孟可以专注做一件事，也有很连贯的思维，一步棋后，他能做出后几步的判断。看着孟几天来很享受地下象棋，黎老师又有了自己的小算盘，下棋后还要完成一项学习任务，或者作业写完后才可以下棋。

早上，黎老师说起这个学生，一张英语测试卷，给孟双倍的时间，他竟然得了 91 分。一个从不及格的学生，该是给了老师多么大的惊喜啊！虽然还是慢，但是我们都看到了信心。“多给他一点时间，他还是行的。”告诉我这个喜讯的时候，我看到了黎老师眼睛里的光芒。黎老师的网名为“静待花开”，我想她一定是深谙花期之理。每个孩子都是一颗花的种子，只不过花期不同。有的花，一开始就灿烂绽放；有的花，需要漫长等待。相信是花都有花期。细心地呵护，相信孩子，静等花开！

黎老师说起了孟，龚老师马上告诉我，六班那个瑞这学期也变化不小。瑞进入初中以后就表现出反常的一面，沉迷于上网，公开叫板父母，直言生活没有意义，对一切都无所谓……上课的时候从不把书拿出来，若是老师批评，干脆撕了书本或试卷……家长和老师多次和他交流，他要么不吱声，要么说出惊天动地的话语："不知道人为什么要活着。"吓得老师和家长都不敢对他大声说话。我一直带他的语文课，无可奈何的同时，我和班主任达成了共识，在班上把他当成个特例，有机会的时候，和他搭搭讪，摸摸他的头，若是逮着可以表扬的机会绝不吝啬。和家长也商量，周末的时候多陪着孩子到户外活动，骑骑车，打打球，不要只盯着成绩。慢慢地，瑞有了些变化，虽然有时还是不会拿出书本，但听讲的时候多了；虽然有时还是会上交空白卷，但有时也会考出意想不到的分数。关键是，他会笑了；聊到感兴趣的话题，他脸上会露出兴奋之色。这学期，我没有在这个班上带语文课，他的情况我知道得少了些。龚老师说，他有了梦想，想考到一中，学习变得刻苦了很多，和老师也有了更多的话语。回忆起来，七年级到八年级上的那段时间他就好像进入了一个迷魂阵，懵懵懂懂地左冲右撞，现在终于找到了方向。

其实，每个人都会经历一段成长中的迷惘期，有的迅速找到方向，有的也许就走进了一道回环的胡同。对于这些走入胡同的学生，老师若是做出一个简单的判断，轻易地否定学生，也许学生耽误的不只是这几年，而是一辈子。

像孟和瑞这样的学生在学校不在少数，教育者若是能够帮他们拨开迷雾，最好；若是一时找不到合适的办法，不妨善意地等待，也许时间就是一剂教育的良药。

让教育更接近学生

知道简桢，源于中学语文课本里面一篇《夏之绝句》的课文，他是这篇文章的作者。其文字的热烈与深情，让人回味绵长。朋友寄来一本《老师的十二样见面礼》，一看作者是简桢，我便迫不及待地打开书卷。

《老师的十二样见面礼》讲了一个这样的故事：一个美国老师大费周章地给班上 23 名小朋友准备 23 个纸袋，每个纸袋都装齐 12 样东西，还给小朋友写信点出这些小东西所包含的信息，作为开学第一天送给小朋友的见面礼。上四年级的姚小弟就是其中的一位，他随父母游学到美国，是班上的一名插班生。在开学的第一天，他带回一个牛皮纸袋，里头装着班级负责老师给他的 12 样见面礼和一封信。信里向小朋友交代说，纸袋里的东西可能有点怪，但都象征一些信息，希望小朋友看到这些东西时能想起这些信息。

老师给小朋友的 12 样见面礼：

第一件：牙签，提醒你挑出别人的长处。

第二件：橡皮筋，提醒你保持弹性，每件事情都能完成。

第三件：药贴布，恢复别人以及自己受伤的情感。

第四件：铅笔，写下你每天的愿望。

第五件：橡皮擦，提醒你每个人都会犯错误，没关系。

第六件：香口胶，提醒你坚持下去就能完成工作。而且当你尝试时，你会得到乐趣。

第七件：棉花球，提醒你这间教室充满和善的语言和温暖的感情。

第八件：巧克力，当你沮丧时会让你舒服些。

第九件：面纸，提醒你帮别人擦干眼泪。

第十件：金线，记得用友情把我们的心绑在一起。

第十一件：铜板，提醒你，你是有价值而且特殊的。

第十二件：救生圈（救生圈型糖果），当你需要谈一谈时，你可以来找我。

看罢之后我不禁啧啧称奇，牙签、橡皮筋、铅笔、棉花球……这些再普通不过的生活及学习用品，老师别出心裁地赋予一定的含义，让教育变得触手可及，不再空洞。

我想到我们与学生见面的方式。在开学后的第一个晚自习，我们通常的做法就是收心教育、规范教育，告诫学生们心思要放在学习上，哪些事不能做了，要遵守哪些规范，学习校规、班规，等等。可是规则并没有根植于学生们的脑海里，过不了几天违纪情况就会出现。等到长大成人，所有的规则早就烟消云散。这种教育是生硬的、抽象的。

教育需要更接近学生。

从目标上，教育是为了学生的健康成长，是为了培养健全的人。但很多时候，老师会忘记教育的初衷：制定规则，是为了迎合上面的检查；组织活动，是为了完成上面的任务；进行教学，是为了考试的分数；惩戒学生，是为了表达老师的不满……并没有将学生视为一个独立的个体，很少去思考教育活动对于成长的意义。教育的功利性泛滥，人被忽视掉，心灵更难得到关照。

从内容上，我们需要站在学生的立场，用贴近学生的内容去教育学生。我们总是习惯于空洞的说教，要做什么，不能做什么，只是给学生一些机械的指令，而没有考虑学生的接受程度和心理感受。于是，家长们经常感叹，孩子不听话，孩子不守规则，实际上是教育的内容没有触动学生心灵。成人所思考的东西和孩子的距离还很远，我们太习惯用成人的标准去要求孩子。能不能用一些贴近学生的话语、用一些贴近学生的内容去教育学生呢？12 样礼物应该给了我们很多启示。

从方式上，我们需要一颗怜悯之心。教育的最高境界是爱，有爱就有了一切。当老师真正爱一个学生的时候，他的身上自然会迸发出巨大的能量和智慧。当然，当爱心无存时，老师的教育方式就会变得简单，甚至粗暴。该书中叙述了一次学校隆重的颁奖典礼，一次在我们看来很普通的表彰活动，学校要做“校长写信、老师写赞词、颁奖典礼、家长出席、合影贴墙”一系列的事情，目的就是让学生感受到荣誉的崇高。这是对学生深沉的爱和尊重。

全书以犀利幽默又优美灵动的笔调，记录了一趟旅美伴读游学之旅：写美国小学的快乐教育，写异乡生活的柴、米、油、盐，写对学生的祝福期许，写对人生的疑问省思……

“办教育，真的要放下种种成人世界的熏习、怠惰、嗔怨、计较、焦躁与姿态，每天一进校门变身为纯洁天使，一切以学生的学习成长为‘最高指导原则’，从学生的角度体察、施行，要不厌其烦，不怕任何细节。

“我想看到一座被爱与热情包围的校园，明亮、温暖、和悦、认真、诚恳，每颗种子在这里学习发芽，每位老师都塞给种子足以御寒的祝福。

“白痴、笨蛋、弱智、低能、只会吃、哑巴、聋子……这些带着病菌的言辞不应从老师嘴里吐出来。

“不管家长在联络簿上写什么，都不回应。让家长像失恋的人一样胡思乱想：孩子没交给他吗？老师生气了吗？太忙忘了吗？我得罪他了吗？他会对付我的孩子吗？”

…………

细读这本书，教育的心就会变得更加柔软与温暖起来。

不妨让学生多几个满分

老师们感到困惑：为什么越到高年级，喜欢学习的学生就越少。

调查学生现状发现，主动学习的学生极少，65％的学生对于老师布置的学习任务会打折扣，35％的学生学习非常吃力，坐在教室有很强的压力感。所以，老师更多的时候不是授业解惑，而是逼迫学生学习。于是，老师喊累，教书不是脑力劳动，一节课和学生折腾下来，课后再督促学生一番，不下于干了一番农活的体力；学生喊辛苦，从早到晚做着自己不喜欢甚至没有能力做的事情。

我们理解老师，来自于分数的压力，抑或是内心的责任，使得他们尽其所能地让学生获得高分，考入更好的学校，获得更大的发展空间。

我们理解学生，本应充满幻想的年龄，被一堆堆作业填满所有的空间，各种个性被压制，体验着学习的失败，而又不得不在失败中受折磨。

这种现状的形成有很多的原因，其中有一点不可忽视的是，在学习中体验到成功感越来越少的学生，他们的学习兴趣慢慢被磨灭。而最能给学生失败打击的，就是考试。

考考考，老师的法宝；分分分，学生的命根。

看过一则材料，某学校组织单元考试，要求老师出题，满分率要达到10％，乍一看，对出题人怎么有这样的要求？细思量，却有其中的奥妙。平时教学，单元考试满分占10％的目标，不算过分。平时的考试并不是考倒学生，为什么总要在考试中给学生失败的打击呢？有些老师出题，都要设置一些玄机题、门槛题、爬坡题，看到学生在这些地方栽跟头就认为题目出得好，这真是一种畸形心理。

教学其实就是帮助学生学习，考试是对学生学的检测，也是对老师教的检测。学生把课本的知识弄懂了，完成学习任务了，考试就应该得满分。而事实上，我们很少看到学生得满分，反而是出现了越来越多的低分。一次质检考试中，有一门学科，学生及格率仅有百分之十几，有些班级，及格的仅有两三人。我们承认学生学习有一定的问题，但考试考出这样的分数，试卷是有问题的。这样的考试过后，有几个学生还能自信地、热情地学习？多数学生会产生望而生畏的心理。

小学一二年级，一般的学生都能考 90 多分，小孩子上学总是兴奋得不得了，上课的时候把手举得高高的，被老师点了一次名心里喜滋滋的。而往后升，年级越来越高，学习带来的挫败感越来越强，学习成绩也就越来越差。老师教学，本应是给学生做加法，而事实却是给学生做减法，减掉学生的分数，减掉学生的兴趣，最后减掉一个个老师认为不合格的学生。

学生太需要在学习中体验成功了，哪怕离满分还差一分，老师定然盯住这一分，而不愿看到已经到手的 99 分。我想，是否可以在试卷上少一些陷阱，把考试仅仅当成一次过关练习？让学生不再惧怕考试，甚至喜欢考试。对多数学生而言，学习是很辛苦的事情，如果考试能给他们多一些成功的体验，那种喜悦不亚于农民秋收的喜悦。

请出题人慎重对待考试出题，把握考试的难度系数，让 10％的同学得满分，不仅是出题的成功，也是一种教育的艺术。

你会觉得遗憾吗

一个戴着眼镜、瘦高的男生，来到我的办公室。我记得，一个月前，课堂巡查的时候，我没收了他的手机，许诺他，毕业的时候再还给他。

男生没有做声，我知道他的来意。

“不是让你毕业的时候找我吗?”

“老师让我回去复习，考试的时候再到学校参加中考。”声音很小，有一种犯错后的自卑，眼睛不敢正视我。

“上课捣乱了？影响其他同学了?”

看起来他不像是调皮生，上次没收他手机的时候，他很自觉地把手机给了我，不像有的学生表现出过激的情绪。

“不是，出校门打电话，没有请假。”正是校园安全事件频发期，学校门卫管理特别严厉，学生犯了禁令了。况且学校有公用电话，外出打电话的理由不一定成立。但是，看到学生有些落魄的表情，我宁愿相信他的理由。

“没有向老师解释吗？争取在学校度过毕业前最后的日子!”

“解释了，老师不同意。”声音更小了，眼睛有些湿润。

“手机不能给你，我必须见到你的家长或者班主任。”怒其不争，更哀其不幸。我想和家长及班主任做些交流，希望给学生一次机会，让学生在学校有个完整的初中生活。离毕业就只有一个月了。

学生说家长不会来。也许，家长已经来校很多次了，很多次的犯错让家长已经失望。我到办公室找班主任，班主任没有来。然后，我的办公室来了客人。再然后，这个学生走出了学校大门，慢慢消失。

内心有些沉重。

毕业最后的日子里，老师和学生都有巨大压力。特别是那些成绩不太好的学生，毕业就在眼前，考试一天比一天近，内心的焦躁或者茫然可想而知，面对无从下手的试卷，内心是一种怎样的煎熬？有专家说，真的要向那些“差生”致敬，他们在炼狱般的环境一坐上十年，该有怎样的耐挫力和意志力啊！我觉得很有道理。“差生”走向社会未必差，也许就因为他们在学校生活中练就了某种品质。

我是想留住这个学生的。昨天看到一个学生提着一袋子书走出校门，心里很不是滋味，只是那个学生洒脱的态度让我不能说什么。但是今天，这个学生情绪很低落，眼睛有些湿润。也许他不愿离开，但是诸多的错误让他觉得不可饶恕，于是他不得不离开。

这是一个多么大的遗憾！记得当年我中考时的作文题为“在毕业前的日子里”，不知道这个学生来参加中考，要是遇到这样的作文题目该如何下笔。毕业，多么美好的一个词语。看着即将毕业的这些学生，我想起我的初中时光，一群懵懵懂懂的孩子，带着激情，带着伤感，在月夜的台阶上，畅谈理想，憧憬未来。我想起我中师毕业时的毕业聚会，不知酒性的我们，酩酊大醉，哭着，唱着……多少年过去，依然是心中最美好的回忆。

只是，这个学生，在这个学校度过了三年，却没能画上句号。

同学，你会觉得遗憾吗？也许多年以后你才明白这是一个永远不可补救的过失。老师，你能再宽容点吗？教育不该只站在学校的立场，为了好管、好教，而剥夺这些学生应有的权利！

孩子，不要轻易流泪

当你怯生生地走进我的办公室的时候，我不知道你怀着怎样的心情。你的表情告诉我，你又出现问题了。

你说考试考差了。你的考试总是伴着粗心，考差了我并不惊奇。

我们一起分析了试卷，很显然，这次不仅是粗心的缘故。然后得知，你又有几个星期的家庭作业没有认真完成。你说不出什么正当的理由，况且每周我问你作业完成得怎样的时候，你都回答得很干脆。这说明，你不仅在老师面前偷懒了，而且在我面前撒谎了。

要知道，对于成长中的少年，偷懒和撒谎是多么可怕的事情。

上一次你被老师领到我的办公室，老师告诉我，你的周末作业从没认真完成，有时候甚至连作业本都弄丢。我问你原因，你总是默默无语。老师说，你特别聪明，老师教授新鲜的东西你总能很快地弄清楚；但是，你又特别的懒，别人都能完成的任务，你却不能完成，已经弄懂的东西，总是很快就忘记。

我意识到你学习的致命缺陷，不仅是学习，对于很多事情，懒惰是最大的敌人。当老师列举你偷懒与说谎的例证时，我感到一种巨大的耻辱。我宁愿听到老师说你笨，说你基础差学习困难，也不希望“懒惰”“滑头”“懦弱”这样的词语与你联系起来。并不是因为你是校长的儿子，我从来没有想通过你的好成绩证明你父亲的能耐，虽然你的成功能够带给我自豪和荣耀；而是因为人一旦形成这样一些习性，就失去了成功的可能，甚至于一生都会变得猥琐和自卑。

哪怕是这样的理由，哪怕是你反复地偷懒和撒谎，我都不想罚你。我知道我欠你的很多，不少坏习惯的形成都是因为作为父亲的我没有尽到责任，对你少了陪伴。我曾经告诫自己，要在你面前尽可能温和一些，我不想做个严厉的爸爸。我还告诉过你，爸爸不可怕，我是你温暖的支持者。

但是今天我打了你。

看着你的眼泪流下来，我心中感到愤怒和悲凉。很多时候，你犯了错误，站在我的面前，总是情不自禁地流下眼泪。那一次，你的手臂因为玩滑板折断了，你大哭着不让别人碰你，不让我们送你上医院，完全是因为自己的过错，你就不应该哭得那么倔强。上了初中以后，哪怕只是一个题目做错了老师找你订正，你的眼眶也一圈湿润。老师开始以为是你特别懊恼的缘故，还在安慰你，但是你同样的错误仍然再犯，眼泪依然在流。我曾经多次告诉你，不要用眼泪来换取别人的同情，眼泪是懦弱的表现。即使遭受挫折，即使满腹委屈，我希望你能表现出男子汉的气概。哪怕是你理直气壮地说出什么错误的理由，也比你流泪更能让我接受。

你已经 13 岁了，个头已经超过一米六，你是一个大男生了。也许你的泪腺特别发达，记得上次在你同学父亲逝世的追悼会上，你哭得特别伤心。我一直很欣赏你的这份同情心，我不责怪你内心世界的丰富。但是男儿有泪不轻弹，女孩的眼泪代表一颗柔软的心，男孩的眼泪只显示出无能和懦弱。眼泪是可以用意志来控制的，即使犯了错误，你咬着牙齿，下定改正的决心，思考某种弥补的对策，你的眼泪就会转化为另外一种表现形式。

打你我的手也会痛，更痛的是我的心。打了你，我的心有些颤抖。你还没有学会说话的时候，在我臂弯里学着“啊！啊!”抒情的情境历历在目；6 岁的时候，在游览北京的第二天磨破了脚皮，你坚持爬上了长城；8 岁的时候，在上海的火车站，一碗滚烫的豆浆从你脖子上泼下，那么多天的治疗你没有哭；你和我一起到广州、到浙江，你是那么的勇敢和可爱。

打你以后，我充满深深的自责，若是用惩罚我的方式可以让你变得勇敢、变得勤奋、变得诚实，我宁愿受到百倍的惩罚。只是你要走的路我不能替你前行，你必须得自己面对。

孩子，不要轻易流泪。眼泪换不来别人的同情，忍住了泪水，你才会走向坚强。

“差生”并不差

在不少老师眼里，总有那么一些“差生”，谈论起对这些学生的教育，老师们总是一副无可奈何的表情，似乎这些学生无可教化。

我在听课的时候，往往特别关注那些所谓的“差生”。坐在他们旁边，观察他们课堂的表现和学习的效果，这种近距离的观察让我对他们产生了不同于一般老师的看法。

一次进班听课，我坐在教室最后边的一个调皮男生旁。这个学生在学校颇有名气，属于违纪不断的那种。学习呢，老师的评价是“摸不到门”。他上课时一直不怎么专心，不过有我在旁边盯着，也还是在听讲。课堂上老师让他上台演排，让我吃惊的是他竟然能正确地完成解答过程。一个学习“摸不到门”的学生在一节新课上听讲并不专心，却掌握了学习内容，我不得不对老师的话产生怀疑。另一次课上，老师讲授二次函数，在整个初中阶段的数学内容中，这恐怕是最难的内容之一了。我仍然坐在教室的后面，正好最后两个学生中间有一个座位空隙，我就坐在了他们中间。这位老师的课很开放，没有一般老师课堂上的喋喋不休，以巩固已学内容开始，然后把时间交给学生自学。我同样惊奇地发现，坐最后的几个学生不仅看懂了例题，而且完成了迁移练习。实际上，这些学生早已成为了老师眼中的“差生”。

他们真的是“差生”吗？为何得到“差”名呢？这个问题值得每个老师琢磨。在我看来，很多学生成绩之所以落下，很大程度上在于学生放弃了学习，而放弃学习的原因不一定与老师没有关系。试想，有多少老师的课吸引了学生，调动了学生的学习积极性呢？枯燥的讲解和反复的练习让学生逐渐失去了学习的兴趣。以个人的教育观察和体验我认为，即使有所谓的“差生”，老师有不可推卸的责任。老师对学生的情感偏见、教学方式的单调乏味让更多的学生不愿学、学不好。

很多老师在谈到问题学生时，有句口头禅“我拿他没办法了”。而老师针对这样的学生个体想了怎样的办法呢？无非就是督促、惩罚而已。这样的简单方式对于自我意识正在形成中的初中学生，往往会适得其反，洞察学生内心，找到教育的触点方是解决之道。当一个老师总是在责怨学生的时候，最要紧的应是老师自身反省自己的教育观念和教学方法。教育的艺术首先是情感的艺术，初中的学生处于情感和思维的懵懂阶段，抓住了他们的情感就抓住了一切。可是，很多老师在教学中只是停留在知识的层面，忽视了学生的内心世界，导致学生在学习的主动性和专注度上出了问题。

校长坐在学生身边，对学生的学习无疑起到了督促和促进作用，至少让他在这一堂课里保持了较高的专注度，正是因为有了这种专注度，无论他以前的基础如何，他还是掌握了当堂课的基本内容。我想，这至少给我们一点启示：即使学生基础不太好，只要专注地学，就能够学会。只是很多老师从内心里早就给他们戴上了“差生”的帽子，对他们的学习早就没了信心，他们也就顺乎老师的暗示，真的越来越差。

“差生”并不差，给予他们多一点的关注，善意地督促，热情地帮助，他们完全可以变得优秀。要说差，可能习惯差了，主动性差了，这些我们随时都可以去尝试改变。少埋怨，多想办法，否则只会有更多的“差生”出现。

所谓的“差生”从我们手里得到转化，不仅让学生无憾，也将磨炼出我们一辈子的教育智慧。

牵挂妈妈的女生

开学了，学校迎来了 312 名新生。

第一周值周的许校长反映，很多学生不适应，不少的学生哭了。后来又听到一个典型学生的情况，整天哭，不断地借老师的电话打给妈妈。辅导员也反映，这个学生整夜睡不着，让人担心。

我想起我刚上幼儿园的女儿，开始两天还好，第三天开始便坚决不上幼儿园了。先是赖着不起床，再是扭捏着不换衣服，最后是撕心裂肺地哭。每天哄着上学，最后却是愈演愈烈，以至于晚上睡觉说梦话也念叨着不上学，然后就是脾气特别坏，哭啊，闹啊，偶尔的欢笑随时都会被突然想到要上幼儿园的现实打断。

多数的幼儿离开父母走向学校都会哭闹一段时间，但是经过小学六年后还这样恋着父母影响正常上学的却是不多了。正好我担任七年级心理健康课的老师，聊天式的上课方式让我发现了学生们的很多想法，其中因为初中生活的紧张和压力而不适应的不在少数。学生们敏感的神经往往因为一件小事而变得脆弱，我越发认真地对待这门课程。

那天上课，还只开场，一名女学生就开始啜泣，凭我的直觉，她就是老师们说的那个典型学生。她个头很小，收拾得很干净，可爱的脸蛋中透着几天来的忧郁，她也似乎完全不掩饰她那伤心的情绪。我想，必须利用这样一课打开她的心结。我先鼓励她把名字写在黑板上，她似乎有点意外，怯弱地走到黑板前写下自己的名字。我让她说说自己进入初中后的想法，她便不再开口，泪水在眼眶里打转。我不想再给她增加任何压力，否则又会有新的心结。

这节课首先要让她放松，让我们能够走进她，她也能信任我们。我说了一些家常，特别说起刚上幼儿园的女儿每天哭闹的经历，学生们觉得特别好玩，似乎自己小时候也有过这样的事情。又谈起父母对孩子的牵挂和期望，然后发动几位同学说说进入初中的感受，说说对这位同学的印象。几个同学说得特别好，一个同学说，她哭并不是她不适应，是在担心她的妈妈，因为她的妈妈就要出门打工去了。一个同学说，她很懂事，很讲孝心。学生发言的过程中，我发现她啜泣的声音开始变小。我并不了解这个学生的家庭情况，但从学生眼中的观察得知，我们对她的理解是肤浅单一的。于是，抓住她对妈妈牵挂的心理，我和学生们一起聊"怎样把对妈妈的牵挂变成让妈妈放心"这个话题。让人欣慰的是，在同学们和老师的建议下，她开始点头，进行简单的应答。最后大家给她出主意，怎样走出现在糟糕的情绪状态。有的说，一天一天地给自己定目标，自己坚强一天，妈妈就会安心一天；有的说，多和同学说说心里话；有的说，多做运动。她点头表示接受同学们的建议。下课铃响了，我说："这么多同学都在关心你，能向同学们说声谢谢吗?"我心想，她只要敢于在同学面前表达自己，就容易从忧郁中走出来。她觉得难为情，直接地摇了摇头。我没有勉强，又问能不能向帮她最多的同学说声谢谢，她点头说能，最后走到那个同学面前说了声谢谢。

我不知道这样一节课作用有多大，我准备持续关注。但是我相信只要能够打开心扉和别人交流，就一定能驱走心中的阴霾。第二天，吃午饭的时候，看见她和一个奶奶在走廊，我走过去，问了几句。旁边的奶奶问："这是你的老师吧?"她小声回答："这是我们校长。"可能觉得校长都在关心她的孙女，奶奶有些激动，眼泪一下子就溢了出来，说道："辛苦老师了。"我摸着孩子的头，说："孩子很可爱也很懂事，老师和同学们都很喜欢她，她很快就会适应的。"

第三天，经过走廊，"老师好!"我转头一看，是她！和同学在一起说笑着，满脸灿烂，一手扬起向我招呼，一手还拿着零食。我回赠一个笑脸，突然感受到一种巨大成功。

看看第一次

检查学生的笔记本，我发现几个学生的质量实在太差，随手翻翻前面，第一面的字迹好得多，往后慢慢潦草，再往后越来越差。于是我将全班学生的笔记本都比较了一遍，结果发现，全班60名学生，竟有31位学生差于第一次，有19位学生和第一次差不多，只有10位学生略好于第一次。也就是说，班上大多数学生在我执教以来退步了。这一发现令我大吃一惊。

想到第一次布置作业，学生们面对新的老师，面对新的学习任务，面对崭新的笔记本……他们是何等的激动，何等的慎重！我至今记得有几个学生第一次打开散发着馨香的笔记本，摩挲着雪白的纸张，酝酿着落下第一笔的位置的情形。谁不希望有个美好的开始？谁不憧憬收获丰硕的果实？现在，他们都忘了吧！

也许是学生太忙了，忙得整天只知道读书、听讲、写作业、考试，忙得忘记了第一天走进学校里埋下的梦想种子，忙得忘记了成长路上的主要任务——让自己日趋完美。于是很多学生在日复一日、年复一年的疲倦劳动中产生了敷衍、拖沓、消极的态度，在看似忙碌的过程中，忘记了为什么出发。当他们回首往事的时候，他们会说："那个时候很不认真，太遗憾了！"同样起点的学生在三年时间里拉开超过三年的差距，拉开的不仅是成绩，更重要的是学习、生活的态度和人生的梦想。

学生的心智正在发育之中，忘记了第一次，会有老师善意的提醒；偏离了第一次的方向，会有老师真诚的扶正。可是，当我们做老师的也忘记了第一次呢？第一次和学生谈话时的精心准备，第一次上见面课时的精雕细琢，第一次检查学生作业时的精批细改，第一次和学生相处时的和颜悦色，第一次写下教研文章，第一次参加教学竞赛……一位优秀老师向我讲述，每接受新一届的学生，第一次上课总要花上一周的时间去备课。这样不仅仅是为了给学生留下良好的第一印象，也是为了提醒自己，让自己有一个高标准的起点。

第一次倾注太多的情感和臻于完美的细节追求，怎会不珍藏记忆之中？只是岁月流逝，思想日渐浮躁，身体因忙碌而疲惫，我们把这份记忆埋得太深！于是在重复劳动中忘记了自己神圣的责任，忘记了对教学艺术应有的追求，成为了名副其实默默奉献的“老黄牛”。忘记了第一次，忘记了当初的梦想和激情。

渴望成长的人，不会忘记第一次，也会创造出无数个第一次。第一次就是一个起点，忘记了起点，就会迷失前方的路。

我在每个学生的笔记本上慎重地写下了五个字：看看第一次！但愿他们能够体会，这五个字在他们一路成长中的分量。

学生需要怎样的学习

——从王雷的成绩说起

王雷在期中考试中获得了年级第一名的成绩，这是王雷第一次夺得第一名，而且总分把第二名甩开了 10 分。

可是在一个月前，父母对他的学习还忧心忡忡，原因是王雷骨折了，住进了医院。20 天的时间完全不能动弹，还有 10 天的时间也未能下床，另外还修养了10天时间。这样的状况，一直高要求的父母怎不着急？当时都做好了让王雷留级的准备。我对其父母说，孩子身体疼痛的压力还可承受，恐怕因为耽误学习影响成绩的思想压力会更大，他是一个很上进的学生。不用担心他的学习，这对孩子来说将是一次很难得的自学体验。我和他爸爸讲到我以前一个学生的故事。

四年前，我遇到一个叫赵倩倩的学生，学习习惯特别好，成绩名列班级前茅。不幸的是有一天早上上学，她出了小车祸，导致脚踝骨折，不能上学，治疗了40多天后参加期末考试。期间，她的母亲保持和老师的联系，老师印发了什么资料就及时给她拿回去。最后奇迹发生了，期末考试她竟然考了全年级第一名，而且多个单科第一名。

不知道这个故事是否对王雷当时的情绪起到过一定的作用。一个多月后，王雷的父亲母亲抬着他进考场，又抬着他回家，成绩出来，又一个奇迹出现。

两个事例，异曲同工，虽是特例，并非偶然。仔细想想，学生究竟需要怎样的学习，王雷的事例应该对我们有所启发。

首先，要承认自学是一种好的学习方式。特殊的经历，把王雷逼上了自学之路，虽然有老师上门辅导，但毕竟时间有限，最根本的还在于他的自学。自学是主动学习的过程，最基本的原理是对信息的主动获取和加工，这种学习方法在高效课堂的建设中极为推崇。现在所有提倡的课堂改革都有“自学”这一核心环节，专家们也对此作了充分的论证。学习本来就应该是自我体验和自我生长的过程，传统的教学可以在极短的时间让学生对知识产生认识，但是少有学生自己的思维加工，理解并不透彻，记忆不深刻，运用也不灵活，对知识的掌握属于很浅的层次。而自学，必须一点点学透，不能学透，就不能往后再学，遇到不能轻易学得的内容，反复思考，最终大悟，不仅掌握牢固，而且习得的某种思维方法，可以成为日后的学习手段，益处真是说不尽。只是，在传统课堂上，老师们放手太少，即使学生完全能够学好的内容，老师也全包全揽，以讲代学，学习效果怎么会好？更有老师，简单的内容讲得起劲，复杂的内容讲不清楚，不如学生自学有效。

其次，内在的学习动力是学习成功的重要保证。并不是所有的学生都能在这种情况之下取得优异成绩，只是他们两人都有着强烈的上进心。当自己不能上学后，他们伤心、着急，他们的心中有对学习的渴望。正是意识到自己可能会落后班上同学，他们有了不能让学习落下的内动力，这种动力促使他们更加专注地学习。很多时候，老师们只是关注学生的学习过程，关注学生的学习成绩，往往忽略学习的心理过程，结果是事倍功半。教育不仅是一项科学，更是一门艺术，是一门心灵的艺术。教育者既要研究教学的专业内容，更要研究教育对象。实际上，一个老师如果能够培育学生积极健康的心理品质，培养他良好的习惯，教育就基本成功了。教学质量不高的老师，更应该从投入感情、与学生相处等方面去反思，激发学生的学习内动力是教学中最根本、最重要的任务。

另外，学习重在良好习惯的培养。老师的作用不可否认，如果没有老师们平时对王雷学习习惯的培养，他是不可能这样轻易摘取考试桂冠的，他本身较好的学习基础是他自学成功的前提。“授人以鱼，不如授人以渔”“教是为了不教”“ 先生之最大的快乐，是创造出值得自己崇拜的学生”，学生很多时候很多地方是超过老师的，老师最要紧的是教给他们学习的习惯、思维的方法。老师决不能只盯住纯粹的知识，知识只是载体。很多知识边学边丢，那么丢了知识以后学生还剩什么，这才是老师教给学生的真本事。

也许，仅通过两个学生的案例并不能总结出怎样的教育规律，两个学生成绩的背后一定有其家长的辛苦付出或者其他个体因素。但是，当我们在高效课堂面前一筹莫展时，当我们为提高学生的学业成绩而无计可施时，不妨多做些反思：学生究竟需要怎样的学习。

好成绩需学习自觉

很多家长可能会从老师那儿听到这样的话：“您孩子很聪明，就是努力不够。”家长听到这样的话，可千万别为“聪明”得意。“聪明”只是引子，“努力不够”才是重点，而让孩子产生差距的往往就是“努力”二字。

让孩子努力起来可不是简单的事情，这里面包含学习动机、学习习惯、学习品质等诸多问题。说实话，现在的孩子不聪明的还真很少。科学证明，绝大多数人的智商差不多，造成成绩差异的一般不是孩子的智商，而是孩子的习惯。在众多的习惯培养中，我认为学习的自觉性至为重要。

通过调查，我们发现那些成绩优异的学生有一个共同的特点，老师布置的作业不需要别人督促，总能高质量地完成。周末的时间，他们总是把作业当作回家后的第一件事情，先完成作业再做其他的事情。即使有时候老师没有布置作业，他们也能够自觉学习，预习后面的内容。而那些成绩中等的学生，虽然在学习上没有大的障碍，但一般会把作业拖到最后时间完成，在老师和家长不能很好监督的时候，有时会打些折扣，缺少学习自觉性。成绩差的学生，找别人抄写甚至不完成作业则是比较常见的事情了，学习完全处于被动状态。从中可以看到，学习是否自觉造成了成绩的差异。随着年级的升高，这种差异会越来越大。

其实，这也正是很多课改学校着力解决的问题。让学习发生在学生身上，把课堂上更多的时间拿出来让学生自己学习，一旦学生真正主动投入到学习中，必然会产生高效的学习效果。自觉学习有以下特点：一是学习的主动性强。以积极的态度学习和被动的学习是有本质区别的，主动学习的目标不是完成学习任务，而是把学习任务完成好。这样就不会对学习的任务产生怨言，对学习中的难题也会想办法解决，所以大多数成绩优秀的学生往往特别刻苦。二是学习的投入度高。他们把学习当成该做的事情，学习时更能全神贯注，思维比较活跃，学习的过程中能够形成自己的体会，真正做到学有所得。满堂灌的课堂效率低下，学生难以达到老师规定的要求，主要原因就是学生只是了解了知识的表面，未能消化。学生只有经过自己对知识理解的思维过程，才体会到如何会学。当前掀起各种模式的课改都是以“学会—会学”为核心。三是产生了学习的兴趣。他们从学习中获得了成功的体验，或是考得高分的成就感，或是攻克难题的喜悦，或是感受到了知识的吸引力，因而产生持久的学习动力。这种兴趣一般不会是外在授予，只能在学习的过程中自己培植。

学生有了学习的自觉性，文化课的学习就是一件比较轻松的事了。如何让学生形成这种学习自觉性呢？通过对众多学生的观察，我认为关键有两点。

一是习惯的强制培养。中国有句老话，“三岁看大，七岁看老”，好的习惯需要从小培养。自己的事情自己做，而且要努力做好，从孩子学说话、学走路时，家长就应该有意识地培养孩子的习惯。“父母是孩子的第一任老师，也是孩子最关键的老师”就是这个道理。一些成绩好且家庭条件好的学生，他们的父母有很强的习惯培养意识。一些成绩好但家庭条件不好的学生，因为他们从小就开始独立做事，父母虽没有刻意去培养，但有明确的目标要求，也促使他们形成了好习惯。也有不少的父母，在“爱”的包裹下，少了强制，孩子没有养成好的习惯。强制的习惯培养，如苗木育型，小时候育成型了，生长过程中无需过多打理，最后自然成型。习惯培养在最开始的时候是需要一定强制手段的，然后让他慢慢认同，最后才能内化成习惯。完全靠自觉，往往不如人意。

二是学习动机的激发。尽管很多时候家长们会和孩子谈起应该好好学习的道理，但孩子因为认知水平的限制并不能理解家长的说教，学习动机很难被激发。初中阶段的孩子，懵懵懂懂，一些特殊的经历往往能够将他们突然唤醒，关键是要把握教育的契机。自己经历某种波折、家庭经历某种变故、看到冲击心灵的事件、长者的一句智慧点拨等都有可能让孩子突然变得懂事起来。我读初中时，七年级的时候对学习好像没有什么概念。八年级那年开完家长会后，父亲告诉我他被请到前排就座，还做了发言，特别高兴，从那时起我就产生了好好学习让父母欢喜的念头。到了九年级的时候，看到父母早出晚归劳作的辛苦，我就想一定不能辜负他们的期望，学习特别有劲头。有了这样的学习热情，纵然基础薄弱，成绩也很容易追赶上来。励志专家李晓鹏在讲到他的学习经历时说，以他九年级上学期的成绩连高中都难得考取，但他春节过后突然意识到要好好学习了，于是百倍努力，最后竟然成了县里的中考状元。

苏霍姆林斯基说过，最好的教育是自我教育。只有把学习变成自己的事，才是最好的学习。真正走进学习里面，发现学习的奥秘，感受学习的乐趣，学习就会进入良性循环。具备这种良好的学习品质，形成终身学习的习惯和能力，就具备了成就事业的基础。

兴趣是成功的添加剂

读小学的时候，班上有个同学特别爱画画，临摹连环画形神兼具，装订成一本本羡煞旁人。有时，我也偷偷地临摹几张，可能那就是最早的兴趣启蒙了。到了初中以后，学校开设了美术课，偶尔上一节，一般是老师在黑板画上一张示范图，同学们跟着临摹，文化成绩较好的我竟然也显示出这样的天赋，屡受老师赞许。可惜当时只是在闭塞的农村初中，要是今天也许被老师推荐到艺术学校，或许还有些艺术发展成就。

考上了中师，学习的紧张感骤然下降。空空中不觉惶惶，于是下决心拿出多余的时间磨炼一技之长，便走进了学校的画室，开始有专业老师指导的业余训练。那是一段快乐的岁月，怀揣着艺术的梦想，和学长学姐们在光与色中踯躅前行。曾经喜悦，那是在一幅幅满意的作品收官之时；曾经苦痛，若是一段时间看不到自己的进步。终究没有修成正果，在保送美术学院的憧憬之中回到了初中毕业学校，成了一个兼职的美术老师。

但正是这样的一种经历，对我的生活产生了极大的影响。参加工作不到一年，主教语文的我参加全县美术课堂教学竞赛竟然获得了第一名，后来又到荆州参加比赛获得一等奖，成为当时县里唯一一名地市级美术骨干教师，凭此条件调入了县实验中学，一举从农村走到了城市。在实验中学做一名专职的美术老师，虽然基本功有限，但是用虔诚和勤奋赢得了老师们的认可。后来还是因为自己觉得专业不对口，没有更大的发展空间，便改教了语文，兼职学校的中层管理工作。岗位不断调整，事务繁杂，再没有时间拿起画笔。这一丢就已是十年。

前日拜访"维纳斯"画室，上百名学生纵横铺开，有如沙场秋点兵的气势。即将高考的学子们正值热血沸腾的年龄，一个个意气飞扬。看着他们，我有怀念，也有怅惘，还有一丝隐隐的冲动。绘画是一项很静的工作，可惜如今，身不静心也不静，重操画笔恐怕只能是一种奢望。

不过，我一直很感谢曾经的这种兴趣爱好，如果注定只能做个老师，美术却是给了我成为一个好老师的机会。没有美术的兴趣特长，也没有我从乡镇选拔到县城的人生经历。成为语文老师以后，我又被推荐参加各种教学竞赛，每次教学设计都带给学生新鲜感受，富有创意的教学风格赢得了同行们的认可，六年后成为了一名省级优秀语文教师。分析背后的原因，我常常想，是因为有一段美术老师的经历，让我有了跨学科的思维，课上多了创新，多了灵动。记得上《竹影》一课时，我和同学们一起赏竹、画竹，课堂有了一种情趣，赢得了阵阵掌声。再后来当了校长，学校工作也总是创新的多、墨守成规的少，校园生活带给师生们很多美好的期待，校园文化建设成为学校的一道风景。别人在评价这一切的时候，总是说，他是学过艺术的。虽然这些不算成功，但是因为曾经的兴趣，确实给现在的工作加了不少分。

其实，很多科学家从小就有着在科学研究领域以外的广泛兴趣，而且他们把日后的成就归功于这些兴趣。钱学森年轻时就特别喜欢贝多芬的乐曲，学过钢琴和管弦乐，他后来说："我觉得艺术上的修养对我后来的科学工作很重要，它开拓了科学创新思维。"乔布斯凭着对美术字的好奇去选修这门课程，当时感觉并没有什么价值，然而在十年后设计第一台Macintosh电脑的时候，他把当时学的那些东西全都设计进了Mac，那是第一台使用了漂亮的印刷字体的电脑。乔布斯经常讲到这段经历，他说如果当时没有参加这个美术字课程，Mac就不会有这么多丰富的字体。

兴趣的意义不仅在于对事业的帮助，它也可能成为人心灵的寄托，是一个人一辈子的精神食粮。我想，待到工作可以变得宁静的时候，我依然会拿起画笔，用色彩去描摹生活的另一种意义。我还要告诉那些成长中的孩子们，文化知识的学习以外不妨保持某种兴趣，也许有一天，你会发现，这种兴趣会成为你走向成功的添加剂。

和孩子一起成长

认识张总，源于张总的孩子。张总是个生意人，在松滋是个较有影响力的人物。张总的孩子在实验中学，不仅综合素质优秀，获得过几项全省的大奖，是学校的金牌主持人；而且文化成绩也一路走高，在全年级名列前茅。

张总几次盛情相约，情意难却，茶水之间，谈得最多的当然是孩子的教育。大凡优秀的孩子，背后都有善教的父母（即使那些看似放手的父母，别以为孩子自然天成，日常生活中其实蕴含着教育的智慧，一般人并不了解）。张总的打拼经历不平凡，成就今天的事业更是有些传奇。热血的人生背后，却有着教育孩子的细腻情怀和哲学智慧。张总说，教育孩子有两点做法：一是把孩子当朋友看；二是和孩子一起成长。

张总没有专门读过教育学、心理学之类的书籍，但是这两点做法却蕴含了非凡的教育智慧。也正是张总这样一个特殊身份人的悟得，更让我觉得这两点做法弥足珍贵，值得教育者细心揣摩。

教育大师周弘向家长们传授的教育秘诀仅有三个字“够朋友”，孩子觉得父母够朋友，教育就成功了。一直以来，我们沿袭着家长式的教育方式，对孩子棍令棒喝，孩子在压抑与逼迫中慢慢成长，但是自卑与反叛也逐步增强。当朋友，赋予孩子朋友的权利，孩子不再是逆来顺受的机器；当朋友，赋予孩子朋友的责任，孩子不能只是坐享其成的王子或公主。家长够朋友，孩子也会够朋友；大朋友偶尔提醒小朋友，大朋友偶尔帮助小朋友，小朋友慢慢就会变成大朋友。是朋友，你还有什么不能和父母说的吗？是朋友，你能不承担点家庭责任吗？孩子到了学校，自然把老师也当成朋友，在班级中又多了一份朋友的义气和责任，生活学习中，朋友气足，阳光气更足。多好的方法，一个朋友角色的转换，让孩子突然长大。张总家庭条件优越，但孩子身上毫无纨绔之气。有生活的品牌意识，但绝无品牌的享受。这种收放自如的教育着实令人佩服。

和孩子一起成长，是张总教育孩子的另一法宝。千万别小看了今天的孩子，不要以为“和孩子一起长大”是父母的谦虚说法，要是父母没有这种心态，说不定孩子三岁时就会说“父母老土”“父母落伍了”。和孩子一起成长是今天生活的必然要求，更是一种教育智慧。请问，有几个父母真正了解自己的孩子，有几个孩子愿意在父母面前敞开自己的心扉？孩子教育的问题，首先是心理的问题，然后衍生出道德的问题、行为的问题。恰恰是心理的问题，又往往被教育者忽视。很多家长看到了孩子的学习成绩、孩子的行为习惯、孩子的性格特点，但看不到孩子的生活态度、孩子的学习动机、孩子的人生观，教育往往治标不治本。和孩子一起成长，尽可能和孩子去体验生活，尽可能多地和孩子去探讨人生。这样，孩子的成长中才能融入家长的智慧，家长才能更好地融入孩子的情感世界中。

有人说，今天的孩子不好教。确实，因为孩子丰富的生活接触面，单调的教育方式很难适应，在传统的教育方式下，不少孩子变得叛逆。那么，不妨学习一下张总的教育之道。

绿色捐助

绿色捐助是学校的一项传统，今年在往年的基础上有所创新。

由政教室、团委发出倡议，倡议大家捐助零花钱，认领学校的一棵树进行养护，学校在树下立碑以志纪念。另开辟了一块场地，组织植树活动。活动一举三得：一是让校园绿意盎然；二是为学生提供新的游戏空间；三是留给学生未来一种记忆。这项活动创意源于去年年底，毕业 30 年的校友来到学校，论起一片被毁的杉树林，无不怅惘。最后发现还有两棵他们当年种下的树，兴奋之中，仿佛又回到了年少时光。当时，我就想，今天的学校该给孩子们的未来留下一些怎样的记忆呢？

于是，学校将校内校外 21 棵大树进行实名领养，周边又进行景观设计和硬化，这些都由师生共同完成。老师们对此评价甚高。傍晚时分，老师们依树而进行锻炼又成了校园的一道风景。

校园绿色虽有了，但很多人的环保意识并没有跟上来，随手乱扔、过量使用一次性包装袋、使用一次性餐具、踩踏花草等现象还是屡禁不止。学校组织绿色捐助，对于学生的环保意识无疑是一次呼唤。

从很多的新闻中我们看到，地球已不堪重负。

即使在很偏僻的农村里，生态也已遭到严重破坏。我老家门前有一方池塘，少时我曾经在那里嬉水、钓鱼，渴了，直接在池塘里捧起一口就喝，它曾经滋养了多少代人。然而就在我从小到大的一段成长岁月里，这个池塘消失了，完全变成了一个污水池，垃圾夹杂着淤泥，污水上浮游着几个塑料瓶。绿化破坏，垃圾乱倒，农药污染，人们的环保意识基本没有。老家的前后，原先是连成一片的松树林，后来全被砍伐，换成了经济作物。原先的绿色葱茏，变成了现在光秃秃的黄土，尤其隆冬时节，满眼萧条。随着经济的发展，生态遭到了严重破坏。

学生的捐助对于学校的绿化建设只是杯水车薪，但这一杯杯水终将汇成河流。关键是，这样一次绿色环保活动，定能给学生留下美好的校园记忆。30 年前校友种下的小苗今天已成大树，他们回到母校聚会，最想看到的就是他们当年种下的树。

李希贵校长在谈到学校如何成为母校的问题时，提出了四个要点：一是有想念的老师；二是成为同伴聚会的场所；三是有美好记忆的载体；四是有继续成长的启迪。将每棵树、每株花和学生的成长联系在一起，有朝一日他们回到母校的时候，一定会非常欣喜。

捐助零花钱，种下一棵树。种下的是环保的种子，种下的是年少的美好回忆。

每个孩子都是沉睡的巨人

黎老师给我发短信，说哭了！

原来是班上一个转走的学生教师节给他写了一封信，今天刚刚收到。那个学生叫孟轩宇，在黎老师班上读了一年，因为小学基础太差，第一次语、数、外考试的成绩都没有超过 30 分。班上的老师和同学没有瞧不起他，总是不断地给他鼓励和帮助。作文写了 500 字，李老师会像发现了新大陆，处处称道；英语单词又记住了几个，黎老师不吝表扬；佘老师为他辅导数学，一不留神就几个小时。因为孟轩宇的父母不在家，黎老师安排一名学生作为他的代理家长，负责每天督促和检查作业。老师的心思没有白费，一学期下来，他的语文成绩保持在80分以上，数学、英语也保持在及格上下。

到底是底子太薄，习惯不好。一个“差生”往往并不是成绩差那么简单，孟轩宇整天无精打采的样子让老师无可奈何，交空白作业给老师也不以为然，班上因违纪被扣分的总少不了他。从小缺少父母陪伴的他，性格上有些孤僻和偏激，没有生活的热情。他甚至和老师直言，上课不睡觉是做不到的事。每次他犯了错，黎老师没有发过火，都是轻言细语，说是已经进步很大了，相信下一次。真的比妈妈耐心多了！有一段时间，黎老师为了培养他的专注度，还发动老公每天陪他下象棋，顺便让老公给他辅导学习，真是用心良苦！也别说，孟轩宇变了很多，学习和生活上的坏习惯改了不少，心理也变得积极了很多。

暑假里，孟轩宇回到了自己父母那儿。父母决定让其留在身边读书，以有更多的陪伴，弥补多年陪伴的缺失。孟轩宇其实是不愿意的，父亲带他报名那天，他就逃跑了。他说，不想离开黎老师。但终究拗不过父母，转学到了浙江。

黎老师说，信很稚嫩，格式不正确，错别字也不少，不过字还工整，字里行间流露出真挚的感情！

尊敬的黎老师：

您好！没想到吧，收到这封信的时候，您一定会感到诧异吧，一向调皮又懒散的我会给您写信。其实暑假被爸妈留下来读书，我就一直想给您写封信，但一直不敢动笔。这不，到了教师节，如果不写的话，那我就对不起您对我一年的关照。其实我真的舍不得那些对我细心关照的老师和同学。和你们相处一年中，我很快乐。能遇到您这么好的老师和知心的同学，说什么我也满足了。

其实最不能忘记的还是您对我的细心关照，从内心来说，真想叫您一声黎妈妈！您在我身上花费的时间和精力远远超出了一位妈妈对儿子的关爱。但我呢？还有时会搞一些事情惹您生气，现在想想真是不应该！虽然和你们相处的时间只有一年，但你们的教导和呵护会影响我一辈子，也是我学习生活中的一部分。

您是我心目中最敬重的好老师，您虽然比较严厉，但是您把一颗心扑在了我们身上，指导着我们。

好了，第一次写信，可能写得不是很好，就不耽误您太多时间了。以后有时间想念您和同学们的时候，再给您写信吧！

祝您身体健康，工作顺利！

您的学生：孟轩宇

2016年9月10日

信出自一个“差生”之手，只不过老师们从没有把他当过“差生”。读完这封信，谁又能把他当作“差生”呢？野百合也有春天，每个孩子都是一个沉睡的巨人。有时候，老师的付出似乎没有回报，殊不知，巨人正在慢慢苏醒；有时候，面对那些似乎无可调教的孩子，其实是我们还没有找到唤醒他的办法。

孟轩宇很幸运，遇到了这些老师，孟轩宇也读懂了这些老师。而源头，在于老师对每一个孩子的尊重和爱！

多给学生鼓励和期待

到了备考最后的阶段，学生一般都会感到倦怠，成绩好的学生为不能有新的突破而焦虑，成绩不好的学生极容易产生放弃的心理。这个时候，就极需要老师给学生一些心理上的帮助。

几位老师在谈到学生当前的复习状态时，脸上流露出失望的表情，有的甚至发出一种恨铁不成钢的感叹。我不了解这些学生学习的情况，但是仅凭老师的这种反应可以判断他们的学习状态不理想，因为老师以这种情绪站在讲台上，一定会带给学生负影响。

“你们怎么还是这样笨！”

“你们怎么还不理解老师的苦心？”

“我看你们是不打算考高中了！”

“我从没见过像你们这样的学生！”

如果这样的话语经常灌输到学生耳朵里，学生一定会成为这样的人。

心理学上有个著名的罗森塔尔效应：美国心理学家罗森塔尔考察某校时，随意从每个年级抽 3 名学生共 18 人，将他们的名字写在一张表格上，交给校长时他极为认真地说：“这 18 名学生经过科学测定全都是智商型人才。”事过半年，罗森塔尔又来到该校，发现这 18 名学生的确超过一般学生，进步很大，再后来这 18 人全都在不同的岗位上干出了非凡的成绩。

在复习备考中，老师若是保持这样的心理暗示，对学生投入感情、希望和特别的诱导，学生的主动性、积极性和创造性同样会得以发挥。

老师不妨这样对学生说：“我相信你一定能考好。”“你基础掌握得不错，只是缺少灵活运用，还需多做点题目。”这样，学生就会朝老师期待的方向发展，进步也就在期待之中得以产生。学生如果本身状态不是很佳，但是经过暗示后，会不自觉地自我调整，不行也会变成行。

此时的学生，学习状况基本定型，备考效益的产生，很大程度得益于老师对学生心理的调适。著名的心理学家杰丝·雷尔评论说：“称赞对温暖人类的灵魂而言，就像阳光一样，没有它，我们就无法成长开花。但是我们大多数的人，只是敏于躲避别的冷言冷语，却吝于把赞许的温暖阳光给予别人。”积极的、温暖的心理抚慰和暗示其实就是最好的工作方法。老师盯着学生的错误，无疑会放大学生的缺点，使他们忽视自己的优点，找不到进步的信心，自然很难取得进步。

还有一个美丽的古希腊神话故事：塞浦路斯的国王皮格马利翁是一位有名的雕塑家，他精心地用象牙雕塑了一位美丽可爱的少女，给它取名叫盖拉蒂。他深深地爱上了这个“少女”。他给盖拉蒂穿上美丽的长袍，拥抱它、亲吻它，他真诚地希望自己的爱能被“少女”接受。但它依然是一尊雕像。皮格马利翁感到很绝望，他不愿意再受这种单相思的煎熬。于是，他带着丰盛的祭品来到阿夫罗狄忒的神殿向她求助，他祈求女神能赐给他一位如盖拉蒂一样优雅、美丽的妻子。他的真诚感动了阿夫罗狄忒女神，女神决定帮他。皮格马利翁回到家后，径直走到雕像旁，凝视着它。这时，雕像发生了变化，它的脸颊慢慢地呈现出血色，它的眼睛开始释放光芒，它的嘴唇缓缓张开，露出了甜蜜的微笑。盖拉蒂向皮格马利翁走来，她用充满爱意的眼神看着他，浑身散发出温柔的气息。不久，盖拉蒂开始说话了。皮格马利翁惊呆了，一句话也说不出来。

皮格马利翁的爱能够让一尊雕像有了生命活力，何况与我们相处了三年的学生呢？我想，如果我们对待学生，不是呵斥和否定，而是鼓励和期待，学生一定会更加优秀。

还要教会学生们走路

看到这个题目，很多同学会嗤之以鼻，走路还要教？我们可是走了十几年了。呵呵，同学们可别自负，还真有同学不会“走路”，不信，你看看校园走路乱象。

学校的操场因为刚种了草皮被封闭，周围都拉上了铁丝网，并以红旗为标志，有的同学视若无物，俯身穿过，纵身越过，蹚过有些泥泞的操场。你觉得他们会走路吗？

学校去年年底专门修缮了学生公寓到教学楼的校道，地面铺上了彩砖，路旁种上了大树，晴天有树荫，雨天无泥泞，可是有的同学偏要从跑道上斜插过来，带上一脚灰尘。你觉得他们会走路吗？

校道旁有学校新建的灌木带，红、黄、绿相配，增添了生气和活力，成为学校的风景，有的同学不以为然，不时跃上花台，展示自己飞檐走壁的能力，总有那么些小苗成为牺牲品。你觉得他们会走路吗?

学校路灯本就不亮，同学们晚上行走有些不方便，没想到有些同学完全不介意，他们下了晚自习根本不从路灯下走，专挑学校僻静的地方行走，丛草不惧，蛇蛙不怕，有的同学还要绕到早已停用的厕所里逗留一会儿。你说他们会走路吗?

上下楼梯本就是危险的事，湖南宁乡就发生过一起因下楼不当造成8死26伤的惨剧，尽管学校多次强调上下楼梯要有序，可是偏有同学喜欢在楼梯上蹿下跳，或是逗留，或是疯闹，置个人和同学安全于不顾。你说他们会走路吗?

还有的同学，上课时间已到，他们却慢悠悠地晃到教室；有的同学，转角的时候从不减速，不知与别人撞了多少回；有的同学边走边吃零食，倒是很悠闲，但路上总是留下他们走过的痕迹；有的同学穿着很“时髦”，只可惜不是在T型台上，在校园行走很不自在……

你说，这些同学会走路吗？他们真应该好好学学怎么走路!

再把目光投向社会，横穿马路不走人行道的，红灯亮了不顾安危强过人行路口的，盯着手机不看路面走路的，直接从公路的栏杆翻越到对面的，践踏公共绿化带抄近道的……

走是一种本能，大部分人到了一岁多以后自然地就可以直立行走了，这是人的特性。但走路却是一门学问，单从字面上分析，“走”在古时相当于我们今天的“跑”，走路应该有一定的速度要求。走的姿势有很多，军人雄赳赳地走，运动员充满力量地走，城市里的白领洒脱自信地走，农民大伯们稳重坚定地走，赶路的人快步地走，也有人扭捏作态地走，你该怎样走呢？再看“路”，学问就更多了。路有很多种，阳关道是路，独木桥是路，车水马龙的街道是路，遍布田间的小道也是路，即使没有路，走的人多了，也便成了路。走路先得会识路，条条大路通罗马，要到达我们的目标，并非每一条都适合，要走对路，先要对路有个判断。

自然的路其实很好走，学会了走，又看得见路，只要讲点规矩，谁也走不出个差错来。如果走不好路，多半是态度问题，走错了，回头再走就是。但生活的路、人生的路，是不能不好好走的，走得不好，遭殃的就是自己。走了错路，回头就难；走了弯路，改变也难；少走的路，终究是要补回的；走了捷径，也许只落得个心慌。

“人生的路很漫长，但关键的路只有几步，特别是当人年轻的时候”。路是必须要走的，教学生们走路，不仅是走校园里的几条路，还有更长的路。

学生带着草皮来

又是一个周日的下午，学生入校的情景成为了一道风景。

大多数的学生除了带着学习和生活用品外，还带着或大或小的一些袋子，塑料袋、纸袋、布袋，还有农村常用的大蛇皮袋，袋子里还真是些好东西——学校操场急需的草皮。

今年暑期，学校对操场进行了修整，跑道成型了，上面铺置了煤渣。遗憾的是，由于经费的限制，操场中间仍然是裸露的沙土，看起来有些不协调。上周政教室发起倡议，号召学生从家里带点草皮到学校。倡议得到班主任和学生们的积极响应，连续两周，学生们便带着草皮来上学。

草皮集中上交，摆在操场上，还真成了一道风景。上周带草皮的只有100多位同学，本周有800多人。一个学生指着草皮，很自豪：“这是我从人工草皮上弄来的！”几个学生围过来，看着不一样的草皮啧啧称叹。另一个学生倒出自己的草皮，毫不示弱：“我的草皮生命力最强，像地毯，不信你们踩踩！”这种草皮，来自河堤，盘根错节，确实如学生所说，很适合在操场种植，学生们便一脚一脚踏上去，笑声一片，欢乐一片。那是七（1）班的两个学生，很吃力地抬着一个大蛇皮袋，我好奇地凑了过去。学生向我报告，是家长帮忙准备的，也是家长骑着摩托送到学校的。还有很多学生，互相比画着，议论着。

政教室安排此项活动确乎超出了他们的职责范围，此中体现了管理人员的工作观念，他们对工作的思考没有限于职责本身，这是一种难能可贵的精神。而学生在这项活动中也必然受到很多教育，这并不是我们一开始就预设的。美化了学校不说，从课程的角度讲，这无疑是一次综合实践活动，学生在草皮的采集中，肯定能得到多种锻炼。如果学生能够思考学校操场适合种什么样的草并去遴选，研究移植后快速成活的方法，何不是对学生观察能力、判断能力、思维能力、动手能力的一次实践呢？事实上，学生交来的草皮中，也有一些不合格的，如有的学生只是拔来草，草的根部没有了粘连的土，这样肯定不容易成活；也有的学生带来的是那种向上长的草，不能作为草皮用。尽管绝大部分是生活在农村并积累了不少农学经验的学生，但他们在做事的态度和方法上存在着差异，这说明实践很有必要。再从德育的角度讲，如果班主任稍加引导，此次活动无疑是一次很好的爱校教育和集体主义教育活动。

教育无处不在。陶行知说："生活即教育。"生活的点滴都包含了教育之理，老师要善于在生活中去发现，去引导，这远比课堂上的说教有益。

又是一年三月三

学校举行放风筝比赛。

各班带来风筝，有的班级带了几十个，全校几百个风筝，想象它们在运动场上放飞的样子，该是多么壮观的景象！

政教室设计的赛程，一场比赛一个年级，每班一次派出一名选手，每一轮按照风筝放飞的高度计分，五轮后综合计分，排出班级名次。

学生们异常激动，风筝各具形态。比赛开始了，学生两人一组，一个持线奔跑，一个拿着风筝适时而放。有的在低空盘旋几圈栽了下来；有的直接在地上翻滚跳跃；有的跑完了整个运动场，风筝也没有飞上空；仅有一只风筝迅速越过教学楼，稳定在高空。呐喊声、叹息声、加油声不绝于耳，整个操场仿佛一片欢乐的海洋。六分钟后，评委依据高度计分，第一轮比赛结束，又开始第二轮。

几轮下来，最终有十多只风筝定在了高空，七（1）班的学生似乎掌握了诀窍，每只风筝都成功放飞，有的班级一只也没放飞，只能干着急。因为学校操场周围三面都有建筑物，低空的风向不是很稳定，如若不能把握风向的节奏，风筝就不可能飞起来，而风筝一旦越过教学楼，风向稳定，基本上就进入良性轨道了，越是向上，风筝越是稳定。蔚蓝的天空下，五颜六色的风筝构成一幅美丽的图画。翩翩起舞的花蝴蝶、伶俐乖巧的小燕子、身形修长的绿蜻蜓、面目狰狞的猫头鹰、憨态可掬的大熊猫……最威武的是那只老鹰，张开矫键的翅膀，雄踞最高的位置，似乎随时都会俯冲下来，猎取一份美味佳肴。

“又是一年三月三，风筝飞满天……”看着眼前的景象，我的思绪回到了初中时代。记得那一年春天，每天早晨都是听着这歌声从睡梦中醒来。农村学校的校舍非常简陋，同学们都睡在一间间多余的教室里面，一间屋子往往要住 100 多个同学，这首歌就是一位高年级的男同学唱的。“记得那年三月三，一夜难合眼，望着墙角糊好的风筝，不觉亮了天。叫醒村里的小伙伴，一同到村边，怀抱画着小鸟的风筝，人人笑开眼。抓把泥土试试风，放开长长的线，风筝带着天真的笑声，和白云去做伴……”歌曲的旋律之美、意境之美，深深地印在了我的脑海里，风筝也就成为我的一份美好回忆。

其实，我并没有放过风筝，那个时候想要一个风筝是一种奢望。也许正是那种求而不得的心理，更增添了对风筝的向往。后来，慢慢长大，似乎羞于放风筝这种游戏，好多次想尝试一下放风筝的感觉，总是以失败告终。去年，三岁的女儿嚷着要放风筝，我借着她的名义，第一次在浥水大坝放飞了风筝。奔跑在空旷的大坝上，想起那首《又是一年三月三》，仿佛回到了童年。

如今，街上卖的风筝多了，可是对放风筝的向往少了。上百个风筝，放飞天空的只是寥寥几个。网络信息时代，游戏层出不穷，孩子们还能感受放风筝的乐趣吗？风筝飞上天空，在蓝天下翱翔，他们还能感受这种意境吗？“草长莺飞二月天，拂堤杨柳醉春烟。儿童放学归来早，忙趁东风放纸鸢。”在应试教育的环境下，也许孩子们没了时间，也许孩子们没了情趣，也许更多虚幻的东西充斥了他们的世界。

很高兴的是，风筝勾起了我美好的回忆，风筝带来了校园的喧腾。希冀，每一个春天，孩子们能拿出时间，奔跑，放飞，在成长的路上，积淀一些美好的回忆。

少一些刻意如何

少一些刻意如何

这节课教的是何其芳的《秋天》。课堂上，学生们思维活跃，听课老师都不由为这些七年级学生叫好。

其中一个环节是要求学生给诗歌里呈现的三幅画面拟小标题，第一幅“农家丰收图”，师生意见一致。概括第二幅画面时，学生的思维更加活跃，但无论学生怎样回答，老师都不太满意，于是在黑板上写下“霜晨归鱼图”，并向学生问道：“老师也拟了个标题，大家觉得好不好呢?”本以为是异口同声“好”的回答，可偏偏有学生站了起来：“老师，我觉得不好！前面的标题中用到一个‘图’字，这里改为‘景’字好一些。”学生显得很自信。“哦，”老师愣了一下，“这两个字都行，老师是为了对称，刻意用这个字的。”学生似乎还想说，老师示意他坐下来，开始下一段文字的分析。那个学生只好怏怏地坐下。

听课老师注意到，那是一双渴望的眼睛，渴望表达自己的思想，渴望得到老师的肯定！可是老师的一个“刻意”，让学生没有了表达的机会，把学生的思维抑止在萌芽之中。

客观地看，“图”改为“景”未尝不可。这样不仅可以避免字面的重复；从意蕴上看，也更显丰富。“图”是纸上的，给人静止的感觉；“景”是自然的，能表现出动感和生气。而第三部分老师归纳的“少女思恋图”亦可将“图”改为“画”，我们经常说“诗情画意”就不说“诗情图意”，因为“画”显得更有意境，更能给人意象的美感。一字之别，意思相似，意境不同。老师一直带领学生品析着“饱食”“栖息”“游戏”等诗中词语的妙处，为什么却对学生的发现视而不见呢？“刻意”的行为是为了服从教学参考书中的“标准解读”、服从老师“精心”的教学设计吗？我想，要是让这些活跃的学生在这几个字上下点功夫，他们一定能够品味其妙处，也一定能够透过“图”“景”“画”这些词的变化更好地理解诗歌的内容。

反思我们的教学，有多少刻意的行为！为了让学生归同于老师的思路，很多老师可谓绞尽脑汁，用尽了拉、驱、逼等“强权”手段，把学生的思维逼上一座独木桥。老师一次次的刻意，学生的棱角一次次被抹平。低年级的课堂还有些不怕虎的牛犊在闹腾，高年级的课堂就暮气沉沉了。也有的老师，追求课堂的华丽，刻意设计些花里胡哨的教学环节，让学生如坠云雾，不知东西。例如有位老师设计《山中访友》教学过程时，设计了“情感有线—丛林探幽—林海觅宝—激情演绎”四个环节，听上去很时髦，也很有诗意。其实际过程就是“听读感悟—佳句品读—美段解读—选景演读”，不过在学生面前故弄玄虚了一把。课堂不是老师的表演场，不是老师作秀的舞台。教学的设计应该为学生的主体发展服务，教学的过程应该顺应学生主体发展推进。

新课标中一个重要的理念是教学民主。“学生是学习和发展的主体”，要“爱护学生的好奇心、求知欲”。我想，我们的老师还有很多东西要改变。第一，要深刻研读文本，打破教参权威。很多老师依赖教参，教参怎么写就怎么说，缺少对文本的深度认识。所以当学生提出新解时，便视为异类。第二，要充分尊重学生，打破老师权威。学生是丰富多彩的个体，有活跃的思维。老师要和他们一起探究，一起发现，做“平等中的首席”。第三，要灵活驾驭课堂，打破教案权威。预设的教案很难完全契合动态的课堂，教学中随时可能出现超越预设的问题或教学资源。老师若能把握学生思维的动态并能随机做些适当的调节，课堂就会精彩纷呈。

老师，课堂上你越位了

听完几节课，对老师们专业功底和敬业精神敬佩的同时，也对老师们课堂上种种的越位表现甚为忧虑。可以让学生说的地方老师讲了，该让学生讨论的地方怕耽误时间老师也讲了，应该拿出一定时间让学生练习的作业也被老师讲了，应该让学生先自主学习的内容老师直接传授了……一节节课下来，留给听课者印象最深的仍是老师的讲授。恨不得所有的知识都讲给学生，不讲就不是课堂，不讲就不放心。

可怜天下老师心！可是台下的学生呢？听讲者有之，专注者也有那么几个，大多数同学却是似懂非懂，更有表情木然、一脸疲倦者。确实，一节节课听下来，难免疲倦。去年，我在华东师大当了一个多月的学生，遇着单调乏味的课，坐在椅子上就觉得是种煎熬，拿着手机“自主学习”的大有人在。不知道我们的老师若是和学生角色互换，像学生一样听一天课该是如何感受？

为什么放不下“讲”的身段呢？怕学生学不会，怕学生耽误时间，怕学生漏掉知识点，怕学生不会考……老师可能会说出很多条理由，可是这些都只是站在老师角度的主观意识，从学生的角度出发呢？听得累，听不透，听完忘，恐怕才是真实的教学现状。

从教育理论上讲，学习的过程是自我建构、自我发展的过程，学生需要成为学习活动的主人，自主地调控自己的学习行为，学习才能进入自我规划、自我推动的状态；学生只有在攻坚克难的过程中，将新知与旧知联系起来，打通思维的关节，才能形成自己的知识；而在学习的过程中，积累战胜困难的信心，获得成功的喜悦，也才能有“欲罢不能”的求知状态。老师若不能与学生互动，学生没有对知识进行内在加工，就不会有深度的学习。老师的包办代替，老师的一味牵引，即使反复地强化和练习，也达不到学习的理想状态。

翻看刚上小学一年级女儿的读本，发现这样一篇课文《自己去吧》：

小鸭说：“妈妈，您带我去游泳好吗?”妈妈说：“小溪的水不深，自己去游吧。”过了几天，小鸭学会了游泳。

小鹰说：“妈妈，我想去山那边看看，您带我去好吗?”妈妈说：“山那边的风景很美，自己去看吧。”过了几天，小鹰学会了飞翔。

“自己去吧”包含了一种教育观念和智慧，只有自己亲身体验，经历了过程，形成了判断，才会有属于自己的能力。小鸭学游泳如此，小鹰学飞翔如此，学生学新知也是如此。妈妈也好，老师也好，一百遍的说教也顶不上孩子的亲身实践。

课堂越位看似是老师勤勉、敬业，却是好心办坏事；若真敬业，就应该反思改进，把属于学生的课堂时空还给学生。

一是放手自学，培养学生主动学习的习惯。课堂上，普遍存在老师讲学生听，老师讲什么学生听什么，老师讲多少学生听多少，老师启发什么学生思考什么，老师启发到哪儿学生跟着想到哪儿的现象。老师把知识嚼烂了再喂给学生，让学生等吃“现成饭”，学生不经过思维加工获取知识，知识学得死，学得浅，题目稍有变化就束手无策。久而久之，学生形成依赖性，离开老师，寸步难行。这样的教学，培养出的学生不具备真正解决问题的能力。因此，在教学过程中，老师要根据教学的实际情况，选择一部分内容让学生进行自学，发挥学生学习的主体性，培养自学的习惯。在文科内容学习时，可以要求学生先阅读教材，圈点标注，提出疑问；在理科内容学习时，可以要求学生先阅读教材，尝试完成基础练习。不放手让学生自学，学生自主学习的意识和习惯慢慢丧失，越学越不会学的情况就会出现。

二是直击疑惑问题，教学抓住关键点。很多老师在课堂上感觉时间不够用，其原因就是面面俱到，生怕漏掉了知识点。其实认真分析教材和了解学情后会发现，课本上的大部分内容是学生一看就懂，或者稍稍思考就能理解的。老师从头讲到尾，学生听得疲倦，而重点问题又没有给学生打下特别烙印，课堂效率很难根本突破。一节课 40 分钟的时间，学生能集中注意力听讲的时间不会超过一半，怎样利用好学生有效的听讲时间呢?关键在于老师要抓住重难点内容，有的放矢。我在教学中总结了四种方法，来把握教学中的重难点。第一，自主学习，提出问题。让学生自主学习后提出自己不能解决的疑难问题，教学之前先将这些问题梳理出来。第二，练习前置，了解问题。变课后练习为课前作业，通过作业批改了解学生有哪些疑难点。第三，课中观察，发现问题。课中注重学情观察，对学生普遍存在的困惑点重点突破。第四，教材分析，把握问题。根据教学内容的目标任务和老师已有的经验，对难点有预判，有预案。

三是提供舞台，让学生有更多的课堂呈现。“我的课堂我做主”，课改的核心理念是变师本位为生本位，让学生在课堂中唱主角。这就要求老师尽可能为学生搭建舞台，让学生在课堂上有更多表达、思考、合作、讨论、练习的机会。比如，多运用小组合作学习的形式，让学生互助和讨论，学生的参与机会就会变多；培养课堂小老师，让学生在小组教，在全班教，学生的关注度会更高，质疑精神也会更强，理解问题会更透彻；发挥教室黑板、白板的作用，让学生多演示，这样可以更直观地呈现学生学习中的问题；创新学习形式，多设计课中活动，在做中学，学生掌握得会更好；给学生适当的独立思考机会等。

“善学者师安逸而功倍，不善学者师辛苦而功半”。课堂中老师“越位”越多，老师越辛苦，而成效却要减半。吃亏不讨好，休也!

拥有学习过程才是真学习

老师们在课改中都感到很困惑：给学生自主学习的时间过多，学习任务完不成怎么办。

老师们在课堂上不敢放手的一个重要原因，就是怕教学任务不能完成。总觉得学生通过自主学习对知识的理解不如老师直接讲授来得快，于是把学习的过程变成老师的讲授，把知识的巩固变成记忆和练习。这样过后，老师心里就踏实了。果真如此吗？

知识是无止境的，囿于知识的教学不可能取得好的学习效果。当今社会，知识显得越来越重要，因为知识已经成为影响经济发展和社会转型的重要因素。但同时，知识的积累和生产量在网络的催化下又是以几何级数的速度增长，呈爆炸趋势。因此，知识更新的速度越来越快，知识学习的速度永远也赶不上知识更新的速度。从课堂上看，老师总是力求让学生牢固掌握教材内容，甚至于不断补充，以让学生在考试中更有把握。在文科教学中，惯用的方法就是将各类知识一一罗列，不断强化学生的记忆，以便在考试中能够准确地填写；在理科教学中，老师将可能遇到的题目分门别类，让学生反复练习，希冀在考试中遇到相同题型的题目能够移接。这种学习也许对应付眼前的考试是有效的，其代价是学生必须花掉大量的时间进行记忆和练习。要想成绩好，时间和汗水就得不断增加，这也是当前应试环境下学生负担越来越重的原因。这种学习，学生的思维方式只能停留在已有层面，很难学出思维的增长力来。

过去我们总说，教科书是学生的世界；今天的现状是，世界是学生的教科书。如果把学生有限的时间囿于教材知识的学习，其实是因小失大。一方面限制了学生能力发展的空间——知识太过于夯实会导致学生想象力和创造力受阻。美国心理学家斯滕伯格曾说，过多的知识可能阻碍思考，使个体无法挣脱固有的思维藩篱，结果导致个体成为自己已有知识的奴隶而非主人。《人民教育》2015 年第 7 期刊发了一组关于核心素养的文章，编者指出，追求知识的加速跑，是教育不能承受之重。另一方面，大量时间的教材知识学习，必然占据学生对“世界”这本教科书的学习时间，影响学生综合素养的提升。

拥有学习过程才能学会学习。学会学习是学习的根本目标，在知识爆炸性更迭的时代，今天的知识明天就可能过时，只有拥有对新知识的学习能力，才是时代的弄潮儿。也就是说，教学的根本目标，不是获得知识本身，而是学会如何获得知识。进一步说，学习的过程就是重要的学习，比获得学习结果更重要。传统的课堂教学更多的是让学生知其然，老师通过各种方式给学生现成的结论，使学生被动地接受。比如在有些科学课的教学中，有些老师会进行演示实验，让学生了解过程，进而总结出原理、定理；有些老师就是直接把原理、定理告诉学生，让学生死记硬背，再套到题目中进行计算，省略学生实验和发现的过程，把有趣的探究过程变成了枯燥的知识学习。这种知识教学的价值有多大呢？这些知识学生基本上都会忘记，生活中可能永远也用不着。而真正在这一知识学习过程中，学生应该锻炼的动手能力、观察能力、推理能力等，被老师忽略了。再如在语文学科教学中，老师要让学生浸入文本，在语言的发现中形成自己的思考和感悟，课堂上就应该给学生读的时间、悟的时间、交流表达的时间，只有在这样的过程中，学生才能内化出语文能力。如果依靠老师分析这个词语的作用、那个句子的妙处，就好似牵着牛在池塘边溜达了一圈，根本没让牛喝到水。真正有效的学习，知其然，更要知其所以然。

课改中的一个重要理念是以生为本，以学为本，就是要重视学生的学习过程，让学生在过程中感悟、体验思考的价值和快乐。只有让学生探求知识的来源，体验知识产生的过程，把握知识的内涵，知识才能内化到学生的认知结构中去，学生的能力才能在这个过程中真正形成。学生的学习，老师不能再越俎代庖。

教学中要注意学生情智和思维的发展。学习从来不是一件单纯的掌握知识的事情，为什么有些专业优秀的老师并不能带出优秀的学生？局限可能是，他们在专业上研究颇深，但却忽略了教的对象是情感丰富的人。学科教学者首先得成为学科教育者，在教学过程中除了重视学科知识的教学外，还要关注学生心理、情感、思维、价值观，努力把学生引到积极向上的求知路上来。只有学生的心智更加成熟，对学习的理解加深，学习的主动性增强，学习的效率才会更高。在刚刚听到的一节数学课上，学习内容为“多项式”，学生们提前完成自主学习单，老师在课堂上组织学生对学（相互检查）、围学（组长讲解答案不一致的题目）、分组交流，然后老师强化数学概念，最后以小组抽题的形式完成各类挑战性题目。整堂课学生们思维活跃，用心思考，充满期待，老师言语极简，课堂真正地成了学生们的舞台。评课中，有的老师认为按照传统的方法，教学的容量还可以增大，表面看来确实如此。但大家普遍认识到，这节课上学生们通过自学、互学的方式远比听老师讲授学习理解的程度深，各种问题都是学生们发现并解决的，他们获得了自己的方法。更难得的是，丰富的学习方式让他们对学习充满了兴趣。

杜威说：“不断改进教学方法唯一直接的途径，就是把学生置于必须思考、促进思考和考验思考的情境中。”高明的老师就是善于给学生一个“学习场”，让学生乐于参与，乐于思考，在追求知识的过程中悟得获取知识的方法。只有这样，学生才能在课堂上获得智慧。

不敢放手吗？殊不知，善于讲授的老师往往掠走了学生真正有价值的学习空间，将学习过程还给学生，学习才能真正发生。

课改需要点“折腾”

经过反复的论证和多轮的培训，新学期的课改正式启动了。伴随着杂音和阻力，问题也时不时地冒了出来，课改的推进注定是一段艰辛的历程。

为什么要课改呢？尽管和老师们阐述了很充分的理由，但是要老师们改变几十年的传统，抛弃那些所谓的经验，重新思考和作为，自然增加了额外的工作量，大多数老师是不愿意的。

语文集体备课会上，有老师提出，按照新的方式上课，教学进度肯定会出现问题，我以为然。也有要好的老师善意提醒我，给学生更多的自主时间，教学效率会出现问题。传统的教学方式，可能更容易让学生适应当前的考试。我想想，觉得也是。但是，为什么要这么费力地推行课改呢？我想到北京十一学校，它集合了全国最厉害的教师团队，拥有无与伦比的教学硬件，按照传统的教学方式，考试分数会差吗？李希贵校长从学校课程的建设，到走班制教学的实行，到一人一张课表的个性化教育，该需要多少的“折腾”？但是着眼于教育的真正体现，李校长不惜“折腾”，为每一个学生的学习设计，锻炼每一个学生的综合能力，让每一个学生都个性成长。学校的“折腾”就是为了孩子成长的不折腾。

我们不能像北京学校那样的“高大上”，但是我们的出发点可以是一样——让每一个学生都能得到更好的发展。

课改，首先是育人观念的改变。培养什么样的人？仅仅为了学生考试得高分吗？不可否认，在当前教育体制下，学校、老师都不敢牺牲分数；

但我们谁都明白，仅有分数的学生未必就有美好的未来。在学生未来成长立业的路上，学生的自主学习能力、沟通表达能力、团队合作能力、情感价值观等非学科知识因素一定会对他们有更大的影响，这些同样是学生学习的重要内容。如果老师在教学中只是为了考试的目标，只是追求知识点的落实，学生在课堂上只是为了掌握这些知识，那么学校能够给学生留下多少成就未来、影响终身的东西呢？

课改，就是让老师从单纯狭隘的知识教学中走出来，突出教学的过程，在过程中锻炼学生的各种能力。通过自主学习增强学生学习的主动性，增强学生学习思考能力；把老师的“讲”变成学生的“说”，增强学生的理解能力，训练学生的表达能力；给课堂更多合作学习和探究的时间，让学生形成团队意识，学会团队管理和合作；把学生推到前台，建立平等的师生关系，让学生有更强的角色意识，懂得自信，敢于表现，等等。学生非智力因素的发展，不是靠老师的说教就能教育成的，而是需要长期的浸润和影响。追求课改，就是追求在教学中老师对学生有更多关乎生命成长的影响。

课改，其次在于老师对学科教学的再认识。以语文学科为例，一学期一本教材，学完了，考试过关了，就是学生学好语文了吗？古人云：“授人以鱼，不如授人以渔。”近代教育家叶圣陶也说：“语文教材无非是个例子，凭这个例子要使学生能够举一反三，练成阅读和作文的熟练技能……”好的语文教学定然是由教材生发，培养出学生语文学习的兴趣，并逐渐上升为对文学、对人文的兴趣，必然在教材例子的训练中，让学生听、说、读、写等语文素养得到提高，逐渐形成持续的学习力！所以语文的课堂就不能太功利，纠结于一个个知识点的记忆、一个个词语的品析，只会让语文味如干蜡。语文的课改，就是要树立起大语文观，让学生徜徉于语言的世界、文学的世界、文化的世界，让学生语文素养得到提高，视野变得开阔，内心变得丰富。也许一次考试的成绩会有点影响，但是随着考试改革的推进，真正有了语文素养的学生在未来的高考中是不会失败的；更重要的是，未来几十年的人生旅程，因为与语文的结缘，他的人生会更加丰富多彩。

数学学科里，老师需要对教材再做个组合，教学的终极目标是教给孩子们数学思想和思维，而不仅仅是一个个公式的记忆、一道道题目的解答；英语学科重在语言的实际运用，而不是那些脱离实际的哑巴题目；科学课程所需要的是老师带领学生感受科学探究的过程，体验那种发现与创造的美妙，形成对科学的热爱和向往……当我们从知识教学的窠臼中走出来的时候，分数自然也会成为教学的附属品。

课改，还在于对科学学习方法的追求。“最好的学习，就是给别人讲，这是个常识。多年来我们把这个常识给忘记了，不停地给学生讲，却不让学生讲。于是，知识在我们老师头脑里记得越来越深刻，学生却什么都没记住。”李镇西老师简朴的话语道出了教学上最大的问题。学习金字塔理论也告诉我们，最低效的学习方式是听讲，最高效的方式是做中学、教中学。课改，就是要打破传统的经验，把课堂的舞台让给学生，让学生真正成为课堂的主角，为学生提供尽可能多的说的机会、做的机会、教的机会，实现课堂真正的高效。我们老师不要被传统教学的“假高效”蒙蔽了双眼——看似一节课的时间灌输了不少教学内容，实际上并没有化为学生己有，不能在学生脑海中存储多长时间。

第一个吃螃蟹的人注定要有牺牲精神。我们的老师本来就很优秀，现在要打破原有的平衡，抛弃沉淀几十年的经验，重新蹒跚学步，无疑有很多挑战，甚至“折腾”。但是，只要有把每一个孩子放在心上的动机，有对教育真谛的孜孜追求，课改工作必然会步入良性轨道，我们的教育人生也会因此变得丰富而有价值。

学会倾听比积极发言更重要

推行自主合作的课堂里面，人们往往认为课堂上的声音越多越好，学生们争相表达的情景成为课堂的风景。一段时间的实验后，我们发现这种发言很多时候是在追求个人的表现，而并没有实现真正的交流，学生的思维发展也只是停留在自己原有的水平上，没有得到有效的发展。

怎么解决这个问题呢？我认为在注重学生表达的同时，还要培养学生学会倾听的能力。

学会倾听可以避免学生盲目的自我意识。课改强调自主学习、自我管理、积极表达，这样也可能对学生的自我意识产生一种强化作用，在小组合作中容易让“自我”这种意识占上风。结果是，大家往往比较注重自我表达，而忽视别人的意见，这不仅闭塞了课堂交流的通道，也不利于正常的人际交往。除了学生之间不懂得相互倾听外，在课堂上我们发现老师有时候也缺少倾听。老师为了鼓励更多学生发言，并没有真正去把握学生发言内容，倾听不够，对发言的学生没能给予提高的帮助。学生发言后没有老师的置评或鼓励，自豪感没有显现，久而久之，发言也将变得不那么积极。

学会倾听才能实现更好的合作学习。在小组建设中，老师们也有这样的困惑：小组学习时，学生叽叽喳喳闹个不停，合作学习的有效性往往不如人意。症结在哪儿呢？原来学生们都只愿意表达不愿意倾听，争先恐后地发言，各种意见又没有呼应，讨论就变成了一盘散沙。这就要特别强调相互倾听。倾听本身就是一种学习，很多知识首先是从听觉中获得感知的，比如老师的讲授、同学间的交流，懂得倾听是学习的第一步。再则，学会倾听才能有真正的合作交流，别人的发言中有哪些信息，我理解否，赞成否，有哪些不同的意见，只有这样针对性的交流才能相互激活，使大家的认知水平和思维能力得到提升。佐藤学认为，课堂上学生的看法和想象应该相互碰撞激荡，回响共鸣，好像不同乐器的声音相互协调地鸣响而产生的交响乐那样。

那么，如何培养学生的这种倾听能力呢?

首先，要让学生理解倾听的重要性。善于倾听是现代人必备的素质之一，它体现了对人起码的尊重。就学习本身而言，通过倾听，从别人的成功中学习经验，从失败中吸取教训，应是学习的一条捷径。“学会倾听”有两层意思：一是听别人讲话要用心，要细心。倾听，即细心听、用心听的意思，这是一种礼貌。第二层意思是要会听，要边听边想，思考别人说的话的意思，能记住别人讲话的要点，能结合自己的认知进行思辩。

其次，老师要做倾听的示范者。老师在与学生对话时，要认真倾听，给学生树立一个榜样。在学生发表意见时，老师要以听众的角色，用非言语信号和言语信号同学生做积极的信息交流。非言语信号包括：交换眼神、侧身倾听、举目凝视、含笑点头等。言语信号可以说出表示支持性的言语：“我理解你的话”“我被你说服了”“你说得有道理”等。当学生感到老师在倾听自己的发言时，便会对自己充满信心；老师良好的倾听习惯，可以影响学生，他们会采用同样有活力的倾听策略，并在听完后提出建设性的反馈意见。“倾听”不仅要听学生发言的内容，还应关注学生发言时的心情、想法，从而与他们心心相印，让学生感受到发言的愉悦。佐藤学认为，老师上课的第一要义，是在课堂上以慎重的、礼貌的、倾听的姿态面对学生，倾听他们有声和无声的语言。他甚至认为，只需感受老师的身体和语言，就能大致知道老师教学的成败。

再者，培养学生倾听的习惯。一是要培养学生听讲的专注度，在新课改的课堂中，老师的讲授时间大幅度减少，这种时候，学生必须要集中注意力，善于倾听和思考。老师也要通过自己创新的教学设计和精彩的教学语言来吸引学生。二是在小组合作学习的过程中，老师要制订出合作学习规程，对倾听提出具体要求。例如，组长主持学习，个人发言必须征得组长同意，发言结束时做出示意，别人发言时用笔标记要点，不得随意打断等。另外，学生在连续发言时，后面学生的发言需要有对前面学生发言的评判，这样促使他们在别人发言时积极地捕捉信息并思考。为了培养学生倾听的习惯，老师还可以组织朗读纠错、小型辩论、故事接龙等活动。

善于交流是现代社会重要能力体现，课改中突出学生这一重要能力的培养已经成为老师们的共识。交流包括表达和倾听两个方面，但是大多数的老师重视了学生的表达，却忽视了学生的倾听。这不仅会影响课堂学习的效率，也会对学生以后人际交往中有效的交流产生影响。让学生学会倾听，比让学生积极发言更重要。

教学中更需要预设

随着新课程研究的深入，对新课程理念的讨论也愈加热烈。在“预设”与“生成”的抉择中，众多的声音对“生成”这一新鲜事物宠爱有加，而对“预设”却褒贬不一。审而视之，预设与生成是构成教学过程的两个方面，孰轻孰重，我深深地感受到，教学中更需要预设，尤其是充分的预设。

教学的目标性决定了教学中更需要预设

教学是一项有目标、有计划的活动。什么阶段完成对学生什么样的培养任务，什么阶段学生的发展目标是什么，在各类教育纲领性文件和课程标准里面都有系统的表述。这种目标需要老师在教学活动中去实现。“凡事预则立，不预则废”。没有这种预设的目标，任凭学生自由发展，犹如山中的灌木，固然可以生长，但终究成不了栋梁。

教学是一项复杂的活动，而贯穿始终的灵魂便是教学目标。教给学生什么？学生能学到什么？学的程度怎么样？是教学就不能放弃这一“传道、授业、解惑”的责任。课堂教学不管形式如何多样，最终的效果还是要体现在目标达成上。目标一旦确定，优秀的老师便会想方设法为实现目标而构建一个最优化方案，就是我们常说的“预设”。它不仅包括对教学过程的预先设计，还包括对专业知识的预先储备，对课堂动态变量的预先思考。如果老师课前对教学没有一个清晰、理性的思考和安排，把教学的重心放在课堂的随时生成上，不知道或忘了一堂课究竟要干什么，课堂中极易出现一种“梦游”的状态，教学效果必受影响。

不可否认，课堂中有一些可生成的因素对教学有一定的积极作用，但这种因素大多具有不稳定性。于漪老师认为，旁枝斜逸，杂草丛生，可能会产生课堂的“轰动效应”，但“乱作为”的结果，丢失了原本教学的基础，得不偿失。作为为学生终身发展奠基的基础教育，预设目标是课堂教学的出发点和基础依据，课堂上的随意发散，或准备不足的发散尽管也能培养学生的某些能力，但往往会影响学生更多能力的形成。中小学阶段，是学生学习态度、自主学习习惯、学习品质形成的关键时期，这些需要老师进行积极的价值引导，激发、培养和唤醒，不可任凭学生自然生成，而且也是学生难以自然生成的。一味地强调生成，淡化预设，不客气地说，是对学生不负责任的一种表现。这样不仅会影响教学质量，还会影响学生的终身发展。要想取得好的教学效果，提高教学质量，老师必须进行充分的预设。预设是完成教学任务的基本保证，是实现教学目标的基本纲领。

充分的预设才能帮助学生主体地位的实现

教学中要发挥学生的主体性已经成为广大老师的共识。于是，出现了一些很热闹的课堂，仿佛课堂上放手让学生说了、做了，就突出了学生的主体地位，不这样做，就是和新课程理念背道而驰。是否学生在课堂说了、动了，注重教学中的生成了，学生的主体性就突出了呢？其实，不少课堂学生只是形式上的主体，学生发言、讨论、活动只是游离在教学内容的表面，思维还停留在已有的认知基础上，没有向深层次挖掘和发展。发展才是学生主体性的最高层次，如果学生只是停留在教学内容的表面，无论学生在课堂上表现得怎样充分，都不能称之为体现了学生的主体性。这样的课，说白了，就是“放羊”。

实施新课程，突出学生的主体地位，不是淡化老师的作用，相反，老师的角色更复杂。怎样当好组织者、促进者、引导者？需要老师的厚积薄发，需要老师更充分的预设。教学中，老师必须营造出激励性的教学环境，为实现学生的主体地位提供动力支持；选择合适的教学内容，为实现学生的主体地位提供恰当平台；还要提供正确的学习导向，为实现学生的主体地位提供方向保障。所有这些，一句话概括，就是老师要有充分的预设。学生在课堂上主体性不够，也往往是老师预设得太平淡，或预设得不充分，没能唤起学生学习的热情，或者没能把学生的学习活动引向更深层次。没有预设的学生主体活动往往是盲目的、低效的，甚至是无价值的。盲目强调学生主体性，如当学生阅读课文《背影》，质疑父亲违反交通规则；阅读《愚公移山》质疑愚公经济不划算等问题出现后，有的老师还大做文章的情形就会屡屡出现了。

充分预设不是约束学生的主体地位。预设是为了把学生自主的舞台搭建得更大、更厚实。学生的知识有限，阅历有限，视野也是有限的。客观的有限性和课堂的发展性之间存在着不少的差距，一些问题是学生们永远不可能生成出来的，所以授课之前的预设，授课之中的引导，是提升学生学习品质的重要保证。苏霍姆林斯基说：“所谓创造性，绝不意味着教育过程是一种不可捉摸的、服从于灵感的、不可预见的东西；恰恰相反，只有精细地预见到并且研究过教育过程的许多事实和规律性的相互依存性，才能使真正的教学能手当机立断地改变计划。”高明的老师能预见就在于课堂的动态并为之做好准备，随时可以满足学生的求知需求，随时能对学生进行正确的价值引导。有的老师以遏制了学生的创造性、削弱了学生的主体性为借口而淡化预设，实际上是为自己随意的教学行为推脱责任。

充分的预设才能孕育出精彩的生成

确实，有的老师抓住教学生成做文章，演绎出很精彩的课堂来。但是这种生成的基础是什么呢？是学生的无端发问吗？是课堂的突发奇想吗？灵感即使偶尔有之，也难成为课堂的常客，很大程度上还是老师预设发挥了作用。没有精心的预设，何来精彩的生成？

预设不是简单地写一份教案，它是对课堂环节、教学过程等做的一系列展望性的设计，这种设计不是传统意义上的线性预定，而是新课程理念下的一种网状、弹性的课前准备。如给孩子们创设一个怎样的情境，需要准备什么样的教学媒介，学生可能提出什么样的问题，老师如何做好引导和疏通等，这些都需要事先尽可能考虑充分。只有这样，老师才能做到因势利导，有的放矢，及时捕捉学生的疑问、想法、创见等精彩的瞬间，才能催化出课堂的高潮。曾经看过一位教学大师的两个课例，一是教学《提醒幸福》，课堂上每一个环节都可谓浪花闪耀，师生的每一句话都可谓精彩至极，该课例被认为是重视生成的典范。后来在一次活动中，该老师临时选教《山中访友》，同样按照教《提醒幸福》的思路教这篇课文，课堂上也不乏精彩，让我们感受到了一个大师精湛的教学艺术。课后，却听到不少听课老师议论“老师备课不充分”。之所以有这种感慨，在于课堂上学生生成的价值不高，老师对学生生成的东西提升不够。究其原因，该老师曾经多次展示过《提醒幸福》，课堂上看似随意，可各种预设已烂熟于心，所以老师能顺着学生思路并迅速地去引导他们。而《山中访友》正如该老师自己调侃：“不是备课不充分，而是根本没有备课。”课前缺少了预设，一方面为教学生成搭建的平台不够；另一方面，教学生成即使出现了，老师也不能很好地去挖掘其价值。我们还看到另一种现象，有些名师走遍天下，反复上的就是那几节课。试想，他们该是花费了多少的时间和精力去为那几节课做预设啊！连大师们也不敢在陌生的教学内容前去放胆生成，何况我们这些普通老师呢？我们都有这样的感慨：搬用名家的教案上课，总是很难成功。原因就在于我们只看到露出水面的一部分，没有看到水面下广阔的基础，没有经历解读和探索的过程，没有充分的预设，课堂上只能捉襟见肘了。只有充分预设了，对课堂上各种状况的捕捉和处理，才能驾轻就熟。

当然，我们也看到过老师在课堂上按照预定的程序亦步亦趋的教学行为，这样的老师在课堂上之所以放不开，一方面可能是教学观念的问题，另一方面就是教学预设不够，怕学生打乱了教学思路而无法应对。其实只要老师钻透教材，充分预设，课堂上自然可心随我动了。

老师要多走下讲台

从先师孔子设帐讲学起，一直到现在，老师在三尺讲台上向学生传道、授业、解惑。老师往台上一站，无形中展现了师道尊严，老师不走下讲台似乎也无不当。但是，也正是讲台，拉开了老师与学生的距离。不少老师在台上滔滔不绝，从来不走下讲台。于是，课堂上往往呈现出这样的风景：老师端坐于讲台上，像讲佛僧人在向弟子说经，僵硬得像能说话的木偶；学生在自己的座位上，貌似听讲，实为神游，像未入佛界的小沙弥，迷迷糊糊。教与学完全是不同的两个境界。

这样的课堂无疑是低效的课堂。

杜郎口中学课改取得突破的重要举措之一就是取消了讲台，教室四面安装了黑板。形式上，老师完全地走到了学生中，是一种方法的改进；核心精神则体现了新课程中师生平等的教育理念。老师穿梭于学生之中，这里看看，那里问问，和学生一起探讨学习，老师真正成为学生中的首席，是学习的促进者和组织者。我们的老师，很少走下讲台，这其中不乏以下原因：一是师道尊严观念根深蒂固，高高居于讲台之上，更能找到老师的感觉；二是备课不娴熟者，不得不在讲台上看着教案照本宣科；三是教学不自信的老师，缺乏对课堂的驾驭能力，教学亦步亦趋；四是和学生关系处理不好的老师，不愿意或不敢走到学生中去。无论哪种情况，老师不能走下讲台首先在于老师本身某方面的问题，这些老师的课堂绝对是乏味的、低效的。

走下讲台，不仅是保证课堂教学效率的需要也是现代教育理念的体现。现代教育讲求师生平等，讲台应是师生和谐关系的纽带，是教与学的桥梁。课堂的主体是学生，老师在教学上要想取得良好的效果，就必须热爱学生，融入学生，建立民主、平等、和谐的师生关系。多走下讲台，才能把老师的“教”与学生的“学”融为一体，以鼓励的目光抚慰学生，用温和的语言引导学生，用温柔的一双手抚摸学生，学生感到亲切，课堂产生向心力，教学效果会有明显提高。另外，有不少学生，课堂上仅仅靠兴趣还不能够充分学习，必要的时候，还需要老师的管制，老师多走下讲台，及时提醒学生集中注意力，让学生始终处于课堂的紧张状态。

那些习惯穿行于学生中的老师，他们激情飞扬，驾轻就熟，课堂充满了活力。

愿老师多走下讲台，这不单单是教育观念的问题，其实也是一种有效的教育方法。

教学中是否启发太少

教给学生知识不难，难的是在传授知识的过程中训练学生的思维，让学生增长智慧。这就要求老师善于启发，引导学生思考。

教学的过程就好像爬楼，从一楼到二楼，不是老师直接把学生背上去，而是引导学生发现台阶，顺着台阶爬上去。数学课上，一道例题的讲解，不在于老师列出算式，解出答案，而是要让学生理解从未知到新知的思维过程。获得了这样的思维方法，学生才会解答更多的数学题，教学才达到了举一反三的目的。数学题目很少有完全相同的，即使是例题后的练习，往往在不停地变化已知条件，学生依葫芦画瓢很难适应解题的需要。

很多老师讲解例题，基本上是在练独门武功，不管学生怎样的学习基础，遇到怎样的学习障碍，一讲到底，老师任务完成了，你懂就懂，不懂也罢。依我看，且不说这样的教学很难让学生懂，因为课堂忽略了学生；即使懂了，也是一知半解，知其然，不知其所以然。这次从一楼上到了二楼，但下次可能还是望楼兴叹。

教学要有启发性并非易事，怎样引导学生发现台阶，这需要老师的功底，更需要教学的艺术。最外在的形式，老师该在课堂多做几个假设，多问几个为什么，多问几个怎么办。

孔子说："不愤不启，不悱不发，举一隅，不以三隅反，则不复也。"认真体会句中要义，正切中我们教学的要害。很多时候，课堂没有调动起学生的兴趣，没有给学生思考的余地，老师就开始夸夸其谈，这只是老师的一厢情愿，必然导致课堂的低效。更有甚者，一个例题讲完，马上第二个例题，堂而皇之赶进度，学生囫囵吞枣，不仅不能举一反三，“举一反一”都难。这样的课堂完全是在敷衍。

有时候，我看到老师将答案板书在黑板上让学生抄，甚至让学生抄写多遍直至背诵下来。遇到这样的老师一定是学生的悲哀，因为这种学习只会越来越机械，学生越学越笨。

启发性是教学过程中的重要原则，与启发性相对的是“注入性”，反思我们的教学，是否注入得太多，启发得太少？

我为小林老师打 call[①]

这是一节非常棒的语文课，真正生本意义的课。

生本是课改的方向，但是怎样的生本却是有不同层次的理解。第一层次，放手让学生自主学习，自我生长；第二层次，创设环境，让学生有方向地生长；第三层次，创设环境，帮助学生生长。我特别反感有些校长或是专家的言论：我们的老师不怎么样，放手让学生学，学生反而成绩更好了。老师的作用真的不重要吗？当师不如生时，放手是教学改革的下策。真正的生本课堂，对老师有更高的要求。原清华大学校长梅贻琦曾说：“所谓大学者，非有大楼之谓也，而有大师之谓也。”生本课堂，老师的作用不可忽视。

生本课堂，老师要善于激发学生的学习动力。授之以鱼，不如授之以

① 〔打 call〕网络流行词，最早指演唱会上台下观众们跟随音乐的节奏，按一定的规律，用呼喊、挥动荧光棒等方式，与台上的表演者互动的一种自发的行为。后广泛指对某人的喜爱与应援。为你打 call，是说你做得很好，支持你。

渔。可是当学生对“鱼”没有欲求时，他怎会接受老师的“渔”呢？授之以渔更要授之以“欲”，如何激发学生课堂参与的热情和求知的欲望，是老师最应做的功课。小林老师的课堂，最突出的亮点就是对学生求知欲望的激发，让每位学生都快乐主动地参与到课堂中来。一是通过巧妙的设计激发学生的兴趣。课前播放《梦回云南》把学生带入美好的境界，激起学生对学习内容的向往；课中抓住“趣”“味”两个字，贴近文本又贴近生活，激发了学习的欲望；老师在教学过程中更是巧妙地设计加感叹词朗读、用家乡话朗读等学习方式，让学生情绪高涨，陶醉其中。二是通过老师激情投入感染学生。课堂上，老师始终穿梭学生间，时而俯身询问，时而侧耳倾听，时而激情演讲，时而娓娓道来。老师表情更是丰富细腻，宛若剧中人物一般，老师如此的投入，和学生深度沟通交流，怎不感染学生？三是通过老师的语言激励学生。“真美！真棒！还有谁想挑战一下！”激励的语言，让学生们都变得自信起来，大方起来。这样的课堂，我们看到了学生对学习的享受。生本课堂，首先要解决学生想学乐学的问题，只有学生生发出学习的愿望与主动性时，自主学习自我生长才不是一句空话。

生本课堂，老师要善于放手。生本课堂，必然是以学生为主体、以学习为主线的，能够放手的地方坚决放手，让学生自己完成，老师不越俎代庖。本课中，小林老师安排了一定的前置性学习任务，课中把大量的时间交给学生，真正体现了学生的主体地位。自学、对学、小组学习、班级展示交流，课中的活动基本是学生的活动。而学生在这种宽松的环境中，也是说得真实，听得认真，评得大胆。学生说昆明的雨，也说生活中的雨；说文中的趣，也说生活中的趣；说汪曾祺的闲适，更说我们生活的忙乱。这样没有掩饰的真实发言，让我们看到课堂的真实，看到生命的律动，更看到老师对学生的尊重、对一颗颗童心的保护。生本课堂，是尊重学生的课堂，是让学生感到安全的课堂。这样的课堂，学生的身体是放松的，心灵是自由的。要让学生成为课堂的主角，课堂就不能成为老师的表演场，无论老师讲演得多么精彩，也要把时间和空间还给学生。因为只有让学习发生在学生身上，才是学生在学习。对于文本的发现，老师基本交给学生，或是独立完成，或是合作完成，老师始终担当配角，真正成为学生学习的同伴，成为课堂的倾听者、引导者。

生本课堂，老师要善于引导学生。给予学生自由的空间，让学生会思考、会表达、会合作，让学生完成知识的自我建构，形成学习的能力，是生本课堂的基本要求。优秀的老师在放手的同时，也一定善于营造学生学习的良好场域，激励学生，引导学生，让学生不断攀登，达到新的学习高度。小林老师在课堂上，总是不断引导学生去发现，引导学生深层次思考。例如，在课堂开始，小林老师引导学生，文题为《昆明的雨》，内容上直接写雨的内容并不多，这是为什么呢？接着以一段话引导学生："山之精神写不出，以彩霞写之；春之精神写不出，以草树写之；雨之精神写不出，以________写之。"这样的一个设计，让学生们一下子打开了视野，找到了阅读的方向，也体悟到一种写作的方法。在引导学生品读文中语言时，小林老师引导学生分析标点用意后朗读、加上感叹词后朗读、用家乡话朗读，让学生体会作者隐藏在文字背后的意蕴。在引导学生品味文中的趣时，小林老师让学生联系生活中的情景，仿佛把学生带入文本中，又仿佛让文本走进了生活，一下子就打开了学生们的话匣子，掀起一个个课堂高潮。在引导学生更好地理解作者的语言风格和思想感情时，小林老师以读引读，引入《端午的鸭蛋》和课文背景资料，并向学生推荐汪曾祺作品集《人间草木》。在整堂课中，小林老师有很多对学生学习方法的指导，怎样发现，怎样比较，怎样说，怎样听，怎样评，带领学生学习。仿佛一个武林高人，关键处的一个眼神，一句点拨，无声胜有声，无招胜有招。

生本课堂，老师要能发展学生思维。在小林老师的课堂上，我们还看到一个亮点，就是对学生思维的培养。如对文本的质疑：课文通过一些微小的载体来表达作者那种深厚的感情是否合适？对学生发散思维的培养：你还能不能从文中咀嚼到其他味道呢？文中最后一句话的句号还可以换成哪些标点符号呢？对学生批判思维的培养：对其他组同学的发言，你有什么补充或不同的意见吗？教学的核心任务，是发展学生思维，让学生增长智慧。可是，在很多的课堂，我们的老师习惯于教给学生思路，教给学生方法，禁锢了学生的思维空间，让学生在学习上习惯于“饭来张口，衣来伸手”，不需思考，不会思考，不愿思考，最后失去了创新能力。小林老师的课，直击教学核心，发展学生思维，充分体现了老师对未来社会人才培养的一种思考，是核心素养培养落地课堂教学的艺术体现。

这一节课，是智慧的课、情感的课、思维的课。下课铃响，同学们依依不舍，还沉浸在课堂的情境中，留下的是回味，是期待。听课的老师们纷纷点赞，感叹享受了语文，享受了教学。如果有更多这样的课，学生享受学习，必然不是一句假话。幸运的是，我们身边有不少像小林老师这样的老师，他们为我们的教学做出了示范，他们让我们的校园充满智慧。

教学设计不妨简单些

很多时候，老师不能完成预期的教学任务，习惯归咎于学生的基础差、学习状态不好等，实际上问题多半还是出在老师的备课上。

荆州教科院院长王佑军老师做过多年的课堂观察，他认为很多老师的课堂设计内容丰富，力图在 45 钟内解决涉及教学内容的一切问题，结果课堂上走马观花，学生能力培养没有落到实处。这样的课堂表面高效，实际上是低效课堂。背后的原因多为老师的教学不自信，怕课堂上没事做，怕学生往深处挖，所以老师把课堂填得满满的，顾教材而失学生。也有老师按照自己的认知水平进行备课，拔高课堂上对学生的要求，结果学生力不从心，任务不能完成。

我在执教《邓稼先》时，力图让教学的流程简单化，但是教学的任务还是没有完成。我也想把问题归咎于学生，但是回顾学生在课堂上的表现，他们实在是无可挑剔，这只能说明我的设计不尽科学。课堂第一步“自学”，学生感知课文内容，提取课文信息，表达对邓稼先的印象。因为课文较长，学生完成有些难度，但这是整篇文章学习的基础，必须让学生学得充分。第二步“展学”，展示自学情况，老师需要在学生的展示时做适当点拨和拓展，如“元勋”“最不要引人注目”“中国几千年传统文化”等，学生的语感培养就在语言文字的这些细节中，语文课堂需要带领学生慢慢咀嚼有些文字。学生完成得不错，尤其“以邓稼先同事的身份说故事”，学生只有两分钟的准备时间，几个学生的故事说得很流畅，有的还延伸到课外。教学到这里时间已经去了 35 分钟。接下来朗读展示，作者杨振宁写这篇文章时感情是复杂的：写中国百年屈辱的满腔悲愤，写中国巨人站起来的扬眉吐气，写中国爆炸“两弹”的欢欣鼓舞，写对邓稼先的热情颂扬，写作者读信后的激动自豪，写邓稼先工作环境的苍凉悲壮，写中国男儿歌的壮怀激昂，写对电报与书信的深切怀念……朗读是对课文理解的最好方式，遗憾的是没有时间让学生更好地朗读。第三步“导学”，引导学生分析文中邓稼先以外的文字对表现邓稼先的作用，学生很轻易地进行了阐述。至此，下课铃声响起。第四步“用学”，以“我与名人面对面”的形式做一次对邓稼先的模拟采访，因时间关系，只能放在课外去完成。第五步“思学”，匆忙收场，学生并未完全表达。

整堂课节奏很好，但是没有完成教学任务，原因是教学内容安排得太满。内容多了，走马观花，学习就不能走到深处，走到实处，走到学生心里。语文教学的目标不是简单地完成某项任务，而是要训练学生的语言能力，当训练目标没有达成的时候，教学就需停下来。王佑军老师在“作文可以一招制胜”的教学中，对两个基础较差的学生不断追问，直至这两个学生思路清晰地完整表达为止。对这两个学生的等待和及时训练固然花费了不少时间，但是课堂的实效性也在这里，若没有跟踪的强化训练，学生依然是一知半解。这样的教学尽管还有其他内容没有完成，但让学生有了实实在在的收获，远胜过走马观花。

教学由很多个单元课时组成，学生的知识积累和能力训练是个长期渐进的过程。有时候为了追求进度而囫囵吞枣，就好比煮了一顿夹生饭，即使过后再煮一次，也依然是夹生饭。所以，为了达到能力训练的目标，我认为一堂课的设计要尽可能简单，那样才能留给学生更多的训练空间。

很多老师在尝试导学案教学，我看到不少的导学案编得满满的，担心老师们依据导学案教学变成了一种任务式教学，课堂生成的东西变少，学生的思维没得到发散，能力没得到提高。导学案教学应该体现出课堂的互动性和生成性，因为互动才有生成，老师给了学习的路线，一定要给学生充足的空间。课堂上有预设的任务，更要有精彩的生成。这样，教学的设计就要力求简单，太多环节填满课堂，学生匆匆忙忙，大脑就很难运转起来。

这节课，我看到了阳光

这是很普通的一个班级，很多老师说，进入这样的班级，头就大了。我亦看到不少这样的课堂，老师或是苦口婆心，夸夸其谈，以老师百倍的讲授来换取学生的学习；或是怒目相视，仿佛学生欠了老师什么，课堂中穿插着老师的斥责；或是一脸无奈，失望的表情和学生灰溜溜的神态倒也相得益彰。

但是在这节课里，我看到了老师对学生的信任，看到了老师对学生的喜爱。如果有信任和爱心两种元素在课堂，我想这样的课堂必然充满阳光。于是，我在这节课里看到了学生实实在在的收获，看到了学生慢慢张开的自信，看到了最弱的学生在课堂的进步，看到了学生下课前的留恋……

课堂开始，老师便从课题引入学习内容，让学生从文题中寻找课文信息，学生果然就发现了这些内容：演讲词的文体、“纪念”的感情色彩、“伏尔泰”这个人物、“一百周年”蕴含的成就，还有作者雨果。然后老师提出“读通”的学习目标，明确识记字词的要求。通过三轮五批次的学生上台检查字形、字音、字义等学习效果，几个学生错了，另外几个学生再来检查、纠正。接下来提出了“读懂”的学习目标，何谓“读懂”？老师简明扼要地说：“一是句子读懂，单个的句子能够理解；二是把层次读出来。”于是学生沉浸到朗读当中，不一会儿，几双小手举起来，从句子的质疑与理解，到层次的理清与概括，很轻松地完成了这一目标。最后是课文朗读。老师同样提出要求：一是读出伏尔泰伟大的人格；二是读出雨果赞美的情感。学生哗啦啦地再次读起来。在老师示范朗读之后下课铃声正响，我听到了学生遗憾的叹息。

这堂课没有华丽的包装，在流程的设计上也没有别出心裁的创新，给听者却是自然的舒坦。

学什么？怎么学？学到怎样？从这堂课的流程可以看出，课堂每一步都非常清晰。正是有了课堂目标的清晰定位，学生在课堂上才能主动起来，从容起来，快乐起来。糟糕的课堂往往是学生不知道老师下一步要干什么，跟着老师往前走，惶惶恐恐，唯唯诺诺，生怕出了差错受到老师的批评。但是在这样的课堂，学生是不必紧张的，老师始终保持着微笑，穿梭于学生中间，带着欣赏的眼光去发现。那个男生朗读并不流利，老师肯定他吐字清晰，让别的同学清楚地听出他朗读的错误；另一个男生朗读不见感情，老师肯定他声音浑厚，富有磁性；对第一个发言的学生，老师大呼，“没想到你读书读得这么深入”；就连黑板上拼音的错误，老师也只是轻轻地圈出，用眼神提醒。要让学生怕老师吗？有的老师动不动就是呵斥，就是惩罚，殊不知在不平等的师生关系中，“怕”的含义应该是“爱”与“敬”。当一个学生处处感受到老师的爱意时，他怎么忍心用“不听话”去回报老师？其实，好几个学生发言的质量并不高，我看到了老师的良苦用心，那些经常被冷落的学生、那些成绩处在下等水平的学生在这堂课里受到了老师特别的关照，也许他们的信心就这样慢慢被点燃。如果这样一个层次的学生都学有所获，那些基础好的学生还有什么学不好的？

很多老师在课堂上不肯放手，把持着课堂的话语权，以“责任”的名义伤害学生。这节课里，学生成了真正的主角。担当配角的，是执教的老师。

教学中缺少一根线

在听课的过程中我经常感到困惑：这节课究竟教给了学生什么？

其实很多老师并没有把这个问题思考透彻。所以有时候，只是看到学生记住了、背下了、知道答案了。可是不久后，学生又会将这些知识还给老师，他们对于某一内容的学习显得毫无意义。

这是因为，老师的教学只抓住了单个的知识点，若一课课的知识点没有被串联起来，学生往往会顾此失彼，无法贯通。每门学科都有众多的知识点，众多学科几个学段加在一起，实在是有太多的知识点，怎么让学生抓得住？有一种方法可以解决，就是把这些知识点全部串起来，学生只要握住其中一点，就可以全部提起来了。

直到观摩了沙市区“说教材”的现场演示，我才豁然开朗，明白我们的老师在教学中缺少了什么——缺少了对教材的整体架构。老师在教某一个章节时，是否想到这节课在单元中的作用，在整册书中的位次，甚至于对于整个初中学段的意义？还远一点思考，与小学的衔接、与高中的联系如何？能够思考得如此充分的，恐怕只有那些高明的特级教师，所以我们经常看到他们似乎随心所欲地处理，往往却能恰到好处。有一位朋友向我介绍一位优秀的数学老师，初中的题目稍微变换，就达到高中的难度，再做变换，还可与高等数学联系起来。没有见证这位老师的厉害，我想知识之间是必然有联系的。

也许随便问一个参加工作几年的老师：你能把握教材吗？他会很自信地说："没问题！你说课本中哪个题我不会做？哪篇文章我不会讲？"其实，把握教材不仅是指理解教材中的每个知识点，关键在于对教材的整体把握。要求老师熟悉本学科的课程标准，理解教材编者的意图，清楚整个学段教材的逻辑线索，能够把前后相关的知识整合起来。如果老师本身对课程标准和教材甚至考试大纲都不能把握，对学生的引领作用就有限，就像一个对道路本身不熟悉的人给别人引路，只能是摸着石头过河，效率很低。

我感觉到，我们的老师对编者的意图理解并不透彻。为什么语文按主题编排，每个单元选择这样几篇文章？为什么数学的知识内容在不断地调整，编者为何这样处理？为什么文史类的教材内容越来越简单？不理解编者的意图，就不可能正确地处理教材，达到教学的目的。

如同数学中的点、线、面、体一样，知识的掌握也分为四个层次。有的人只能掌握一个个的知识点，但不能把这些知识点连成一条线，这是掌握知识的第一个层次；有的人能够把同类的知识前后联系起来，形成一条线，但不能把不同类型的各条线的知识横向并联起来，形成一个面，这是第二个层次；有的人能够把同一年级的知识纵向、横向联系起来形成一个面，但不能把不同年级、不同学段的知识联系起来，形成一个知识的立方体，这是第三个层次；只有把整个学段的知识纵向、横向联系起来，才能形成一个知识体，这是第四个层次。一个老师如果对知识的掌握达到了第四个层次，就会成为一个教学专家，在教学中不管从哪个知识点切入，都能把各种知识连接起来。这种"说教材"的活动，就是让老师看到"点"以外的这个立方体，或者说在整个立方体中找到某个"点"。

看来，一堂课的高效还容易达到，让学生学习过程高效就不是那么容易的事了。我想起了魏书生老师帮助学生建立"知识树"的学习方法，若不把这棵树种在学生的大脑中，学习恐怕只会有太多重复低效的劳动。

为这种“说教材”的活动叫好，因为只有吃透了教材，理解了教材中的各种联系，才能帮助学生抓住那根知识线。

请先让学生试一试

“这个题目有点难，我先讲给大家听一听！”

“这里面有几个难解的字词，请大家先做上笔记！”

“请看老师先示范一遍！”

教学中，我们是不是经常会这样替学生着想？为了保证课堂的“效率”，难一点的地方，老师先帮学生扫除障碍，以让学生学得更快，更快地掌握学习内容。这样做的后果是，学生看起来对知识掌握较快，短时间内能应付考试，老师似乎完成了教学任务；但实际上，学生并没有真正地突破难点，不能举一反三，触类旁通。

问题在哪儿呢？

一是老师越俎代庖，以老师的“教”代替了学生的“学”，学生没有真正的学习体验，下次遇到同样的问题依然束手无策。就好像遇到一条河流，老师说太危险了，我来背着你们走过去。下次遇到河，胆大的学生可能会试一试自己过，而多数的学生仍然没有胆量走过去，只能在岸上观望。虽然老师带领学生过了一次河，学生并不敢也不会自己过河，这是因为学生对河水是深是浅、是平坦是坎坷，还没有属于自己的认识。

二是对教学目标认识不到位。表面上看，教学是解决某个知识点问题，实际上教材所编排的教学内容，无非只是个例子，学生是要通过例子学思维学方法。叶圣陶先生说过，“老师教任何功课（不限于语文），‘讲’

都是为了达到用不着‘讲’，换个说法，‘教’都是为了达到用不着‘教’……知识是教不尽的，工具拿在手里，必须不断地用心地使用才能练成熟练技能，语文教材无非是例子，凭这个例子要使学生能够举一反三，练成阅读和作文的熟练技能；因此，老师就要朝着促使学生‘反三’这个标的精要地‘讲’，务必启发学生的能动性，引导他们尽可能自己去探索”。用教材的目的是要培养学生思维能力，训练学生解决问题的能力。老师的教不能代替学生的思维过程，学生思维的关节打通了，不仅能解决眼前的问题，而且能够用这种思维方法解决更多的问题，这才是教学的真正意义所在。

不妨这样去教学：

“这个题目有点难，你们能挑战一下自己吗?”

“这里面有几个难解的字词，请大家自己动手查查工具书。”

“让同学先尝试做一下!”

学生不能解决的问题，老师可以找出学生认知的障碍在哪里，多花点时间重点突破；学生做错了，老师再来纠正强化，给学生留下深刻印象，从而避免错误再次发生。重要的是，在这样的教学中，学生慢慢会形成一种主动意识——不是遇到难一点的问题就等待老师的讲解和答案。传统教学正磨灭着学生的好奇心和创新精神。

其实老师们都知道，很多知识学过就忘了，对于学生以后的发展也没有什么实际意义。相当多的大学生毕业以后并没有从事本专业的工作，在其他领域也能够发展成功，依靠的就是在整个学习阶段形成的学习能力和综合素养。

耶鲁大学校长理查德·莱文说过，如果一个学生从耶鲁大学毕业后，居然拥有了某种很专业的知识和技能，这就是耶鲁教育最大的失败。耶鲁大学认为：“某种专业的知识和技能，是学生们根据自己的愿望，在大学毕业后才需要去学习和掌握的东西，这不是耶鲁大学教育的任务。”大学的任务，是培养学生批判性独立思考的能力，并为终身学习打下基础。所以很多中国留学生到了国外的大学，往往不知道学什么。

在现阶段，可能老师们觉得，考试没有改变，直接对准知识教学应付考试更有效。我不否认这点，毕竟教育涵盖有很多功利的东西，这不是我们能够改变的。但是七八年级如此九年级就未必了，初中如此高中就未必了，今天如此明天就未必了。真正为了学生更好地发展，让学生走上更高的平台，基础教育教学的核心就不仅是掌握某些知识点。这里有一组北京大学 2011 年自主招生面试题：

1. 马克思在《资本论》中论述机器夺走了工人的饭碗时写道："蒸汽机一开始就是人力的对头。"请谈谈你的看法。

2. 近期房产税、车船税、"馒头税"等引发社会热议，请谈谈你对纳税与公民权利关系的理解。

3. 哈佛大学图书馆墙上写有这样一句话："请享受无法回避的痛苦。"请谈谈你的理解。

4. 假如用一种植物比喻中国人的国民性，你会选择什么？为什么？

5. 有人说："智慧比体力更重要，成功的关键在于如何使用智慧。"请谈谈你的看法。

6. 现在很多家长在高中阶段就把孩子送到国外学习。谈谈你的看法。

7. 国家最新规定，中央和省级机构录用公务员，一般情况下都须具有两年以上基层工作经历，不再招收应届毕业生。你对此有何评论？

8. "穷则独善其身，达则兼济天下"，在今天是否还适用？

9. 目前一些人富裕了但并没感到幸福。谈谈你的看法。

10. 有人认为"三纲"（君臣、父子、夫妻）无益，"五常"（仁、义、礼、智、信）可取。谈谈你的看法。

…………

我想，即使再英明的中学老师，也无法预测这些题目和答案。学生如何去作答，一方面依赖于课里课外所形成的知识面；另一方面更依赖于整个基础教育阶段形成的思维方式和分析、判断、概括等综合能力。在教学过程中，知识只是桥梁，形成的能力才是终身受用的。

先让学生试一试，我想最基础的作用，就是让学生从问题的解决中获得更深刻的认识，这种认识是属于学生自己的，更有利于知识的消化吸收。深层次的思考，学生主动精神、创新精神、思维习惯的培养也在其中，有利于知识的掌握；从长远来看，有利于学生的终身发展。

我小时候都读过这样一个故事：

一天，小马驮着麦子去磨坊。当他驮着麦子向前跑去时，突然发现一条小河挡住了去路。小马为难了，这可怎么办呢？它向四周望了望，看见一头奶牛在河边吃草。小马问道："牛阿姨，请您告诉我，这条河我能趟过去吗?"奶牛回答说："水很浅，刚到膝盖。"小马正准备过河，突然从树上跳下一只松鼠，拦住它，大叫道："小马，别过河！你会被淹死的。前两天，我的一个伙伴就在这条河里淹死啦!"小马不知如何是好，于是决定回家问问妈妈。小马把路上的经历告诉了妈妈。妈妈说："孩子，光听别人说是不行的，你自己亲自去试一试，就知道答案了。"小马回到河边，刚要下水，松鼠又大叫起来："小马，你不要命啦?"小马说："让我自己试试吧。"它一面回答一面下了河，小心地趟了过去。原来河水既不像老牛说的那样浅，也不像松鼠说的那样深。

这个故事对我们的教学方法应该有些启发！

心中先要有目标

老师在备课的时候，第一思考的应该就是教学目标，围绕目标去确定重难点，再去确定教学内容与程序。但事实上，很多老师并没有认真思考这件事儿，只是围绕内容思考，该怎样去组织这节课的教学。

于是，会出现这样一些课堂。语文老师说，我们今天学习某篇课文，请大家将课文读两遍，说说文章写了什么，每一段写了什么，然后找出几个词，分析这些词好在什么地方。一篇课文学完，又一篇课文以同样的方式学完，学生不明白，学这些课文到底有什么用。数学老师走进教室说，我们今天学习某个定理，然后用这个定理做几道题，甚至于连续的几节课里，学习的任务就是完成几道题。其他学科的老师，往往也是如此，带领学生学完教材，当背诵的背诵，当做题的做题，以为这样就是完成教学任务了。

我以前教语文的时候，经常感到迷惑：教了一段时间，我的学生到底学到了什么。以至于一段时间以后，发现自己不知道怎么去教课了，与很多老师交流，他们也有同样的感慨。日复一日的重复，学生也感到乏味之极。直到后来，我被评为语文骨干教师，站在更高的角度去思考教学的时候才发现，在多年的教学中，我忽略了一个最根本的问题——教学是为了什么。大到这门学科的目标，小到每一节课的目标，没有深入的思考和切实的理解，教学就极易陷入一种无序和茫然。

我敢和老师们打赌，如果问学生学习某门学科的目的，很多老师也许答不上来。也许老师们认为这样的问题太虚无了，与每节课的教学没有联系，实际上学科的目标在每节课里面都应体现出来。比如，语文课程标准指出：“九年义务教育阶段的语文课程，必须面向全体学生，使学生获得基本的语文素养。”语文素养是什么呢？它以语文能力（识字、写字、阅读、习作、口语交际）为核心，是语文知识、语文能力、语言积累、审美情趣、思想道德、个性品质、学习方法、学习习惯的融合，这就是语文学习的目标。每个语文老师都应该将此烂熟于心，每一课都应该有明确的子目标在教学中实现。在每一课的教学中，也许侧重点不同，但是老师一定要让学生知道：我这节课要干什么，怎样才算完成学习任务。事实上，很多课堂，老师似乎卖着关子，学生亦步亦趋跟着老师，不知道要学什么、学了什么。

一节数学课，学生绝不仅仅是解出几道题目，通过几道题目培养学生什么样的能力，老师一定要让学生知道；一节物理课，学生不仅仅是要背出某条定律，重要的是在探究过程中领会到的某种方法，老师要让学生知道；一节地理课，也不仅仅是了解某个地理常识，更重要的是利用这些知识对我们的生活进行分析、判断，老师要让学生知道；一节历史课，了解某段历史是基础，根本的是让学生具有某种历史思维，以此让学生增长智慧，老师也要让学生知道。

这些，老师们都思考了吗？老师们都让学生知道这节课的学习目标了吗？

苏霍姆林斯基说："如果老师善于把学生引入一种力所能及的、向他们预示着并且使他们得到成功的脑力劳动中去，就连那些调皮捣蛋的学生也能勤奋地、专心致志地学习。"有时候我们觉得学生不配合老师的教学，事实上是我们没有明确地告诉学生该做什么。

知识立意向能力立意转变是高效课堂的核心，老师备课第一问：我该通过什么样的知识载体培养学生什么样的能力？

下次听课，我可能要问：老师，这节课的教学目标是什么？我也会问学生：你知道这节课要学会什么吗？这节课学到了什么？我希望老师明确地告诉学生。

不破怎能立

听说某中学的领导给老师们下了最后通牒，向传统课堂说"不"，每节课老师讲授时间不得超过 25 分钟，超过 25 分钟者要被通报批评。初听起来，这似乎违背了教学规律；细细想来，领导这一决策还是当前推动课改的上策。

传统课堂到底怎么啦？有传统情结的老师可能会说，难道我们以前的教学方法都是错的，你说的方法就是真理？传统的以讲授为主的课堂有它的价值，但是今天教育的要求变了，学生的特点变了，传统的那一套做法在过去的某段时间无可代替，只是不适应今天的教学要求，不适应今天的学生了。所以，打破传统并不是完全否定过去。

试想几十年前，学生的知识面多窄啊，那时的学生对老师的依赖性要强些。而现在，有好多学生在很多方面已经超过老师，不仅他们的知识面超过老师，在开放观念的影响下，他们的思维方式、学习能力也可能超过老师。加之教育要求发生变化，以前的教学“两基”就是目标，现在还有新的“两基”要求，教学目标变成了“三维”。很显然，传统的教法无法满足新的教育要求，无法征服这些学生了。当前的课堂呈现出“三低”特点——参与面低、热情度低、效率低，学生厌学、低分等现象说明这种课堂确实要改。

课堂要改，老师们传统课堂思维根深蒂固，怎么办？开展老师业务学习，让老师们改变教育观念，自觉地去课改，百花齐放，当然是最好的办法了。说实话，老师们都比较安于现状，要把十几年甚至几十年的传统习惯割舍掉，还真是一件挺难的事。工作量增加不说，到底要改成什么样子老师们也没有底，于是不愿改、不敢改的思想自然形成了。任凭各种学习活动，领导再三要求，几阵热情过去，课改一般只停留在口头上。

除非有这样一位领导，像崔其升校长一样，砸掉教室的讲台，在教室的四面装上黑板，强行规定“10＋35”，亲自示范，看到不合要求的老师现场“下课”重来……可以想象，每一步都饱受争议，每一步都会困难重重，每一步都有领导的辛酸。若是没有崔其升校长的果断与执着，决然不会有杜郎口中学今天的神话，没有今天的课改旋风。

该校的校长显示出这样的魄力和决心，他亲自拿着钟表巡查，对“不课改”的老师亮起了红牌。听说，该校长和很多想课改的校长们一样，高效课堂在学校倡导了几年，课改的理念给老师们也培训了不少，他曾痛斥有些老师的课堂是误人子弟、蹉跎光阴，逼着老师们改了好长一段时间，少数老师尝试即终，多数老师则无动于衷，不得已拿出这一招。这样近乎不合人情的规定也许让很多老师措手不及，实际上却是推动课改的必要手段。

“不破不立，不塞不流，不止不行”。把课堂还给学生，让学生在课堂上学会学习，只有打破传统的课堂，才会生出新的方法。老师们现在要思考两个问题：一是以前满堂讲的内容怎么控制在 25 分钟内；二是剩余的课堂 20 分钟设计什么样的学习活动。也许开始时课堂有些僵硬和单调，但若长期研究，一定会创造出很多有效的教学方法。

为这位校长课改的勇气叫好。我相信老师们在这种新规定下会逼迫自己去学习，去提高，等到对新课堂有了自己的理解，课堂一定会异彩纷呈，师生们一定会享受到课堂的别样春天。

让学生在课堂上说起来

听了几节课后，我发现课堂里有一个普遍的问题：学生不善语言表达。老师提出问题后，很少有学生举起手来表现表达的欲望，即使被老师点起来的学生，往往也是很简单地回答，没有把完整的意思表达出来。与老师们论及此种现象，大家都认为学生变得腼腆了，越是往高年级，越是不愿表达。

腼腆可能只是表面的原因，老师习惯于讲授式的教学方法，不自觉中忽略了对学生表达能力的培养。甚至有时候，我们看到学生表达不顺、表达不到位，干脆以老师的讲解代替学生的表达，长期的不愿表达、不敢表达、不会表达导致表达的机会越来越少，于是学生的表达能力逐渐钝化。

语言表达是一项很重要的能力，踏入社会后，与人交流的能力，直接关系着事业的成功与否。这种能力不是与生俱来的，主要依靠后天的培养。德摩斯梯尼是古希腊著名的演说家、政治家，他天生口吃，嗓音不大，还有耸肩的坏习惯，似乎没有一点当演说家的天赋。他想改变自己，于是他不断训练。他把小石子含在嘴里朗读，迎着大风和波涛讲话，每天起早贪黑地对着镜子练习演说，最终成为了著名的演说家。杜郎口中学的课堂，最令人称赞的就是学生们争先恐后的语言表达，上个学生刚说完，下个学生马上接过来，在这种倾听与交流的环境中，对学习内容留下深刻印象。崔其升校长说，杜郎口的学生将来就是在街上卖小菜，也会比别人会吆喝，此话有理。

语言表达是一种重要的沟通能力，大家都能认识到；语言表达也是一种重要的学习方法，可能很多老师没有意识到。课堂上不说，学生的真实想法老师就无法知晓；慢慢习惯于不说，逐渐会形成思考的惰性；或者是因为腼腆不敢表达，慢慢会形成胆小和内向的个性特点。

让学生在课堂上说起来，一是可以培养学生上课的专注度。很多学生处在被遗忘的角落，从来不主动发言，也不会被老师点到，慢慢就学会在课堂偷懒，游离于课堂之外。若是有表达的机会，他必然要做相应的准备，有利于课堂专注学习。

二是可以培养学生思考的深度。学生在课堂上语言张力不够，往往是自己思考不够，逼着学生说，也就是逼着学生多思考。

三是有利于学生对知识的完全掌握，文科中能够流利地说出来比顺利地写出来更能体现记忆的强度，理科中能够流利说出推理的过程比用笔写出来更能体现思维的流畅与缜密。专家通过论证得出结论，最好的学习方法是把自己理解的知识讲给别人听，学生说的过程实际上包含了分析、综合、比较等思维过程，是深层次的学习，所以有良好的效果。

四是有利于学生思维能力的发展。自己的观点和方法表达出来，别人也许有多种不同的理解，你争我辩，智慧分享，大家都能得到提高。而课堂的核心价值，就是让学生的思维能力得到发展。

课改中倡导自主、合作、探究的学习方式，强调的就是学生在课堂上充分地参与交流。在全国各地掀起的课改浪潮中，核心的问题就是把学习权利、学习时间还给学生，其中一个通用的环节就是展示，展示就是给学生充分表达的机会。小组合作学习中学生说给组员听，说给老师听，说给全班听，在各种表达中透彻理解并掌握学习内容。

不管每个人对课改有着怎样的理解，要紧的是让学生在课堂上大胆地说起来。不善表达，影响着今天的学习效率，更影响着一个人的终身发展。

学习不能囫囵吞枣

晚上儿子带了某小科试卷回家做，不一会儿就完成了几张。我惊异于他的速度，便拿起试卷考他几个题目，没想到一个题目也答不上来，原来他只是把答案移到了试卷上，是什么题目都没有来得及看。我狠狠地批评他，他反驳，班上的同学很多都是这样的。儿子还很幼稚，好像只要大多数同学都这样，他就是正确的。

这让我感到忧虑。学生们一天到晚忙忙碌碌，效果却不佳，很多时候就是在做这样的无用功。是作业太多，不得不让他们囫囵吞枣，还是基本的学习方法出了问题，以致于学生对学习的理解就是完成作业？我相信，这样的学习就是让孩子们累趴下，也无济于事。

我想起我们小时候读书的情景。那时没有现在这么多的教辅资料，所有的作业都是老师抄在黑板上，我们再用练习本誊抄以后做的。甚至于考试也是老师一黑板一黑板地抄下来，学生抄下题目后再考。在今天看来，那是多么落后和低效的学习方式，然而正是这种低效的方式中蕴含了重要的学习要素——学生可以透彻地读题。有时候抱怨抄一大段的题目，才填上一个词语，或者只选择个 ABCD，真不划算，但正是在这样费时费力的劳动中，学生才理解了题目的含意，一遍题目做完，自然留下深刻的印象。

今天学生们的作业似乎也适应了当下的快餐文化。学生们基本上没有作业本了，老师为了某种效率，将成套成套资料发给学生，学生省出了很多的时间专心做题，就在这样节省学生时间的好心中，却也让作业的营养不再，学习的效率反而降低。老师们一定发现了这样的问题：很多学生题目没有读完就开始做题，题目做完就忘记。九年级语文老师向我抱怨，刚刚做过的一套题目，被抽出来进行模拟考试，结果仍有好多学生不及格，这更加说明学生做题的无效性。

我到打印室了解本学期印制作业的数量，不看不知道，一看吓一跳。一学期的时间用了 28 万张 8 开的纸，平均每个学生用了 200 张，还有每个学科配发的资料，有些学科还要求学生购买了成套的资料，累计起来，学生该是做了多少题？实际上并不平均，有的班级和科目远远超过平均数。按理说，这么多的题目做下来，学生个个都该成为学习的精英。事实是学生在喊学习负担很重的同时，并没有多少学生在题海中得到切实的提高。

我并不反对多做题，尤其是理科，解答不断变换的题目对学生思维是很好的训练，老师讲了定理和方法，做题的过程就是实践的过程。相比之下，文科知识的掌握就不完全是靠做题来实现的，重要的是对内容的理解和记忆，老师的教学应该在如何帮助学生理解和记忆上下功夫。汤逊湖学校汪新华校长说他在高三语文备考时的秘诀，就是把备课组印的大量资料不全发给学生，让这些资料在抽屉里睡觉。省下学生过量做题的时间，把有效的知识点学透、悟透，考试自然得高分。

无论理科还是文科，做题中的囫囵吞枣现象确实要引起老师们的注意。学生做的时候没用心，做完以后就忘记，做再多也无益，越多越有害。为了强化做题的有效性，老师们不妨用点老办法，那些重点的题目、题干理解起来有难度的题目、题干中也包含知识内容的题目，我们可以让学生在练习本上抄一遍，因为抄的过程就是思考和理解的过程。

从女老师请产假说起

随着二胎政策放开，请产假的女老师越来越多。麻烦的是，学校并没有那么多的老师储备，找人代课成为学校头痛的事情。

在我们学校，语文老师一般带双班，小王老师请假后，代课的事就落在了同年级带双班的三位老师身上，一个老师任教三个班的语文，每个班上 60 多个学生，确实让人不堪重负。学校没有其他语文老师，同年级的老师们感情上推不脱，就这样硬着头皮承担了代课的任务。说是代课，自己班级都顾不来，代课也只能是交差了，好在这个班级本来质量不太好，老师们不怕质量再差。三个老师商量，一周一周轮流代课，和其他班同进度完成教学任务。说是完成教学任务，到底是“后爹后妈”，进了教室，多是布置了任务，学生自学。老师最常用的话语就是你们自学，查查资料，弄清楚课中的问题；你们在小组内把答案讨论一下；你们推荐几个同学来给大家讲解一下；你们还有什么不清楚的问题，可以提出来……或者是把教学任务板书在黑板上。至于作业，偶尔批改几本算是不错，多数是学生自己批改的。领导看在眼里，急在心里，毫无办法，偶尔走进教室，给学生打打气。学生们开始还觉得新鲜，课堂变得闲散起来，慢慢发现这些“后爹后妈”对他们有些敷衍，在班主任与学校领导的激励中开始醒悟——学习是自己的事。于是，老师安排自学，就认真查找资料；老师安排讨论，小组内唇枪舌战；作业相互检查，比老师还查得仔细；老师安排小老师，小老师们带给课堂一阵阵笑声、掌声。一个月过去，考试似乎没有受多大影响；两个月过去，考试也没有多大变化。奇迹在三个月后，老师产假结束，学校正好月考，这个班的成绩破天荒排在年级第二名。该老师又是买水果，又是请客吃饭，感激涕零，谢谢的话说了一箩筐。老师们面面相觑，付出是付出了，可是也没怎么特别付出啊，考试成绩为啥就这么好呢？

解开这个谜在半年以后。学校启动生本教育改革，老师们开始生本教育理念学习，了解到一些学习原理，明白了自学是最有效的学习方法。最高效的学习方式是做中学，讲给别人听，最低效的学习方式就是听讲。金字塔学习理论让老师们突然意识到，这么多年一直推崇的“课要讲得精彩”是一种错误的认识。学习要发生在学生身上，要成为学生的主动行为。学习不在于得到知识的结果，而在于形成知识的过程。想想我们的教学，多少时候以老师的“讲”代替学生的“学”，以老师的精彩分析代替学生学习的过程。最后的结果，学生记住了知识，却不知道获得知识的方法，不会迁移，不会思考，不会学习。

产假老师的退出，代课老师的放手，看似耽误了学生，却培养了学生真正的学习能力。那就让我们的课堂多一些放手吧，充分相信学生，高度尊重学生，全面依靠学生，当学生成为课堂的主人，他们才是真正的学习者。

在儿子班级上课

刚开始学着担任学校行政领导，似乎没有时间和精力去带好一班课，便没有带班上课了。一段时间不上课，心中有些痒痒，却又慢慢地不自信起来，时间越长，底气越发不足。

请来荆州教科院王佑军院长到校指导。王院长兼荆州市初中语文教研员，凡是与其接触之人无不佩服其才思敏捷、才华横溢。难得请来这样的专家，应我之邀请，王院长欣然应允上一节课。同时王院长要求，学校最好安排老师上一节课，以让活动更充实，因为全市近 200 名语文老师要来观摩。盘算来去，一天的准备时间，又是与荆州级的教研员同台上课，其他老师不愿接招，我成为推不脱的不二人选。校长上课可以表示最高敬意，即使课不如意，老师们只说校长行政事务太多，能上就是不错了，从另外的角度也能获得赞许，我这样自我安慰。

我上课的班级确定为儿子所在的班级，儿子显然无比兴奋。为了能够好好表现，下晚自习后回家预习课文至深夜，还不时找我“刺探军情”，看看上课会问到什么问题；也表现出浅浅的担忧，要是同学们不举手不发言怎么办？班上的同学就是不喜欢举手。他也向我透露班上的一些秘密，比如谁特喜欢表现自己，谁不举手但发言总是正确的，谁的语言表达能力最强。最后向我交代，上课时不要只点他一个人回答问题，那样同学们就会认为我很偏心。

在食物激素与网络传媒的作用下，很多孩子在七年级时就变得很成熟，很庆幸儿子童心灿烂。

执教的课文是《孙权劝学》，很短的一篇文言文，但是用一节课的时间完成学习任务包括背诵课文还是有些难度。我按照学校提出的“自学、测学、导学、用学、固学”五步设计教学，以学生的学习为主线，应该说是一节具有高效课堂理念的课。为了避免老师们对高效课堂讲或不讲、讲多讲少的误解，引导老师们用活“导学案”，我力图在老师讲和学生学之间找到一种平衡。课堂整体的感觉不错，不过有些粗糙，尤其关于儿子的两次教学语言成为课上最大的败笔。

第一次是要求学生展示课文朗读。我问班上哪个学生读得最好，不少学生手指孟子恒（学生知道我们的父子关系），我不知道学生们是真心评价还是有意推选，一句“孟子恒？大家夸张了吧”脱口而出，最终把这次朗读的机会给了别人。很快，我意识到这个细节的失误。第一，推选学生读书，不应该是找读书读得最好的学生，顶多是找一般的学生，如果课堂上最弱的学生都能把书读好了，学生们就都能读好了。只有朗读最差的学生读书才能暴露出问题，便于老师指导，班级整体水平才能提升。最好的学生朗读固然可以让听课者啧啧赞叹，但是对于那些能力差的学生，只会增添心中的自卑。“教好每一个学生”要从最弱的学生关注起。第二，无论学生们的推选是否属实，一句“夸张”包含了怀疑或者否定之意。要是一个自尊心强的学生在课堂上被老师否定，不知会形成怎样的一种心理打击。幸好不是别人的儿子，回家后我还能做些解释和安慰。

第二次是要求学生们表演情景剧。第一组上台表演后，只有和儿子一组的几个学生手举得高高的，表现的热情很高。欣喜之中，我又脱口而出：“你今天真抬我的庄!”笑声中他们上台表演，换来听课者的阵阵掌声。过后反思，这句话虽为调侃，但确实不当。课堂的主体是学生，老师上课能当庄家吗？庄家之意就是学生围绕老师、学生配合老师，传统的课堂基本如此，老师统治天下，尤其公开课几乎是老师的表演课。新课程理念早已深入人心，学生是课堂的主体不容置疑，只是很多老师理念背得烂熟，一上讲台便忘乎所以，高高在上，奴役课堂。尽管我在追求课堂形式的变化，但是骨子里还是没有去掉那些老观念。

儿子没有在意这样的课堂细节，回到家里问课堂上他的表现怎样，他们的表演是不是胜过第一组很多。我竖起大拇指，并转达了很多听课老师对他的赞美之辞。只是，若他不是我的儿子，他怎么知道他今天课上的表现到底如何呢？看来，这节课还需要更多的反思。

把快乐还给学生

家长来信

"学校要把严禁下课拖堂，保障学生能上厕所、能正常吃饭、正常午休纳入学校管理规定……

"非常期待孩子们能少一些作业，少一点压力，多一些笑容，多一些健康快乐！

"我的本意是善意提醒老师，给自己减负，也给学生减负，让他们轻松学习，健康快乐成长！"

…………

署名是"一个无助的家长"。信中还有很多细节的陈述，主要的内容就是孩子在学校时间太紧，家庭作业太多，孩子得不到有效的休息，甚至于吃饭的时间耽误了，上厕所的时间也被挤占了。

我相信这个家长所言并非夸张，确实有这样一批老师，他们怀着好意，总想让学生多学点儿，希冀学生在考场上取得更高的分数。于是乎，生怕学生漏掉了一个知识点，一遍一遍地和学生过关，一遍一遍地做题，让学生熟能生巧；生怕学生浪费了一点时间，加班加点，你方唱罢我登场。看着这样一些敬业的老师，我很矛盾，尽管觉得过重的负担会影响到正常的教学生态，但对这种工作精神又不忍打击，于是保持了沉默。

看到家长的信，除了感到工作失误外，更感到深深的自责。

在层层的考试排名中，我们并没有从分数的桎梏中走出来。尽管城北校区有新的教育理想和追求，尽可能地丰富校园生活，但是在对待学生分数的问题上，我们不敢有半点闪失，害怕没有高的分数会受到上级的批评，会受到家长的质疑，潜意识中依然把分数摆在了首要位置。于是，层层传导，老师自然把压力加在了学生身上。

在科学追求分数上，我们也没有迈出实质性的步伐。课改的理念谁都知道，但是在落地的时候必然会遇到种种新的难题，与其冒险突进，不如按部就班，一些老经验、老做法自然占了较大的市场。学校领导的沉默，助长了老师的比拼之风，比谁更敬业，比谁更肯花费时间，学生的休息时间自然就被占用了。

家长的信，是善意的提醒，更是婉转的批评。

是该彻底转变教育观念的时候了。从国家政策层面看，高考改革将为考生提供更加多元的选择，普职招生严控比例将使学生初中毕业后自然分流，很多无用的学习可以减下来了；从社会层面看，分数至上的价值观越来越受到诟病，好分数、好大学与好工作、好生活之间的关系不再那么直接；从家长层面看，一般的独生子女家庭，家长们保持着望子成龙、望女成凤的心理，但更追求孩子们健康快乐的生活；从学生层面看，他们不再是几十年前如我们一般的“听话者”，不再信奉家长、老师和书本，广泛的信息源让他们有了更多的思考和判断，有了更丰富的内心和个性追求。老师呢？其实大家知道很多知识除了考试意义再无其他作用，这样的学习说到底是在折腾学生，浪费时间。教育是什么，老师们也有了新的理解，只是在考试选拔与评价排名的面前，越不过应试行为的经验误区。

当然，分数也并不是不可得。可以在老师的“教”上再下点功夫，通过对教材的重新加工处理，让教学的内容更精练一些；可以在学法上钻研得透一些，让知识点更容易被学生理解接受；可以在作业的设计上更科学些，不要让学生有太多的重复；可以对学生有明确的分层要求，不让有的学生被消耗，有的学生又被拖累……当我们拗不过来自行政的压力和业务部门的质量排名时，我们其实也可以走出传统，寻求一些新的突破。

拿着家长沉甸甸的信，我坚定了教育应该的方向。

把快乐还给学生

参观学校，一般都会观摩大课间展演，标准化的队列，军事化的跑操，整齐划一的集体舞，或者全校性的某项特色活动，场面确实震撼。可是仔细观察，孩子们或紧张或僵硬的表情，不得不让你质疑，他们快乐吗?

通过对学生的调研，我发现绝大部分学生并不喜欢这种大课间的活动方式，甚至不在少数的学生，总是以各种理由逃避大课间活动。大课间，本来应该带给孩子们健康、快乐的校园活动失去了应有的味道，孩子们的活动被固化成统一的模式，他们成为学校打造特色、展示形象的一个个道具。

是为了学校好看，还是为了学生好玩？其实体现着学校的教育价值取向。

我校在重构课堂文化的同时，也在反思学校其他的教育活动，是生本位，还是校本位？是站在学生的立场，还是站在学校的立场？这样一反思，我们发现学校很多工作的定向还是有些错位。管理的策略上，往往为了学校的方便而忽视学生的感受；活动的设计，往往为了整体的好看而忽视学生的个性；为了某项应急的工作，宁愿扰乱学生正常的作息……就如这大课间，为了打造出学校的特色，博得参观者的赞叹，不顾学生的兴趣要求，也不惜几个月的集体排练。学校有特色了，学生们应有的快乐活动却被剥夺了。

于是，我们开始定位新的大课间活动，把快乐还给学生。快乐源于学生内在的热爱，学校首先在学生中做了问卷调查，了解他们的兴趣意向，然后将活动归类，排成轮换课表，形成了新的大课间方案。新的大课间方案突出健康、快乐的元素，以给学生们丰富的体验，让学生们在多彩的活动中锻炼身体，愉悦身心。

大课间时间 40 分钟，分为两个单元。第一单元为跑步，全员参与，以增强学生体能。第二单元为兴趣和游戏活动，以愉悦身心。首先将全校篮球、足球、排球爱好者挑选出来，组成新的活动小组，由专业辅导老师带领活动；各班其他学生在班主任的带领下进行游戏活动，活动场地固定，各班根据活动课表轮流开展这些活动。活动项目在学生中征集，同时考虑其运动性、安全性和趣味性，比如有跳绳、众人划桨、跳跳球、青蛙跳、集体舞、韵律操、车轮滚滚、素质训练等，在规定的项目外，各班每周还可以自选一个游戏项目。自选的游戏项目，学校提供了 10 多个参考项目，项目确定后排成活动表。

新的方案实施，几十个活动项目同步开展，学校成了一片欢乐的海洋，虽然少了场面的震撼，却多了学生的主动参与，多了快乐的笑脸。生机勃勃的场面，让校园更像校园。不少项目除了运动游戏的功能，还考验学生的团队协作、身体协调、应急反应等方面能力，健体、益智、怡情，一举多得。

把快乐还给学生，看似一个个小小的调整，其实是一种教育价值的转向。

校园里的传家宝展览

在没有条件的情况下，如何让学生看一场展览，我曾经求助于文化局的领导，能否把博物馆中尘封的馆藏物拿几件在学校展览，让学生们开开眼界，因为安全因素领导没有同意。

我总认为，学生们的见识比知识更重要，让学生们了解更多的事和物本就是一种很好的学习。受中央电视台《我有传家宝》电视栏目的启发，我有了在学校组织传家宝展览的创意。行政会上和大家通气，得到一致响应，于是我们开始课程设计。

在定位上，我们把该活动作为一次博物展览，更作为一次家风教育传承活动。什么是传家宝？家里有什么样的传家宝？要求各班先布置任务，学生和家长做一次沟通，了解家族的家风、家训、传家宝的一些故事；然后召开一次主题班会，联系习近平总书记提出的家风建设精神，引导学生珍视家族历史，重视家庭文化建设；最后遴选参加学校展览的传家宝。对“传家宝”的界定，我们明确为有特别来历、有特殊意义、有时间长度，不追求物品本身的价值。为此我们也向学生说明，有些文物看似很普通，但是因为其特殊的意义或者经历，经过岁月的洗礼，就变得价值连城了。

我们还把活动作为学生综合素质锻炼的机会。怎么让学生觉得普通的物件“高大”起来？说清楚背后的意义很重要。我们要求提供传家宝展览的同学用简约的文字写出传家宝的故事，现场向观众进行解说，这对学生公开场合的演说能力是一种锻炼。如何吸引大家来参观自家的传家宝，还要设计出一个别致的标签，这对学生的创意设计又是一种锻炼。

学生们都表现出浓厚的兴趣，不时有班主任爆料，某某学生有什么传家宝要展览，某某学生的传家宝太珍贵，不敢让学生拿到学校。

展出那天，学校特意布置了高低错落的展台，上面铺上红色的金丝绒底布，学生们也不负期待，纷纷拿出传家宝，五花八门，甚有趣味。有佛像、铜钱币、各国货币、首饰等本身有价值的一些物品，也有解放初期的旧报纸、家谱、军装、抗美援朝军功章等承载特别意义而显珍贵的物品，还有恐龙蛋、砚台、折扇等通过特殊渠道获得而显珍贵的物品。学生们极力介绍自己的传家宝，洋溢着一种自豪，展示出一种自信。其中一个学生展出的是一方很普通的砚台，其制作的标签“用祖传的石砚，写大大的名字”甚是吸引人。原来这个石砚是学生的曾祖父传下来的，背后有一个励志的故事。曾祖父进了私塾，仍旧贪玩，经常不见踪影，但家境殷实，多送了私塾先生一担谷，私塾先生也不好严格要求。可是三年过去，其仍然名字都写不会，先生觉得脸上无光，便喊来家长，劝其退学。临别之时，送了曾祖父一个石砚，表达勉励之意。曾祖父别了私塾，却视石砚如宝，常常偷偷练习写自己的名字，最后写得了一手好字，在乡邻中传为美谈。这块砚台也就一代代传下来，成为激励后人刻苦学习的传家宝。

作为课程的延续，活动后我们组织学生写这次参与参观“传家宝”展览活动的体会，从中我们发现，学生对家庭文化有了更多的认识。想想，一次这样的展览，拨动了多少人的心弦，胜过多少次的德育说教。

传家宝的展览，要一届一届地办下去。

亲情监考员

继家长参加家长会、运动会、新年晚会后，我们又向家长发出了参加期末考试监考的邀请。家长们非常踊跃，最后学校只得按照指标分配的办法为每个考室配备了一名家长，参与监考自己孩子的考试。

为什么想到让家长来监考？倒不是为了给老师减负，而是想让家长亲情参与、过程体验、成长见证，以实现更好的家校合作。有这样几点考虑：一是让家长更多地了解孩子在学校生活的“态”，孩子们在学校的学习生活，家长可以获得直观的了解，形成对孩子全方位的判断；二是拉近孩子与家长、家长与学校之间的关系，为孩子们营造更利于健康成长的“场”；三是借助家庭教育资源，拓展学校教育的宽度，追求教育的“效”。

家长们觉得很兴奋，很新鲜，乐于参与其中，体现了家长们对孩子成长过程的关注。变化最大的是孩子们，考场上竟然变得比往年专注，考试纪律特别好。什么原因呢？我分析有两点：一是自己或者同学的家长来监考，是一个第三方的新面孔，大家都想留个好印象，以免在同学家长面前“出丑”，于是表现变好了；二是以往两个老师监考，总有人凑着一块讲讲小话，或是摸摸手机，在家长面前，不自觉也规范起来。两方面作用，考场的纪律就比以前好多了。

其实，亲情监考的效用远远不仅限于考场的纪律变好。前几天，我在市教体局开会，中午的空当到实验小学看望一下正读小学一年级的女儿，她骄傲地向同学们介绍：“这是我爸爸!”很多同学簇拥过来，和她玩闹着。那一刻，我感觉到她特别开心。放学后，女儿把这件事告诉她的奶奶，还问有谁再去学校看她。

最好的教育方式是父母的陪伴，参与孩子的监考也是一种别样的陪伴。人与人之间的关系不变，但是因为场景变了，那种感觉也会发生变化，就比如异乡遇老乡。父母参与学校工作，不仅是对孩子爱的体现，也让孩子觉得自豪，这都会带给孩子心境的变化，有利于孩子的健康成长。家长经常在校园出现，还可以让孩子感觉家校之间的联系，以养成行为习惯的一致性。同时，家长更多地接触学校和老师，也可以对学校工作提出好的建议。

一位家长参与监考后，深有感触，给我发了一条很长的短信：

尊敬的伍老师，您好！我是朱磊哲的妈妈，时间流逝，孩子已进入了八年级，即将迈进“十五而志于学”的关键阶段，通过今天的监考会，我更加感觉到孩子在学习上的压力、老师们的辛苦付出，更加理解了贵校老师简单纯粹的育才之心，在此我感谢实中城北校区给了我这样一个能够进行充分交流的平台，感谢老师对我孩子的关爱与照顾！感谢老师给予他无私的帮助、无微不至的关心！感谢老师对他学习生活方面给予的宽容和理解！古语说：“学高为师，德高为范。”孩子与老师之间已经架起了沟通的桥梁，作为家长我感到欣慰和感激，老师鼓励的眼神，亲切的问候，一个笑脸，一个拥抱……这些都包含着对孩子们的肯定和赞扬。作为一个陪伴在孩子身边的母亲，我亲历了孩子进入贵校之后的成长与变化。所谓师者，传道授业解惑也，我从孩子身上的点滴看到了贵校老师严谨的治学态度，敬岗爱业、爱生如子的高尚情操，同时也看到了贵校未来发展的希望。正如林语堂先生所说的，“教育或文化的目的不外乎是发展知识上的鉴赏力和行为上的良好表现。有教养的人或受过理想教育的人，不一定是个博学的人，而是个知道何所爱、何所恶的人。一个人能知道何所爱、何所恶，便是尝到了知识的滋味”。每个孩子的性格特点、兴趣爱好与认知水平各不相同，没有理解就不可能进行语言的沟通与思想的交流，更不能达到情感上的融洽。在您眼中我的孩子可能不是最出色的学生，而您却是他最尊敬的老师，孩子在校一点一滴的进步都渗透着学校老师的辛勤付出！感谢这次让我深度感受学校教育的机会，希望有更多的参与，让我们和孩子一起成长！

多一种参与，就多一种感悟；多一种陪伴，就多一种幸福。

加强家校之间联系，激发家校之间的教育合力，我们还可以让家长参与学校的值日工作，让家长走进课堂，让家长参加班会，开发出系列的家长课程。为了更好的教育，学校和家长本应走到一起。

节日里，我们没有表彰

今年的三八妇女节，老师们过得有点嗨！

一场别开生面的庆祝会在学校会议室举行，35 位女老师围坐在会议室中央，男老师们坐在外围，家庭般的场景让人倍感温暖。各年级组推荐一名女老师发言，主题为“我与城北的故事”，与学校，与学生，与同事，学校成立后一年多时间储存了太多感动，也正是老师们这种教育情怀让学校一下子就有了蓬勃生机。

接下来的场面就让人有些 hold 不住了，女老师们按照年龄大小顺序抽奖。在电脑上随机选出心仪的号码，对应打开有一个红包，红包里面有一张红色卡片，卡片上书写着节日赠语和奖品内容。各年级组推荐一名男老师担任颁奖嘉宾，深情宣读卡片内容，然后对应的男老师将礼品赠送到女老师手中。

这是本次三八妇女节活动最具创意、最温馨的环节。节前，学校接到上级通知，要求进行节庆表彰，评选几个“三八红旗手”。学校行政会议上，大家提出了不同的想法，尤其是以怎样的标准评选出校内的“三八红旗手”是个棘手的问题。城北校区老师群体优秀，对少数人的冠名表彰，虽然有一种积极的引领作用，但也给更多的老师压力，甚至会造成人际关系的隔阂。这样一个温馨的节日更应关注老师们的幸福感，庆祝活动最后定位为座谈联谊。女老师的节日，男老师也参与进来，是一次节庆，更是一次教育活动。

想到前几次会议创新带给老师们的新鲜感受，“创新”又成为大家思考的方向。2015 年年终分享会上，老师们一个个教育故事、一个个教育片段以视频、表演、讲述等形式呈现出来，两个小时的会议让大家意犹未尽。在老师们的分享中，校园中“和”的文化气象逐渐显现。今年开学，学校把“和谐管理，和悦育人”的文化价值追求正式提出来。“和”便成了这次会议主题的方向，确定了“相亲相爱一家人”的活动主题，设计了“男老师送祝福”的节庆创意。随后，学校秘密召开男老师会议，大家热情很高，并提出了一些细节化建议。祝福语由男老师撰写，祝福单写好后装入红包，进行密封，礼品内容写在卡片上，现场被哪位女老师抽中后，男老师就送上礼物。礼物是保密的，即使组织者也不清楚，这样让现场的每一个环节都充满期待。对于礼品的准备，我们要求不要过于物质化，如果花钱购买，不能超过一定数额，关键是体现个人的创意和祝福。

当然还是有男老师透露了一点秘密，这样反而让女老师们更加期待。会抽到谁的号？谁会准备怎样的礼物？谁的礼物最特别？看着女老师们粲然的笑脸、期待的眼神，大家都止不住兴奋。男老师们确实也没有辜负这种期待，有准备书籍、文具的，有准备巧克力、鲜花的，有准备面膜的，有现场发微信红包的，也有无计可施直接掏出“红票票”的……不过让女老师们更意外的，有现场演奏横笛的、唱歌的、诗歌朗诵的……一个个出其不意的礼物创意把现场的气氛不断推向高潮。一位刚过 50 岁的女老师说，第一次有人专门唱歌给她听，太感动了！后勤的一位 50 多岁的电工师傅，为一位女老师演奏横笛，让老师们看到校园“绿叶”的别样情怀。一位平时有些木讷的男老师，进行歌曲串烧，将几首歌曲组合在一起，个性化的填词，更是让老师们笑得前俯后仰。

没有表彰的节庆，让节日更像节日。其实从管理的角度，大家的心顺了，凝聚力强了，正能量足了，情系学校了，工作也就更顺溜了。

不要让新技术产生负效益

“互联网＋”的时代，多媒体技术进入教室已是常态。老师们借助平台，在网络上搜集各种教学资源进行教学，确实方便了很多。播放多媒体资料，进行模拟演示，讲解的内容可以直观展示，课堂的练习可以现场更新，老师们大都感觉到了多媒体设备在教学中的辅助作用。但是，如果过多地依赖于设备，可能也会给教学带来一些负效益，其中最可能发生的就是过多的多媒体展示，减少了学生活动，减少了对学生的思维训练，反而不利于课堂的效率。有的老师在使用中已感觉到了这个问题，认为使用这种教学辅助，有利于知识的教学，却容易束缚课堂中对学生思维和能力的训练。

这恐怕是一个很值得老师们注意和反思的问题。

教学过程是知识积累的过程，更是思维训练的过程。王立群教授寄语毕业的学生说："学校不是教给你现成的东西，给你的只是一点获得更多东西的思维。"学校教学楼的栏杆也挂着这样一句话："知识只是桥梁，能力伴人终生。"教学的真正目的是让学生获得一些思维方法，通俗点，就是让学生增长智慧。

在"互联网+"成为趋势，越来越多的新技术进入课堂时，老师们不可将此当作一种目的，课堂的核心仍然是组织学生学习，老师时刻都要以如何有效组织学生的学习来设计课堂教学。我认为，老师们在使用新技术时应该注意几点。

一是把握好哪些课需要多媒体辅助。并不是所有的课都需要多媒体辅助，一般说来，知识性强的课、信息量大的课、需要多媒体资料的课使用较好。有的课老师使用课件出示一下教学流程，出示几个答案完全是为了使用多媒体而使用多媒体，对教学的实际意义不大。

二是必须进行网上资源的整合与再加工。网上的资源非常丰富，但并非适合我们的教学，任何一个教学课件，背后都有精心备课的过程，我们只用其课件，而忽略其备课过程，容易生搬硬套，课堂变成走过场。有的老师连课件中的制作人姓名都没有改过来，甚至于上课之前才把课件拷过来，没有对课件的加工和熟悉，上课只能像是放电影一般，很难想象这种课堂的有效性。

三是要注意课件的容量。即使是使用多媒体资料，也并非越多越好，它毕竟要占用课堂时间，关键的地方用一下，才能画龙点睛。一次语文比赛课上，专家就质疑比赛选手，60 多张幻灯片，学生看一遍就要花不少时间，学生有多少时间在思考？说到底，它是教学的辅助，不是学习的本身。特别是在语文课上，学生重点训练的是语感和思维。教学的过程中，需要师生之间、生生之间充分的对话与交流，多媒体使用时间长了占用学生活动的时间，反而束缚了学生思维。

所以，在全民使用多媒体教学的时候，我们更需要冷静思考，怎样科学地使用这种教学辅助手段，让现代化的设备真正促使老师提高课堂的效率，而不是替代教学的本身。

教育是一段坚守的历程

参观洋思中学归来，老师们都感叹差距之大，目标遥不可及。我认为，我校与洋思中学最大的差距，不在于硬件，不在于观念，而在于朝着目标前行过程中的坚持和坚守。

一所学校的成长需要一段过程，少则三五年，多则上十年。洋思中学现任校长秦培元将洋思经验总结为 12 个字：贵在创新，重在执行，成在文化。执行成为其成功的核心，没有执行，创新等于零；如果执行不到位，创新就会大打折扣；如果执行不能锲而不舍，创新就会虎头蛇尾或半途而废。

认准目标前行，必然会遇到很多无法预测的艰辛，只有一关一关地挺过去，一次一次地闯过去，才会峰回路转，柳暗花明。观察我们工作中的计划和安排，很多地方我们都谋划得很科学、很到位，然而在执行的过程中总是不停地打着折扣，工作标准不断降低，工作时间不断推后，最后只能徘徊在低效和平庸之中。即使按照我们的预期前行，工作也还有一个不断调整和完善的过程，坚持走完这个过程，才能坚守到成功。没有坚持和坚守，就不会有学校的特色和品牌。

一个学生的成长也是一段过程。教育是一味慢药，期望一次教育就能影响学生什么，恐怕是一件很难的事，但若能够坚持每天喂给学生一点“药”，一年，两年，三年，必然产生疗效。很多老师抱怨，某个学生才纠正过的毛病，现在又犯了，怎么能教得好呢？从客观规律上说，人的改变需要一个过程，尤其性格的改变，有时要花上十年的时间。在这点上，我们对学生不能求全责备，需要用个性化的标准评价不同的学生，应该给学生一种期望的眼光。能成功的，督促学生成功；难成功的，帮助学生成功；暂时不能成功的，期望学生成功。相信，每天改变一点点，最后定能改变很多。

教育是一种等待，等待的过程有一种凤凰涅槃般的痛苦和艰辛。校长决定学校，老师决定学生。在最新的一期《人民教育》上，我看到蔡林森校长走出洋思中学后，在河南省沁阳市永威学校焕发出的新的活力，不到三年，永威学校由一所“沉沦”的学校迅速成长为河南省名校。

我想我们的老师都应该有这种意志力，坚持才能改变。

“订单式”家长会

期中考试过后，各班老师格外繁忙。除了要完成常规工作外，还要筹备家长会。学校对今年的家长会进行创新，召开“订单式”家长会。也就是说，以前只需召开一次的家长会，这次需要召开多次。

“订单式”是一个企业用词，诸如订单式生产、订单式销售、订单式服务等，就是根据客户需求按订单生产销售的办法。订单式更加尊重市场主体，对于企业来讲可以减少库存和资源浪费，对于用户来说可以获得更有个性和质量的服务。在“互联网＋”不断发展的背景下，订单式越发方便，受到青睐。在教育领域，也有了“订单式培训”“订单式教研”等概念，其方式的改变主要体现在更加注重实际问题的解决。

“订单式”家长会也是基于这样目的的工作创新。每位学生在校的情况不一样，每位家长的关注点不一样，家长会要解决实际问题，就必须针对不同的关注点来召开。以往的家长会，一而统的成绩发布，班级情况汇报，真正分配给每一位学生和家长的时间有限，甚至于有的家长只是会议的看客。于是，有些家长会成为流于形式的过场。“订单式”家长会可以根据学生的特点做订单，邀请同质的家长参会，解决学生问题；也可以根据家长的需求做订单，收集家长关心话题，回应家长需求。

第一种订单，由老师确定。学生个体各不相同，有成绩差异，有学科差异，有习惯差异，有环境差异，有目标差异……针对不同类别学生存在的问题，老师做出情况分析，向家长提出订单要求，分类召开，有的放矢，易于解决问题。同质家长中，也可以邀请个别异质家长，进行对话碰撞，经验分享。

第二种订单，由家长确定。不同家庭背景的家长，对学生关注的角度不一样，对孩子成长的定位不一样，老师了解家长的需求，容易和家长形成教育合力，达成教育的一致。有的家长可能需要老师帮助解决家庭教育的难题，有的家长可能需要了解教育改革的发展趋势，有的家长可能更关心孩子在学校的生活状态，有的家长可能希望得到一些教育的培训，有的家长可能有自己的建议和学校商榷，等等。问需于家长或是问计于家长，可以提高家长关心学校工作的主动性，让学校教育更完善。

“订单式”家长会的创新，对学校提出了更高的要求，需要老师更多的时间投入。老师们要对每一个学生的个体情况掌握得更充分，能够形成和家长交流的对话场。

至于家长会召开的具体形式，可以是家长经验交流的沙龙会、家庭教育的培训会、孩子成长发展规划的指导会、班级成果的展示会、问题学生的问诊会、家校沟通的对话会，等等。只要有了“把每一个孩子放在心上”的教育价值追求，教育过程中就可以创新出更多的教育方法，教育的价值会更多地体现在学生身上。

让教育无处不在

开学了，今年有些不一样。

校门口四块红彤彤的展示牌，传递着猴年的吉祥。报到的家长和学生围着展示牌，不是欣赏。因为展示牌上面除了“猴年吉祥”“马上封‘猴’”等标题外，没有其他内容。不慌，你看，一个个学生兴奋不已，一个个家长也不时微笑，原来他们正在斟酌，共同写下新年的愿望与祝福！“把每一个孩子放在心上，祝愿每一位师生梦想成真！”“超越 2016，超越自己！”“共同祝愿：精彩今天，美丽明天！”……“沸点之高乐抒怀，盛赞来袭八方拜。成城断金靠众才，咏北诗赋博一晒。励校何止新课改，星区璀璨万花开！”原来这是一首藏字诗，《点赞城北校区》表达着师生们的心声！

这边，学生们穿来穿去忙个不停，开学报到至于这样忙碌吗？他们拿着纸和笔，不停地向老师问好，表达新年祝福，然后请老师签下名字，只有收集五个老师的签名才可以去报到。以前学生报到，低着脑袋，生怕碰见老师，多讲一句话，羞羞答答的，完全没有中学生的自信大方。今年可不行！不仅如此，报到的学生要盖齐五个印章后才可以去见班主任，包括学校纪念章、班主任见证章、同学见证章、亲人见证章、老师见证章等，从中要看到学生感恩父母的孝亲行为、春节与亲人的互动交往、与同学的交流、自己的新年规划等。假期的作业不仅有学业的，还有这些生活实践方面的。

瞧，报到处的桌椅，一字排开，坐着的竟然是一个个学生志愿者。他们负责假期小明星的评选，负责家长的接待咨询，还有一些志愿者在校园穿梭，为后来的同学做向导……

让教育无处不在。新的学期，我向老师们提出对教育新的思考，不拘泥于课堂，不拘泥于几次活动，学生走进校园，就应该进入一个教育的气场。行走校园看到的环境有教育，与师生的交往是教育，看似一件程序化的工作可以是教育，一件不起眼的小事中也包含着教育，老师的衣着打扮是教育，一言一行是教育，学校某项工作的思考中也有很多教育的元素……我们是否把学生推到了学校的前台，是否把每一个学生放在了心上？真做教育，做真教育。我们不能只是聚焦最后的结果，关心考试的分数；我们应该把更多的心思放在学生的成长过程上，思考如何创造更多的契机去影响学生的成长。

学校可以创造更多的教育契机：在开学典礼上，让学生大声说出自己的梦想；每年照一张班级合影，让学生感受时空的变化；在风和日丽的春天，带领学生放风筝、折纸飞机，上面写上自己的梦想宣言；在学校各项工作设计与执行中，让学生参与进来；有人来学校参观，解说人可以是学生；学校那么多的管理岗位，不妨多安排几个学生志愿者；学校每天忙忙碌碌，可以让学生记录自己的观察和思考；周工作总结会上，也可以让学生来描述他们的所见所闻；能够“出风头”的场合，主角一定是学生……

有时候，我们忘记了教育的初衷，觉得老师们是学校的主角。其实，一切落脚点在于学生。不在于老师自身有多么完美，做得有多漂亮；而在于我们究竟给了学生多少影响，他们的自信心、同理心、思考力、判断力等综合素养在校园生活中有多大提升。忙碌的校园生活中，老师只能是幕后人。

美国教育家华特指出：“生活的世界就是教育的世界，生活的范围就是课程的范围。”中国教育家陶行知提出“生活即教育”的思想，把教育同生活联系起来，通过各种社会实践真正做到“教、学、做合一”。学校是个小社会，只要我们真正把握了教育的内涵，校园无处不教育。若此，我们的学生绝不会再只有“冷冰冰的分”，定然是一个个“活生生的人”。

琐事琐记

一

听闻，某校长走到学生中间，问：认识我吗？

生答：不认识。

我是校长，你都不认识？

我为什么要认识校长呢？

…………

不知道校长后面是怎么回答的。我充分相信这件事情的真实性，就在前几年市教育局对学校的评价问卷中就有这么一个题目：请写出学校校长的名字。

“为什么要认识校长呢？”背后其实有很多值得思考的问题。校长是权威吗？名人吗？学生干吗要认识你？学生没有认识校长的责任。就像西方国家有些民众与总统在街上擦肩而过一样，你是你，我是我，大家都是平等的。学生应该认识校长的想法是权威主义思想作怪，校长是学校最大的领导，学生连校长都不认识岂不是不懂基本的礼数。

不过，换个思维，学生是可以认识校长的，校长经常走到学生中去，给予学生深刻的教育影响，学生不就认识校长了吗?

二

环境是课改的重要因素。

假期某高中到我校借用教室补课，70多人塞进我们坐60人都显拥挤的教室，实在有些为难。试想，学生在这样的环境里，连起个身都很困难，要想组织丰富的教学活动就更难了。

其实，我们在课改的过程中已经意识到一个问题，教室空间狭小或者班级人数过多，严重影响课改的实施。从形式上看，课改追求多元的学习方式，不是学生坐在座位上呆呆地听讲就行。前后转动，下位展示，人挤人，声压声，必然会让组织效果和学习效率打折扣。从内容上看，环境本身就是一种课改元素。试想，我们口口声声说新理念、新方法，教室仍然是传统的规规矩矩，没有适宜的环境氛围和相应的支持条件，课改岂不是水中望月?

转变教学观念，不仅仅是课堂教学方式的变化，其实质还应该是深入我们骨髓的以生为本的理念的形成，一切的环境和行为都为学生的成长服务。

三

在一次新课改的推进会上，一位教研员评课道，课堂上学生讲得太多，要是由老师来讲解课堂一定会精彩得多；还有一位教研员评课时质疑小组合作学习的形式，他认为这种学习形式会让优生变得平庸。

教研员只是站在学科知识的角度，没有研究学法、研究学生。

课改以前我们确实看重老师的讲演，学生往往处于从属的地位，配合老师把课堂演绎得精彩，这样的课堂就是好课堂。可是在新课程实施十多年、课改浪潮一浪接一浪的今天，还只是在课堂上关注老师的讲演，不关注学生的学习过程，实在有些落伍了。

课堂是学生的课堂，课堂是让学生成长的地方，如果发言的机会不给学生，思考的空间不留给学生，学生只是偶尔地回应一下老师，被动地接受，即使老师教得再精彩，学生能有多少收获呢？我们追求的课改课堂，不仅是让学生参与到知识获得的过程中来，以对知识的理解更深刻；而且在这一过程中，让学生能力、思维以及非智力因素都能得到发展。传统的师本课堂，老师讲的是精彩，可是学生记住了多少，记了多久呢？

也有人提出质疑，是不是学生成为主体的课堂，老师就成了观众呢？实际上，课改后，老师们普遍感觉压力大了，要准备得更多，思考得更多，因为课堂有很多意外。如果按照传统教法，老师讲，学生答，拥有几十年经验的老师，基本不需要备课了。以综合性学习课为例，学习任务分配，老师得参与设计；学生查找资料，老师得帮助审阅；学生制作 PPT，老师得分别指导；学生如何主持和讲述，老师也得指导；还有很多细节，老师要帮忙完善。这样的课堂，表面上老师轻松了，可背后要做大量的工作。实际上学生的学习量也增加了很多。只有这样体验式的学习，学生才真学到了东西。老师退位但不是退出。

小组合作学习是一种得到广泛论证的学习形式。撇开同学之间应该有的互助品质不谈，小组合作学习有着其他学习方式难以比拟的学习效果。对于基础较弱的学生来说，因为小组人数较少，容易得到关注，且有同学面对面地督促和讲解，学习自然有好处；对于小组其他成员来说，发言机会多了，表现机会多了，存在感也会强很多；对于优秀学生来说，他们要组织，要分工，要把自己懂的内容讲给别人听，确实训练了自己的综合能力。对于教研员关心的影响优生学习时间的问题，可以从两个方面排除疑虑：一是金字塔学习理论告诉我们，最高效的学习方式就是动手做或讲给别人听，学生对能够讲出来的知识的理解程度远远超过听到的，这样的学习后会记忆深刻，且不需要反复做题，自然会节省更多的学习时间；二是让学生在一个团队中，处于领导地位，对于学生学习内动力的激发不可小视，他将之视为责任，带领团队，也会让自己变得更加优秀。不知不觉中，学习效率高了，综合能力也得到锻炼，实在是一举多得的事情。

教研员评课，往往站在学科知识的角度，站在一节课的时空内，评判一节课内老师教学任务完成的情况，这样的评课是有失偏颇的。对于学生，除了学科知识外其实还有很多要素，况且新课程理念中，知识只是载体，让学生形成终身必备的素养和能力才是关键。所以在我们推行的课改中，老师不仅要关注学科知识本身，更要关注学法，关注学生的成长，关注学生在未来社会所需要的素养和能力。

教研员，也要从学科教学研究者变为学科教育研究者。

四

有位家长朋友找到我的办公室，要求将其孩子编到英语A班。我了解到这个孩子的成绩，期中考试52分，还达不到B班的标准，于是向家长解释，学校分层走班的初衷，就是为了给每个学生适当的教学难度。我校根据七年级学生成绩发展不均衡的状况，将临界的学生分成三个层次做些辅导，A层的学生力求达优，B层的学生追求及格，C层的学生脱离低分现状。分三个层次安排不同的教学难度进行辅导，以解决班级教学中对这些学生辅导的不足。家长听不进我的意见，硬是要求将孩子编进A班。

这样对孩子好吗？每个家长都希望孩子做得最好，但是很少考虑孩子的实际情况。家长可能碍于面子，觉得A班是最好的班，孩子放在这样的班可以更放心；也可能觉得在A班要求更高，孩子可以学到更多东西，更容易进步。殊不知，拔高对孩子的要求，增加孩子学习的难度，一方面会给孩子积累更多的难题，另一方面也会打击孩子学习的信心。

“请鼓励你的孩子做个幸福的普通人。”北京四中校长刘长铭的观点这段时间在微信上传得挺火。这个社会不可能人人成为英才，大多数人只能成为普通人，头破血流地去挤那道独木桥，还不如寻找适合自己的发展道路。对于那些有学习天分的孩子，我们不能耽误他们；对于那些学习天分不足的孩子，我们其实更应帮助孩子树立正确的人生观，培养他们广泛的兴趣爱好和好性情，让他们在未来的路上多一些选择。这样，才有可能做个幸福的普通人。

看来，老师们不仅要转变自己的教育观念，也还需给家长正确的引导。

五

两名女学生违纪，请来学生家长。

一名学生家长希望找来孩子，当场多方对质，弄清孩子违纪的前因后果，然后进行处理。一名家长希望能够给孩子留足面子，只要能让孩子认清错误，保证改正就行。学校还没有什么意见，两个孩子家长就“碰撞”起来。其实，不同的处理方式，都源于不同的家庭背景和教育方式。

前一个孩子，胆子有些大，家长每次处理问题都采用武力方式，以致于不用武力根本解决不了问题。出现问题后，非得在逼迫下才会说出实话，承认错误，否则满口谎言，把所有的责任都推给别人。家长认为最好的教育方式就是严管、严罚。

后一个孩子，心理有些脆弱，前段时间还产生过轻生念头，把老师和家长都吓得不轻。对这样的学生，谁也不敢用武力解决问题。这位家长其实以前一直都给孩子很强的敬畏感，在孩子出现问题以后才请教专家，慢慢摸索，现在认为最好的教育方式就是和孩子做朋友。

怎么解决孩子的违纪问题呢？我跟家长沟通，首先都不要把孩子犯错当作不可饶恕的大事，回想我们自己的成长过程，谁没有犯错呢，不也都慢慢长大成人了吗？要正面思考，孩子犯错能让我们知道，让我们有机会去纠正，本身就是一件幸运的事了。所以，不要孩子一犯错就想去责备孩子，惩罚孩子。要努力和孩子沟通，了解孩子违纪的前因后果，是模仿，是好奇，还是心里一些其他想法？如果孩子能够完全地和家长讲出来，教育就已经成功一半了。在此基础上，因势利导，恩威并济，学校和家长都加强监管，应该对孩子们有作用。第二个家长甚是赞同，第一个家长认为对自己孩子不管用。希望学校调查核实后，直接给学生一个处分。于是我们做起第一个家长的说服工作。十三四岁的女孩子，自尊心已经很强了，家长简单粗暴的教育方式只会让孩子更加逆反。也许，家长当时觉得问题解决了，但并不能起到教育作用，等到孩子有一定力量反抗的时候，就会产生更大的隔阂。家长最后接受了我们的意见。考虑到两个孩子是好朋友，我们建议由第二个家长带着两个孩子一起去吃午饭，随便和她们聊聊违纪的事，希望在平和的方式中让两个孩子意识到这种错误并努力改正。

后来，我找来前一个孩子，在谈起父母的教育时，她眼神中流露出不屑。可以判断，家长的教育方式并不为孩子所接受。要是当时听凭这位家长处理，只会给孩子留下终身的伤疤，只会让孩子离健康的成长道路越来越远。

可怕的是，有些家长觉得自己很了解孩子，总是按照自己的意愿和判断去处理问题，于是，问题就真的出现了。

六

黄老师入党了。

学校召开支部大会，组织对黄老师入党的转正表决，黄老师获得了大家的一致好评。

黄老师 52 岁了，作为一名普通老师，递交入党申请书的这份勇气就令人钦佩。在追名逐利的社会风气下，知天命的时候表达向组织靠拢的意愿，表明黄老师心中有信仰，这是一种难得的境界。黄老师已有 30 多年教龄，很多人在为降低工作标准找借口，而黄老师却在为自己加码，展现了她工作的激情和年轻的心态。

原先在校办帮忙做宣传的黄老师享受行政人员待遇，两校合并时没有人提到这种情况，且这所学校行政人员偏多，在没有与黄老师事先沟通的情况下，就卸任了黄老师这项工作，我心里还是有些愧疚的。尽管当时对黄老师这个岗位并不清楚，且这项工作不需要再安排专人，但是与黄老师做些沟通是对人起码的尊重和礼数。后来的工作中，黄老师并没有什么怨言。执教七、八年级生物课，教学质量做得最好；安排学生社团的辅导工作，也乐于接受；学校有其他活动，喊黄老师来帮忙，也是跑前跑后。工作之余，黄老师会写写字，钓钓鱼，做些小收藏，颇有文人雅致。

这就是黄老师，一名有风骨的好老师！

教育的关键在细节处

当一位班主任不在意班级的一些小事的时候，他的班级管理一定会遇到一些问题。事实证明，那些班风出现问题的班级都是先在细节管理上出问题。比如班级的卫生打扫很敷衍，学生出操不整齐，学校安排的活动很拖沓，对学生小的违纪行为视而不见……

不就几片纸屑、几个包装袋吗？还值得提到桌面上来？可要是细细琢磨，事情虽小，折射的问题可不少。从学校来看，反映出学校的形象、精神风貌和管理水平；从个人来看，反映出学生的个人素质和生活习惯。一个班级，卫生都没做到位，班级管理水平能高到哪儿去？东汉时有一个少年名叫陈蕃，自命不凡，一心只想干大事业。一天，其友薛勤来访，见他独居的院内肮脏不堪，便对他说："孺子何不洒扫以待宾客？"他答道："大丈夫处世，当扫天下，安事一屋？"薛勤当即反问道："一屋不扫，何以扫天下？"陈蕃无言以对。

有一位班主任，似乎很善于做学生的思想工作，但是空洞的说教并不能征服学生。他在教育的小事上往往不够细致，比如卫生打扫分工不明确，老师又不能到场指导，结果不少学生要滑头；班干部管理缺少班主任支持，久而久之，卫生打扫不到位不说，很多学生看到劳动就跑，劳动习惯变坏。另如出操的时候，开始偶有几个学生不到场，班主任没有及时过问，调查原因，给予处理；发展到最后，班级经常有一部分学生不出操，出操的学生也是心里不情愿，出操质量受到很大影响。在班主任看来，这些都是小事，只要学生在学习上能够服从班级管理就行。而实际上，正是这些小事坏了班级规矩。很多学生在这些小事中习惯变坏，不知道维护集体利益，也不能够很好地约束自己。生活习惯影响到学习习惯，学习也好不到哪儿去。更重要的是，班主任管理不严格降低了班主任在班级的威信，不少学生在班主任面前也不收敛，最后班级管理失败。

有的班主任认为，学生吃饭问题，超出老师职责范围了。其实不然，学生不吃饭，影响了健康不说，一堆零食搬到教室，既污染环境，又分散学习精力。引导学生进餐时间进餐，就是要让学生养成良好的生活习惯，让学生感受到，学校处处有规矩，要有集体生活观念。看到学生桌子底下有一片纸屑，必须得让学生捡起来丢到垃圾桶；学生逃避了锻炼，必须得让学生补上；学生不礼貌的行为，必须当场纠正。

1994 年广岛亚运会闭幕式结束后，6 万人的体育场竟然没有发现一片垃圾。次日，全球数家报纸惊呼：“‘可怕’的日本民族!”何以“可怕”，就因为没有一片垃圾背后的精神。

班主任要树立“细节德育”观念。行走校园，要能看到小事，要善于在小事中寻找教育点。同时，作为与学生走得最近的老师，要在细节上为学生树立榜样。徐特立先生主张“以身立教”，叶圣陶先生直言“身教最为贵”，夸美纽斯则更明确指出“教师的任务是用自己的榜样来诱导学生”。事实证明：老师要塑造学生美好的心灵，更主要的是以身立教，自觉成为学生的楷模。“正人先正己”，老师是学生的一面镜子，学生是老师的影子。如果要学生热爱劳动，就不能总是在劳动面前对学生指手画脚；要学生在班内遵守纪律，班主任自己就不能有违纪行为；要让学生树立大公无私、不怕脏、不怕累的思想，班主任就必须在生活中的每一个细节都廉洁奉公，吃苦在前，享受在后。班主任的不良习惯要尽可能在学生面前隐藏，所谓“其身正，不令而行；其身不正，虽令不从”。班主任时时、处处都要给学生做好表率。

“学校无小事，处处是育人；教师无小节，时时是楷模。”小事往往蕴含着大道理，透过小事，让学生明白其中之理，方可产生教育之效。

辛苦是获得一切的定律

考试成绩揭晓，尽管讳谈分数排名，但每个学生依然有自己的分数存在。只要中考、高考的选拔性存在，学校就不可能不在乎分数。只是以前往往关注结果，现在更关注过程，关注获取分数的办法是否科学；以前只关注分数，现在还得关注学生的健康安全，关注学生的全面发展。

因此，对于今天的学生，并不是要求降低了，而是要求更高了；对于老师，不是不讲质量了，而是对质量的要求更高了。所以，新的教育目标下，老师、学生都要面临更大的压力，工作、学习都将更加辛苦。

辛苦是人生必须体验的一个过程，特别是当人年轻，体力、精神好的时候，应该辛苦点。没有人能随随便便获得成功，大物理学家牛顿就说过，“辛苦是获得一切的定律”。那些成绩突出者，并非比别人聪明很多，之所以能取得突出成绩，就是付出得比别人多。在中学语文届赫赫有名的余映潮老师总结自己时说：“从职业的角度来讲，人是需要‘苦做’的。

没有‘苦做’，可能就没有‘创业’。作为一个非常能够吃苦的人，我已经‘苦做’了几十年，到目前为止还在这样。似乎总在设想、计划、构思、安排。似乎永远没有享受过八小时以外的安逸工作。在无数个深夜里离开书桌时我想的是‘还有明天’。在无数个需要休息的中午我在旅途中行色匆匆。”羡慕余老师在语文教学与研究领域显赫成就的同时，我们是否想过他背后艰辛的付出？

学习中有快乐，课改中也推崇快乐学习的理念，但学习对于很多人来说都是辛苦的。比学习快乐的事情还有很多，想要学习好就需要专注和坚持，要想取得突出的成绩，辛苦是唯一的途径。那种整天不学习，偶尔突击一下，成绩却特别好的人物只会在小说里面出现。爱迪生说：“天才是百分之一的聪明加上百分之九十九的勤奋。”优秀学生之所以成绩更优异些，主要得益于他们良好的习惯。很多时候，别的同学在尽兴玩耍，他们抵制住外部的诱惑，沉浸在学习中。

马云在《不吃苦，你要青春干吗》这篇演讲中这样说道：“你不去拼一份奖学金，不去过没试过的生活，整天挂着 QQ，刷着微博，逛着淘宝，玩着网游，干着我 80 岁都能做的事，你要青春干吗？”马云在创业初期，曾经和他的团队一个月不出家门，饿了就吃快餐面，累了就歪在地板上睡一会儿，就是这种敢于吃苦的精神才成就了他今天的商业帝国。

“No pains no gains.”“Nobody can casually succeed, it comes from the thorough self-control and the will.”哈佛大学的图书馆里有很多励志名言，基本都有一个共同的指向，没有人能够偶然成功，不劳者无获。当辛苦变成一种习惯，辛苦就是人生的一种重要品质，有了这种品质，人生不愁不会成功！

当辛苦变成一种习惯，辛苦的过程你也会觉得无比快乐！

优秀的背后都是艰苦卓绝

省特级教师到松滋巡回讲学，我和语文老师们前往观摩。活动一天，除了专业的收获，特级教师的人生经历也给我们上了生动一课。

得知其中一位是来自武汉六中的特级教师刘晓红，我联想到出自该校的两位语文大家——洪镇涛和胡明道。洪镇涛老师创造“语感教学法”，提出“变研究语言为学习语言”，主张纠正以分析教材为主的语文教学方法，认为语文教学的根本任务是组织和指导学生学习语言，学习语言的正确途径是指导学生对语言材料的直接感受、领悟、积累和运用。虽然语文教学法的创造层出不穷，但是湖北的语文老师们一直受他的影响。另一位大家胡明道，提出语文“学长式教学观”，她认为老师不仅是老师，更应该是学长。学长式教学强调，老师要以学习者的心态参与学习，尊重学生，服务于学生，时刻注意与学生心灵沟通，创设民主平等的学习氛围，组织丰富有趣的课堂生活。两位大家出自同一学校，同一时期，不同之创，在当今的语文界实属罕见。

来自于这样厚重的语文研究环境，刘晓红老师自是不弱了。刘老师从她的人生体验谈起，听之，一个字“服”。

刘老师说参加工作最开始的八年是最艰苦的八年，当时担任班主任，带两个班的语文。每天早晨五点多钟起床，骑车到十公里外偏僻的学校上早自习，异常艰苦，却也是极其宝贵的一段经历，它让刘老师体会到在困难面前人的潜力是可以不断挖掘的。所以在以后的教学历程中，刘老师始终保持着高负荷的运转，做班主任，带两个班的语文，做课题研究，参与学校管理，虽然工作很累，刘老师却乐在其中。我一直认为工作的最高境界是事业心态，刘老师说这只是第二层，事业心态还是在为事，有被动不得已的成分。真正的高境界是一种情怀，像宗教般的虔诚，投身其中，充满感情，充满乐趣。刘老师说："寻找喜欢做的事，不如喜欢正在做的事。"正是有了这样的境界，刘老师在不惑之年成为首届湖北名师——比特级教师更耀眼的一顶光环。

刘老师在丰富的工作经历中，积累了丰富的工作经验。刘老师的作文教学讲座，教给了老师们最实在的系列方法，从作文教学目标的序列化，到作文课堂教学的研究化，再到作文评改的层次化，精细的梳理、大量的案例和切身的体会，给了一线语文老师们最需要的培训。这一切，都源于20多年艰苦卓绝的实践与探索。多年来，为了备好一节传统名篇课，她往往要查阅大量的资料，然后取百家之长，再形成自己独特的东西，上成学生喜爱的课。在实践中，她已形成了自己给学生布置作业与批改的体系，包括评价作文的体系、积累与摘抄的体系、作文与批改的体系、背诵与指导的体系、名著与评价的体系。有时候，两个班100多篇作文，她仅需要3个小时的时间就可批阅完，但绝不是敷衍了事，作文评语篇篇不同。为了让批改的作文及时反馈给学生，在外出作报告的旅途中，她都带着学生的作文进行批改。她要求自己每年做30道中考试题，既了解了学生，又提升了自己，她认为做考题，是语文老师的唯一捷径。现在，武汉市第六中学的每一科都有周练，每月都有月考，外人看来累赘不堪，因已形成体系，有条不紊，没有一个老师抱怨。

看似辛苦，却很幸福，因为辛苦的过程中，实现了自己的价值。听着刘老师的讲述，老师们可能都会觉得不可思议。当我们看到名师光鲜的一面充满羡慕时，谁会想到他们走过的道路是多么艰苦卓绝。

其实没有人会随随便便成功，阳光总在风雨后。

换一种角度看评价

评价是学校管理的重要手段之一，老师业绩、教学质量、班级建设、日常管理等各种学校相关的事务都需要评价。十个手指伸出来并非长短一致，工作的过程必然有优有劣，要想事业向前发展，我们就要对跑在前面的先进给予肯定。评价代表着事业发展的一种方向，代表着团队价值的一种追求。得到肯定的人劳动价值得到认可，会更加积极地工作；未得到肯定的人知道自身问题，也会反省改进。

评价是必需的，但评价的制度并非十全十美。有人说，还不能找到一种制度让所有的人都满意，此话并不虚妄。每个人所处的位置不同，思考的角度不同，自然对事情的看法不同。

可能会遇到这样的情况，一次评先结果出来，本来以为自己榜上有名，不料花落他家；也可能遇到这样的情况，班级管理一向自我感觉良好，结果量化评价又被扣掉几分；还可能遇到另一种情况，明明看到了对方的弱点，对方却在荣誉上排到了自己的前面。遇到这些事情，谁的肚子里都会憋上一股气，但是气过之后冷静思考，并非自己一定就站在真理面前。也许自己教学成绩非常突出，教学过程中拼了很多汗水，但方法不受同事们认可；也许自己成绩突出，过程也让人称道，但触犯了学校某条刚性规定；也许自己兢兢业业工作，过于地彰显自己，忽视了与他人的沟通和互助；也许在长期的表扬中麻痹了自己，工作质量本身就打了折扣；也许看到别人弱点的时候，忽略了别人的优点……评价不如己意，换个角度思考，不仅能让自己及时化解怨气，还能促进自己不断完善。学校的评价是一种动态的发展性评价，并不是给哪个老师定性，证明自己的机会确实很多。有句流行语：怀才就像怀孕一样，时间久了别人自然看得出来。就算真有憋屈，豁达一些，领导、同事看在眼里，反而会有更好的评价。但若一次评优无名、一次评价扣分，耿耿于怀，怠慢工作，只会带给自己更多糟糕的心情。

学校是一个相对纯净的地方，人际关系单纯，工作内容单纯，用心教育，容易感受到工作的幸福感。工作得到肯定，评比榜上有名，无疑是一种幸福；学生真心爱戴，口碑社会传唱，更是一种幸福。

辛苦，未必心苦

朋友们大都认为我比较勤奋，比较爱思考，因为这点原因，我先后担任几所学校的校长。可是只要在网上看到一些优秀者的工作过程，看到一些博主的勤奋，心里就不免生出一种惭愧。

有个叫“素儿”的博主，几乎每天早晨六点左右，就将博文发到了网上，记录着时空的脚步，记录着师生的故事，记录着心灵的成长。我连阅读都不能每天坚持，她却能在繁忙的班务管理、教书育人中拿出时间来每天一“博”，是不是特别辛苦？她还只是个年轻的老师，怎么会有如此的定力？其实像她这样的“辛苦者”不在少数。朱永新老师在“两会”期间，每天半夜起床记录一天的所思所行，他怕耽误了关注他的人。他们辛苦吗？

看了李镇西老师的博文《与勤奋无关》，我豁然开朗。其实这种辛苦都是别人的定义，辛苦不辛苦只在各人的心里。辛苦有三种情形，有的真辛苦，有的未必辛苦。

第一种，辛苦心更苦，不劳也累。这种辛苦未必真的辛苦，也许是别人都在做的事情，只是一般的劳动；也许是职责分内的事，吃饭干活而已。但处于这种状态的人总觉得自己劳苦功高，做一点点小事就觉得了不起，做了一点点事就愤愤不平。平时做事达不到目标，一旦要完成某种规定性任务的时候就会觉得有做不完的事。这种人只看到自己做事，看不到别人做事；只看到别人的收获，看不到别人的付出。计较于眼前的得失，看不到未来，内心处于一种失衡状态，就是让他整天不做事，他也会感到辛苦。这种人不仅工作质量上不去，往往还会在工作面前推三阻四，工作达不到要求就会扯这样那样的理由推脱责任。久而久之，成为“老油条”。

第二种，辛苦心也苦，因劳而累。这是实实在在的辛苦，为做事而做事，不知道做事本身的意义是什么，甚至于不觉得是在为自己做事。或是被动地迫于领导的压力做事，总觉得是在为别人付出；或是为了某种名利的目的做事，一旦暂时的目标没有实现，就失去做事的动力。处于这种状态的人没有真正走到事里面去，用心不够，往往做事的标准不高，事倍功半，会更加劳累。要走出心苦，必然要有对事本身的理解和追求。好似那位“素儿”博主，每天凌晨更博，看似辛苦之极，却是对生活的追求，是一种享受。

第三种，辛苦心不苦，劳而不累。大凡事业取得成就之人，必定有这样的境界。李镇西老师在博文中记录：“多年来，我在飞机上都是这样度过的：读书一写作一读书。”“周六在呼和浩特讲学之后，晚上七点五十，我从呼和浩特机场起飞，前往杭州。起飞后十五分钟，我照例读书，飞机平飞之后，我拿出笔记本，开始写我校许忠应老师的文章，一个多小时，我沉浸在许老师事迹带给我的感动中，不知不觉飞机又要下降了，我还没写完，但我只好关闭电脑，又拿出书来读。”出门在外，我们一般都会宽慰自己，好不容易从工作岗位中走出来，让自己好好休息一下吧，李老师却总是这样马不停蹄地辛苦着。李老师辛苦吗？我们觉得是辛苦的，可是李老师说，一个人只要对什么有了兴趣，并养成了习惯，那和勤奋、辛苦是没关系的。

走进了事业境界，找到了工作的乐趣，辛苦只是外在的他感，内心的幸福只有自己才能体会。就好似爱好运动之人，球场上汗如雨下，也不肯停歇。工作之人，若能找到其中的价值追求，再苦也不会觉得累。

其实由第一种辛苦到第二种辛苦，再到第三种辛苦，是人对辛苦的不同理解。事业之初，只是忙碌地做事，辛苦是自然的；忙碌了一段时间，患得患失，心苦也是自然的；最后找到了事业的方向，感受到工作的价值。当辛苦成为一种习惯，甘味也会伴随而来。

校长不能总拿钱说事

邻校一老师到我校参加教研活动，痛斥学校出台的新规：学校大型考试“三率一分”中，普通老师与组内最优老师相差 10 个百分点或 5 分，学校扣除工资 300～500 元。并言，学校大小工作与钱挂钩，算账精确到几毛钱。最后扬言，钱要是扣到自己身上，那就没完。

作为校长，我听在耳里，琢磨在心里。老师工资虽在增长，但是在日益增长的需求面前仍是偏低，钱自然是一个敏感的话题。用钱管人，本是无可厚非的手段和方法，但是拿工资做文章，还是不太妥当。一是于法不合，我国劳动法规《工资条例》规定，不得任意扣除职工的工资、奖金、津贴和其他合法收入，教育主管部门也严禁以考试成绩给老师排名并以此作为绩效工资依据；二是于情不合，老师工资实在太少，扣除工资无异于掰老师饭碗，让人难以接受；三是于实际不合，在现有教育管理体制下，校长对钱的支配权力变小，钱不是学校管理的最佳手段。

以钱管人，实际上是管理的简单化。这种做法既缺乏法律意识又没有群众观念，其结果是罚不服众，教职员工因此产生工作被动心理和逆反心理，影响领导和广大老师之间的关系。任何事情与钱挂钩，极易培养出老师们的一种功利价值观，有钱就做事或者冲着钱做事，弱化老师们工作的内动力和责任感，反而影响工作质量。甚至于学校安排大小工作，老师先谈钱，严重影响管理效益。老师们对于以钱来说事比较反感，学校管理还是少说钱为好。

学校管理首先在于培养老师们的职业精神。学校校长，首先是思想上的领导，其次才是行政上的领导。老师的工作富有创造性，只有当老师有了职业的认同、工作的荣耀、生命的自觉，才会产生真正的教育智慧。校长要引导老师们理解职业的内涵，树立在职业中感受幸福的价值观。老师的幸福来源于两个方面：一是在与知识和真理打交道的过程中，大量的阅读和思考让自己的精神充实和愉悦；一是用自己的智慧和真情换得一个个学生健康成长的工作成就。校长要带领老师们真正走进教育，从内心热爱教育工作，认同教师的职业价值。

其次，培养老师们的主人翁意识。很多老师在一所学校工作就是一辈子，校长要努力帮助老师们找到在学校工作的归宿感，形成与学校荣辱与共的主人翁意识。校长要当好家，让老师们看到校长为学校操心操劳，看到校长为学校发展出智出力，一个有事业心又能务实的校长是能够对老师们产生积极的影响的。同时要摒弃家长式作风，营造学校管理的民主氛围，工作谋划多发挥行政会作用，大事决策多听民间意见，让老师们对学校工作有充分的知情权、参与权。古人云："大智兴邦，不过集众思。"老师站在不同角度思考问题，可以使学校领导对问题考虑得更加深入。当一个老师认同自己是学校的一分子后，便会产生持久的工作热情，自觉生出一种奉献精神。

最后，对有过错的老师重在帮扶。一个团队中，总有优劣先后之分，对于有过错的老师，校长要辩证看待，真情处理。陶行知"四块糖"的教育故事众所周知，对于一个犯了错误的学生，简单的惩罚往往并不奏效，以情动人教育效果更佳。对于老师更是如此，老师犯错一般不存在动机问题，多是因为专业能力、外部环境或特殊情况。比如考试成绩，哪个老师甘当最后呢？如果惩罚几次，撕破面子，老师也会破罐子破摔，成为"老油条"，最后受伤的还是学生。换个角度，学校帮助老师分析原因，寻找对策，给予期待，照顾了老师情面，这位老师一定会有新的作为。我校有个老师，劳动纪律观念不强，按理应该给予经济处罚，几次违规之后，校领导找其谈话，询问这个老师是否有特殊困难不能克服，需要学校帮助。这个老师满以为学校会给予批评和处罚，没想到送来的是一份关心，非常感动，也倍感惭愧，决意严格遵守学校劳动纪律。

在能够创造经济效益的单位，钱可以作为重要管理手段。学校重在人文精神，管理只能在思想、情感、专业发展上多做文章，钱最多只能起到润滑作用。总是拿钱说事，不仅容易销蚀老师的职业幸福感，对于提升学校办学品位、提高办学质量也会弊大于利。

教学研究并非要“高大上”

随着课改的深入，你是否发觉教材越来越难教，课标中规定的目标总是难以达成；即使学生对教材的知识已基本掌握，考试也很难得到高分？学生总是一副不屑的神情，对学习似乎并无兴趣，老师苦口婆心的教育似乎点化不了他们？

工作中老师会遇到很多的问题，这是教育的特点，对人的教育和管理不是工厂里面的零件加工，不可能编制出一套固定的程序，采用同一种方法。环境的变化、个性的不同、目标的大小、心理的状态，决定了老师在面对不同的学生和不同的事件时处理的方法不可能千篇一律，这就是老师工作复杂性和智慧性所在。

工作中遇到的问题，有的是临时性的，比如学生一次作业没有完成，答问中出现了一次错误，或者学生出现了矛盾等。面对这些问题，老师只需机智一点，问题容易处理。有些问题会长期存在，比如课堂效率低下的问题、学困生面积扩大的问题、学生学习兴趣不足的问题、班级学生科学管理的问题等，这些问题直接困扰着我们的老师，影响着工作的质量，有时还破坏我们工作的心情。这些问题，就不是老师急中生智能够解决的，最好的办法就是进行研究。

把问题当成课题，在实践中进行研究，这是老师做科研的基本方法。有的老师把科研想得很神圣，认为那都是专家们从事的理论研究，老师只是实践者。其实越来越多的专家意识到，脱离了教学实际的研究是毫无意义的研究，教育需要理论，更需要来自实践的经验。有不少专家转型，开始对教育细节的研究，越来越推崇草根型研究。这些研究，也许没有引人注目的好听名字，没有严谨厚实的背景理论，然而它确实能解决现实的问题，同样属于教育科研。

学校的教育教学管理逐步深入，老师们以从未有的热情全心工作，对学校、对学生、对学科充满了感情，有了这样的事业心态和职业情怀，就必然会在教育教学中产生很多的困惑。若我们把这些困惑变成课题，做些集中的思考，探讨出解决问题的办法，这就成了工作的经验，甚至可称之为教科研成果。例如，老师如果能够在课堂上培养学生更高的专注度，学生学习的过程就会更加饱满，课堂效率切实得到提高，老师即使不加班加点也会取得高质量的教学效果。那么怎样培养这种专注度呢？这里面就可尝试些办法，例如对学生专注习惯的培养，对专注听讲采取一些强制措施，对课堂管理进行改进，对教学内容和过程进行优化，按照这些办法再进行一段时间的实践，也许真会看到课堂的一些变化，这就是对问题的解决。从提出问题到想办法解决问题，最后形成解决问题的系统思考，就是一个研究过程。再例如，我们发现，课堂上老师细致地讲解后很多学生并不能很好地掌握学习内容，课堂效率不高，负责任的老师不得不花费大量的课外时间来督促学生消化课堂的内容。这样，问题就出来了，学生的学习负担变重了，有些学生因此还丧失了学习的兴趣，提高质量就更加艰难。怎么办呢？应该想些办法改变这种状态，“想办法改变”的过程就是教学研究，“打造高效课堂”就是一个课题。围绕这个方向，我们可以寻找多个着力点，不同的着力点就派生出一个个子课题，例如，如何让大面积的学生参与学习？如何在课堂中突出学生的主体作用？如何建立合作学习的模式？怎样的课堂结构更有效？如果更深入一点，把学科教学特点融入其中，又可以派生出许多研究点来，至于规范的课题语言表述，老师们不必顾忌。

总之，研究并不是一个很高远缥缈的词，老师工作的特点就是学习、反思、行动，这本身就是研究的过程，无论老师最后是否有文章发表、有成果展示，参与研究本身就是一种成功。

请精心准备好第一课

几次周一第一节课时间到班级听课，发现几位老师都在上练习课。本来上什么课，根据教学进度安排，无可厚非，但是细细思量，这第一节课还是有些特别，值得老师精心安排。

从精力来看，学生经过一个周末的休息，身体应该调适到最佳状态。周末没有过多的脑力劳动，回到学校，一弛一张，有利于学习。这个时候，老师安排强度稍大一点的教学内容，学生完全可以吃得消。

从兴趣来看，新的一周，学生往往带着新的求知欲，如果老师的教学能够满足学生这种欲望，学习会达到事半功倍的效果。如果还只是一般的复习课程，尽管在老师看来，部分学生没有掌握，但对于大多数学生已经索然无味，无法激起新的学习兴趣。

从学习规律来看，每一天、每一周都是一个周期，在洋思中学等一些成功的名校，他们推行日日清、周周清，就是力图在一个周期内让学生掌握一个单元的知识内容，这样教学目标更好把握，也更体现教学效率。所以，上一周的学习内容包括练习最好在上一周处理掉，新一周再做新的安排。

对待第一次，人们往往有着更加慎重的态度。一日之计在于晨，一天开个好头，全天都会感觉顺顺利利。一天的第一节课，一周的第一节课，开学的第一节课，升入新的年级、新的学校后的第一节课，每个学生都做好了充分的准备。如果老师在这节课里更加精心设计，让课堂更具吸引力，不仅保证了这堂课的效率，更为全天、全周、全学期开了一个好头，有可能某段时间学生的热情就被老师在这堂课里点燃了。

所以，我慎重地提醒老师们，精心准备好第一课。

执行力是最大的方法

几经申请，反复联系，管老师千里迢迢来到我校，进行老师培训。

老师培训的信息汗牛充栋，几乎每周都有人和我联系，但是那些噱头，似乎不太让人信任，而且一般要价不菲。关注管老师的博客后，我看到里面有很多实在的内容，感受到博主投身教育的情怀。管老师致力于学习方法研究，以提高学生学习成绩，曾经申请了“问题学习法”专利，发明了与问题学习法配套的学习工具——“百宝箱”。他从2005年开始推广，有许多成功的案例。

到底是怎样的学习方法呢？六个字概括就是“找漏洞，补漏洞”，找得越多，补得越多，成绩越好。具体分三步：一是“揪”，通过做题发现问题；二是“放”，把发现的问题记录在“百宝箱”中；三是“挖”，用检测和重复的方法把漏洞补上。方法至简，但细细想来，大道至简，简单的方法，往往蕴含深刻的道理。学习的过程不就是“发现问题—解决问题”的不断循环过程吗？管老师教我们，把那些不能一次性解决的学习问题专门挑在一边，反复强化，直到完全掌握。采取这样的方法，那些已经掌握的题目不需要反复做，针对个人的学习情况有的放矢，不仅有助于效率的提高，还可以大大减轻学习负担。在平时的教学中，老师们往往不管三七二十一，胡子眉毛一把抓，发现了学生的问题，便整体地一遍遍重复。这样做的后果是，学生会做的题早就会了，不会做的题还是不会。所以很多时候，老师们斥责学生："这个题目我都讲了好多遍了，你们怎么还出错?"这是因为一般的题目耗费了学生不少的时间，没有理解的题目却又强化不够。心理学家经过测试发现，一道错题，学生往往要重复七次才能形成永久性记忆。试想，每天把没有掌握的知识用一个小本本记录下来，装在口袋里，有空拿出来看一看、练一练，慢慢消化，考试怎么会差？管老师认为，多做题不等于提高分数，只有多补漏洞，才能提高分数。题目千千万，我们是做不完的，做题的目的是为了巩固知识点，如果已经掌握了，就没有必要再做了，学生应该把时间放在补漏洞上。

但是，还有新的问题。一是学生愿意学吗？二是这样的做法能坚持吗？不爱学习的学生大有人在，再有效的方法，用到不愿学的孩子身上都不会有效。为此，管老师多年研究，又发明了《心灵健美操》，着力对学生的动力激发和情绪管理，从而转变学生的学习态度，让他们从"想学"到"会学"，再到"乐学"。

管老师认为，最大的问题是执行力的问题，也就是能否坚持做下去的问题。大家对方法都认可，但是执行不到位，就等于没有方法。说到，还要做到。所以，这次管老师到我校，并没有讲具体的学习法，没有给老师们期待的操作要领，而是重点讲执行力的问题。

部队里面没有执行力，军队就不能练成坚不可摧的力量；企业里面没有执行力，就不可能打造出企业的世界品牌。拥有上百万员工的富士康集团，郭台铭主张的最高管理境界是"没有管理，只有执行"；在丰田公司，所有的行为标准都是流程。同样，一所学校，若想成品牌，没有绝对的执行力是万万不可能的。河北衡水中学，练就出校园第一操，并以此延伸，培养学生的刻苦品质和良好习惯，造就高考神话；江苏洋思中学，十年如一日地坚持“三清”，打造出质量品牌；山东杜郎口中学，校长更是推行“大于号”执行力，领跑全国课改。

学校本没有惊天动地的事，坚持做好一件简单的事，事情就变得不简单。反思我们的工作，计划不能执行、执行不能坚持成为一种常态，好的想法在老师那里遇到一点障碍就打退堂鼓，学习新思想、新事物往往就三天的热情。古之成大事者，一是有坚定的信念，二是有坚韧的毅力。我们之所以平庸，是因为信念不坚定，毅力不坚韧啊！

管老师说，方法的问题好解决，关键是思想的问题。思想不改变，怎么会使用那些好方法呢？我深以为然。

找到工作的幸福之道

父亲回到老家，勤勤恳恳种起地来。每每送这送那到儿子们的家里，隔天便要赶回去，说是地里耽搁不起，要赶着播种，要灭虫，要锄草，似乎有忙不完的事。

几兄弟说，还种地干吗呢？孩子们每年给的钱不都用不完吗？父亲笑笑。每次打电话，父亲当然也忘不了要报告他的农事，今天做了什么，明天还有什么事等着，什么作物长势好，什么作物要收割了。那天给父亲打电话，父亲说今年柑橘树的虫多，都治了三次虫了；又说棉花怕是种不好了，每次种下，虫子就咬断根部，一垄垄像刀割倒一般；还说，算了一下账，一亩地棉花种下来，包含人工只能纯赚650元。我说，不早让您不种了吗？一点事扯着，每次出门都不安心。

父亲说，你不知道，种一点地，心里就有了牵挂，看着农作物一天天地生长，就有一种希望存在。

突然明白，父亲种地的缘由。

前几年父母亲被我接到城里来“享福”，从繁忙的农活中一下子解放出来，甚为欢喜。看看电视，打打小牌，日子在悠闲中度过。曾经有一段时间，钻研“码报”，跟着旁人买起码来，激情满满，只是最后受了一场不小的打击。告别码经，似乎再也找不到可以做的事情，走路的步子也慢了下来。有一次，我问父亲，走路那样慢悠悠，怎么能起到锻炼的效果？父亲反问，又没有什么事情赶着做，走那么快干吗？就在慢悠悠的行走中，父亲的身体一日不如一日，最后因为高血压引起中风前兆，住进了医院。出了医院，父亲便执意回到老家。母亲本想也回到老家，无奈几个孙子要帮忙照看，只好继续留在城里，只是头疼病三天两头地犯着。

按理，六七十岁的老人做农活还是有些力不从心的，父亲却做得有滋有味，一辈子在农村生活，总是对土地产生了感情吧。如今回到地里，自然有与老朋友相处的愉悦，干起活来，心里踏实。更重要的是，因为春天播下了几颗种子，心中便种下了几分希望，心里就充实起来。

心里装下很多事情的人会累，要是心里什么也不装，同样会感到累。这种累往往找不到寄托，找不出缘由。几年清闲的“享福”生活，每天按部就班的日常琐事，让父母亲的体力是轻松了很多，却也让他们失去了心灵的寄托。

一亩地一年几百元的收入是吸引不了父亲干这份农活的。这种热情，除了对土地朴实的感情外，还因为分享的喜悦。看着亲手播下的种子发出芽尖、长成幼苗、茁壮成长、结出果实，最后亲自收割，储存起来，等着一大家人来分享品尝，那该是多么享受的一段旅程啊！

我想到自己的工作，成天和学生们打交道，有时候感叹薪资太少，有时候抱怨学生们太不听话，不时感到生活之累，忘记了教育本身的乐趣。其实，如果常提醒自己选择当老师的初衷，能够把心放在学生们的身上，用心体味自己的付出对学生们的影响，看着学生们一天一天长大，这不也是一段美好的旅程吗?

在我的身边有那么一些老师，他们在学校里兢兢业业，创下了最好的质量，整天忙忙碌碌，却始终展现出一副阳光面孔。他们的快乐不是因为得到了多少，而是心里存着一份梦想——教好每一个学生。在追梦的过程中，生活本就是一种享受。他们和我的父亲一样，都体悟到了生活的幸福之道。

老师要懂得悦纳

幸遇肖恩先生

美国人心中的好老师是什么样的？5 月 8 日，我参加省阳光教育研究院组织的美国 2014 年年度教师中国行培训活动，见到了年轻帅气的肖恩·麦考老师。

肖恩只有 31 岁，参加工作仅有 8 年，8 年的时间里成长为美国 2014 年唯一的年度教师。在惊叹于他拥有如此殊荣时，我更好奇于他成长的历程。肖恩充满激情，给人非常强的亲和力，会前会后总是微笑着和老师们合影，有着明星一般的风度。他演讲的主题是“孩子先于内容，爱先于所有”，在后来的交流提问中，他还即兴谈到一些敏感的教育问题，睿智、才情和出色的演讲能力给我们留下了深刻的印象。

优秀老师的成长一定有着特殊事件和特殊人物的影响。肖恩之所以成为这样一名优秀的老师，与他求学的经历有着密切的关系。高中的时候，肖恩因为父母失业，家庭成长环境变得糟糕，内心很迷茫。这时候，肖恩幸运地遇到高中英语老师舒尔茨，在他的激励下，内心逐渐平静下来，人生得以蜕变。肖恩说：“他对我生活中所发生的事情抱有同情心。与此同时，他认为我需要用高标准要求自己，以便从家里混乱的生活中走出来，并使自己有所作为。”“是他拯救了我。当时我的生活是黑暗的，但他让阳光照进了我的生活，并让我相信我能够做得更多，成为另一个我。”在老师的帮助下，他明白了自己是一个有潜力的人，而且发挥出了潜力。舒尔茨老师不仅在高中时期给予他巨大帮助，在他升入大学以后还给予他持续的关怀。因为这样的经历，他也立志于像他的老师一样，去帮助那些需要帮助的困难孩子。毕业后他选择的是一所薄弱学校，因为他“想去一所孩子们真正需要我的学校，我想当一名对他们的人生产生重要影响的老师”。当一个人的人生理想与职业联系在一起的时候，他往往会表现出强大的力量。当问及肖恩对财富的看法时，他说，每个人对财富的理解是不一样的，当他看到一个个学生在他的帮助下获得成功时，他感觉这是一笔巨大财富。我想，这就是他作为老师的一种境界吧！

优秀老师一定是把学生放在首位的。在肖恩看来，孩子先于内容，爱先于所有，这也是他成为国家年度教师的秘诀。他说：“我是英语老师，但是我教的对象不是英语，而是学生。作为老师，我的首要任务是确保学生感受到老师的爱和关心。在我的支持下，学生学会尝试挑战自我。”肖恩所任教的学校，一半的学生都享受政府贫困补助，他们在生活和学习上都有很多困难，有些来自家庭的困难肖恩老师也不能解决，为此，他也有伤心和流泪的时候。他把学生当作他自己的孩子一样，全力帮助他们克服困难，并激发、鼓励他们发奋学习，挑战自己、超越自己。他和学生建立了良好的关系，他认为，只要老师和学生建立起良好的关系，学生的学习能力就能最大化。为了点燃学生的学习热情，肖恩做了任何他能够做的事情。肖恩常在下班后，将学生们的优点用纸条写下来，第二天发给学生们，学生们看到老师的表扬会特别高兴，和老师的关系也会更加“铁”起来。在学生看来，一个简单的“老师”头衔绝不足以概括肖恩的工作。他和学生一起活动，带着学生劳作，和学生一起旅行，努力和每个学生家庭建立良好的关系，所有的工作都是为了学生更好地成长，帮助学生懂得尊重与责任，发现自己的潜力，并努力实现自己的梦想。肖恩也会找学生家长，但是肖恩学生的家长一定会期待这样的电话，因为肖恩总是在学生取得成绩的时候报告家长；而不是像我们的老师，有问题找家长——这让家长都害怕接到老师电话。

优秀老师一定具有出色的专业能力。肖恩毕业于宾夕法尼亚州著名公立大学匹兹堡大学，获得英语最优等荣誉本科学位后，又获得教育学硕士学位，毕业后选择了一所普通中学。对众多困难学生，他发起了“个人决心进阶”大学阅读项目，专门针对处于学业中游但却有个人雄心壮志的学生，指导他们掌握修读 AP 课程（高中大学先修课）课以及其他高中阶段课程所需要的学习技能，为考入大学做好准备。而他所带的学生 98%获得了四年制大学录取通知书，并获得优异的奖学金。我想，这就是他这么年轻就获得年度教师殊荣的一个重要原因——工作富有创造性并创造了升学率神话。老师对学生的爱应该具有专业性，它不同于母亲的爱，母亲的爱是一种保护；而老师的爱还在于促进学生的成长。肖恩做到了这样。不仅如此，肖恩还是一名教师专业发展老师——通过辅导、培训、指导，分享他的教学经验和专业专长，支持同事；他还担任陶森大学教育学院“教育与写作”课程兼职老师；另外还承担很多社区的工作。在我们看来，他几乎是个全才，拥有良好的教育基础，也具备各方面才华。

美国年度教师评选条件只有四个：能激发所有学生的学习潜力，无论其来自怎样的家庭和社会背景，无论其能力水平高低；尊重学生、尊重家长、尊重同事，并对他们始终秉持欣赏的态度；积极参与学校以及学校所在社区的各类事务并且发挥重要作用；沉着冷静，善于表达，面对繁重的日程安排能够做到游刃有余。成为国家年度教师，首先要经过州年度教师评选，然后递交个人简历及专业发展情况、八篇介绍个人教育教学观的文章、来自不同阶层的推荐信，再参加国家年度教师评选。评审委员会根据材料遴选四名候选人后，再组织答辩，最后评审出美国年度教师。每年的 5 月 1 日国际劳动节这天，美国总统在白宫为这位年度教师举行颁奖仪式，颁发一个水晶苹果。而后一年，这位老师到全国各地乃至世界范围演讲交流。这项评比已经延续了 60 年。从中可以看到美国好教师的标准和美国对教师的重视。教师是美国社会三大最受尊重职业（医生、律师、教师）之一，按美国媒体的说法，美国能否“领导世界”，关键在于教育是否领先，是否拥有一大批质量优秀的老师。

肖恩只是一所普通学校的老师，其实他和我们中国大多数老师的处境一样，他能够做到的，我们也应该能够做到。只是在职业的信仰上，我们可能还缺少他那样的坚定；在教学方法的选择上，我们也还缺少一点创新和坚持。当然他能够一夜成名，与美国的文化土壤也是息息相关的。我们惊羡肖恩这项殊荣时，更需要的是理解他背后的精神："作为老师，我们从教的目的并不是获得荣誉与奖项。像大多数老师一样，我只希望能够尽可能地影响学生，让学生快乐地学习，并帮助他们成为最棒的人。"

老师要懂得悦纳

悦纳，就是高兴地接纳。它是一种心理状态，更是一种生活智慧。

一是悦纳自己的职业。教育是一份崇高的事业，教师是一份受人尊重的职业。尽管网络上有很多老师的自我嘲讽，陈述教师职业的卑微、辛苦和无奈，但是已经入行的我们，要有职业认同感，要感受职业的价值所在，客观看待教师这份职业：待遇少一点，但是有充足的假期；工作忙一点，但是有好的平台；权力小一点，但是有心灵的宁静；圈子窄一点，但是有生活的自在。

教育工作是平凡的工作，但是平凡中亦有精彩。如果愿意创新，每天都可以让工作很新鲜，不需要按部就班；怎么管理班级，怎么上好一节课，有太多的自主权。如果不愿创新，做好常规的点点滴滴同样精彩。与成长中的学生打交道，可以让我们保持一颗年轻的心，有愉悦，有挑战，也会有意想不到的惊喜，还会有沉淀愈久愈幸福的回味。我校有一位优秀老师，他受教学线欢迎，教学质量做得好；受德育线欢迎，班主任工作肯想办法；受老师们欢迎，合作热情；给他安排工作，他总是超预期高质量完成。不仅如此，生活比别人丰富，其他群团活动总是积极参加。什么秘诀呢？他说，发自内心地热爱教师这份职业，感受工作带给自己的快乐。所以阳光总是绽放在脸上，干起事来风风火火。因为有了热爱，工作成了生活的一部分，工作为自己的生活不断加分；而不是觉得工作影响了自己的生活。理顺了工作与生活的关系，工作质量提高了，生活质量也提高了。

二是悦纳自己的单位。总有一些人，觉得单位亏欠自己，把单位和个人隔离成两块。只求单位待己如何，不问自己贡献多少。单位离不开个人的付出，个人也离不开单位的支持。个人是单位的人，单位是个人的脸；单位兴，个人显荣光；单位衰，个人必受损。

一个人在单位中的价值可以是多元的：不是质量最好的，可以是最敬业的；不是能力最强的，可以是最努力的；不是工作有特长的，可以是满身正能量的；不是兢兢业业的，可以是特殊时候挺身而出的。我校以前有个门卫，工作比较懒散，大家评价都不高，是受打击的对象，他自己也觉得无所谓。后来我发现他的闪光点，评他为先进，在老师会上宣讲他的一些小故事，大家心服口服。到下水沟掏东西的是他，失火时救火冲在前面的是他，学生病危时送学生去医院的是他……在学校有危机的时候，他总是冲在最前面，帮助学校化解危机。我发现了他的闪光点，适时肯定，他也开始转变自己的工作态度。每天上班，门卫室的几块玻璃擦得特光亮。让老师悦纳学校，学校也要懂得悦纳不同个性的老师。对那些看似落后的老师，帮他们找到位置，体现价值，他们在单位中也会越来越有价值。

三是悦纳学生。学生还有一个名字，叫孩子，孩子是成长中的人。成长的过程就是不断犯错、不断纠错的过程，老师要能容错。老师，要做一位仁者，待学生要有长者对幼者的宽厚之心。不少老师心思是好的，用完美的标准去要求、评价学生，而忽视了学生并不成熟的心智和个性，从而造成师生冲突。老师要能够设身处地站在学生的角度想问题，为学生着想；而不是站在老师的角度，让学生去适应老师。顺应学生，改变学生，教育的智慧就在其中。

我校黎老师班上有两个典型学生，一个叫周××，一个叫黄××。周××是一个智商和行为都有问题的学生，这样的学生随时给班级的管理带来麻烦。但是班上的老师没有嫌弃他，而是把更多的爱给了这个学生。运动会的开幕式上，黎老师搀扶着他走过主席台，让他第一次参加运动会，成为学校永恒的风景。黎老师说，他本来就不幸了，我们不能让不幸成为我们歧视他的理由。很多孩子的不幸是家庭或社会的问题造成的，他们本身就是受害者。作为老师，我们也许不能彻底地拯救他们，但至少不能伤害他们。黄××从外地转入学校，染了一头黄头发，在班级是一个不稳定的“不良分子”。果然，开学没几天，就讲小话、搞小动作、不做作业，甚至顶撞老师，同学们害怕与他打交道，老师也生怕和他发生冲突。但是就是这样一个学生，班主任黎老师交给他一个艰巨的任务，照顾班上一位生病的同学。他竟然尽心尽力，生活帮助，学习辅导，把同学照顾得非常好。一个契机，折射出他身上的闪光点，照亮了自己，也照耀了班级，抒写了一段班级好故事。每个人都有弱点，每个人也都会有闪光点，关键是老师用一种怎样的眼光看学生。苏格拉底说，每个人身上都有太阳，主要是如何让他发光。发现学生身上的闪光点，扬长避短，这是教育成功的秘诀。

当老师能够悦纳学生时，才会走进学生的心灵，俘获学生的心，才会想办法去激励学生，成就学生。当学生视老师为偶像、知己，情感触动，愿意改变，愿意付出，教育就成功了。

也谈特级教师的培养

特级教师的魅力自然不可小觑，纵览江浙一带的名校，学校里都有响亮的特级名师。正是这些特级教师的组合，让教育不断产生新的活力，成就了一所所名校。对荆州著名特级教师余映潮老师，全国的初中语文老师恐怕是无人不晓，他的作用不仅是对语文教学的影响，更是对很多青年教师命运的影响，荆州有不少语文老师带着“板块教学”从乡村走向城市，从小城走到大城。曾经是松滋特级教师的王世发老师，从松滋走到江苏，又从江苏回到荆州，特级教师的头衔让其风雨无阻，而自身的功底和魅力也影响着一大拨人。

校无名师不名，特级教师的缺失让我们在打造品牌学校的路上缺少了些底气。然而特级教师并非一蹴而就，一个决定、一项措施并不能造就一个或一批特级教师。我们不仅关注特级教师的头衔，还关注特级教师的成长经历以及在成长过程中积累的智慧，更关注特级教师在区域教育教学工作中所产生的影响力。

特级教师特在特有的人格魅力。一旦挂上“特级教师”的头衔，特级教师绝对不再属于某个人，他属于小则一所学校，中则一个区域，大则一个国家。特级教师对教育的影响不仅是学术上的贡献，更重要的是对一批批人的影响。余映潮老师担任荆州教研员时，其谦逊的态度、严谨的作风、求索的精神影响了很多老师，以一届届的教学艺术研讨会，为平台造就了大批的语文骨干教师，其中不乏一些新的特级教师。特级教师的成长非一日之功，其在孜孜不倦的追求过程中练就的品质非常可贵，在学术的旷野里走向人生的高度更值得我们景仰。

特级教师特在特有的教育追求。特级教师们，珍视自己的职业，拥有职业梦想，似乎有一种悲天悯人的情怀，他们对教育有着深厚的情感——爱事业也爱学生；有着深刻的理解——不断地吸收别人的智慧，丰厚自己的思考；有着深远的追求，立志于改变教育现状。正是这样一种内在的力量，让他们收获了特级教师的荣誉。山村民办教师张在军，从约翰·戈达德的经历中得到启示，给自己定下一份人生计划，经过 10 多年的努力，30 岁不到便获得特级教师头衔，并成为“全国十佳民办教师”。我们缺少特级教师，实际上是缺少拥有教育梦想的人。

特级教师特在特有的卓越品质。没有人随随便便走向成功，特级教师的成长必然经过一段艰苦卓绝的路程（也许自认为沿途是美丽风光）。“板凳要坐十年冷，文章不写一句空。”余映潮老师回顾他的经历时说：“似乎永远没有享受过八小时以外的安逸工作。在无数个深夜离开书桌时我想的是‘还有明天’。在无数个需要休息的中午我在旅途中行色匆匆。在暑假中极热的下午工作，我会想到‘吴牛喘月时，拖船一何苦’的情境。在寒假中极冷的晚上工作，我会感到‘孤舟蓑笠翁，独钓寒江雪’的寂寞。”余老师在 64 岁时，仍匆忙地行走在祖国各地，给自己制订的人生规划让很多在职的老师都觉得宏伟和无法企及。四川的李镇西老师，每天阅读上万字，写上千字的教育日记，给自己定的“五个一”工程从未改变。李镇西老师说：“教一辈子的书不一定成得了名师，但坚持写三年的反思一定会成为名师。”正是这种自我批判的态度和执着的精神才成就了李镇西老师。

培养特级教师首先在于研究特级教师。也许每个人的成长都有他的特点，但是共同的特征是不可改变的，那就是他们坚定的梦想和艰苦的追逐过程。要用特级教师的人格影响广大老师，用信念坚定信念，用精神传承精神，把特级教师成长的过程作为教材，为更多的老师播下一颗梦想的种子。要发挥好现有特级教师的作用，通过专题报告、成果展示、巡回讲演等形式让特级教师产生更大的影响力，让更多的老师对特级教师产生向往之情。

培养特级教师其次在于培植学术土壤。教育本应是一方净土，只是功利化、行政化让教育变得浮躁与狭隘，致使很多老师关注教育以外的事多，研究教育分内的事少；追求考试分数的多，研究教学本身的少。培植学术土壤，要开展丰富的研究活动，给骨干教师们平台和压力，促使他们多锻炼、多思考，尽快变得成熟起来。培植学术土壤，要在学校大兴研究之风，校长要树立革除传统弊端的办学思想，给老师们出问题出思路，促使老师们想方法想出路。校长应该是研究的参与者和领路人，必须带着老师们出质量出成果。这样的研究氛围形成，名师自然容易生长。

培养特级教师还在于建立良好的机制。要鼓励那些有抱负的年轻人脱颖而出，在职称评定、评先表模等方面给予适当倾斜。建立名师档案，建立名师成长共同体，定期开展交流活动，以达到相互帮助、相互促进、相互提高的目的。让优者更优，组织骨干教师参加高端培训，开阔视野，激发热情。

其实，特级教师的培养不在于一个人或者一批人，而是通过这样的号召和措施让更多的老师守住职业本分，坚定职业梦想，追求职业幸福。若此，我们的教育就不仅是出现了几个特级教师，而是缔造了教育的春天。

老师的三种职业心态

提升老师们工作中的幸福感，是管理者应有的追求。老师们感受到幸福自然会产生凝聚的力量，会产生向上的动力，会创造最大的工作价值，也会让人有更强的幸福感。幸福并非轻易可得，这首先取决于老师对待职业的基本心态。

一是把教师当作“副业”。也许这样的老师还有另外的生存平台，他可以通过其他方式谋得更多的利益。心思不在教育上，但是弃之可惜，所以占着茅坑不拉屎，误人子弟。这样的老师并非能够因为其他利益的获得而感受到人生的幸福，毕竟在教师岗位上，接触最多的是同事和学生，工作拖后腿，学生不满意，必然带来很多非议，实际上在学校做了人下人，这样的老师走在学校底气不足，很难感到愉悦。也还有这样的老师，他们并无其他职业，但也从未真正走进教育的世界，从未想过当个好老师。对待工作随心所欲，能应付即应付，不能应付就摆出一大堆客观原因，做一天和尚撞一天钟。时不时地发一顿牢骚，控诉对社会、对单位、对领导的不满，仿佛自己受了很大的冤屈，社会对自己最不公平，整天乌云笼罩，幸福是不敢近其身的。

二是把教师当作“职业”。做老师已经成了自己不得已的选择，端碗做事。很多大师呼吁老师不能为稻粱谋，但对于一般的凡夫俗子（其实我们都是凡夫俗子）是跳不出五谷杂粮的。把教师当作职业也并无不可，按部就班，兢兢业业，备课，上课，批改作业，辅导学生，这都是老师应有本分，能做到无愧于学生，无愧于岗位，也就是一个合格的老师了。如果说不仅仅是完成学校交办的工作，能够为学生多想一点，能想方设法提高学生成绩，而教学质量又始终处于同行前列，这就是一个优秀老师了。抱着职业心态的老师，多少有些功利想法，工作的幸福感多来自于名利的获得。多做点事，把事做好，也许能多得点实惠，这并不遭人嫉妒，自己对得住良心，工作中也会常常感到幸福。也会有不幸福的时候，当遇到教育困惑、工作不遂己愿、利益不能满足，或者看到别人对物质生活的享受时，心情也许会受到影响。

三是把教师当作“事业”。把工作当事业来做的人，必须具备三个条件：一是用情；二是用心；三是把工作当作生活的方式。没有爱就没有教育，要做好老师，心中须先有爱，爱学生，爱职业，爱生活，只有投入了自己的感情，才会有真心的付出，才能走进学生的心灵，抓住教育的钥匙。用心，就是做一根有思想的芦苇。教育的每一天都是新的，老师要在不断地学习和反思中丰富自己、提升自己，形成自己的教育判断，以成就学生为己任，在学生的成就中感受到育人的幸福。而进一步，把教书育人当作一种生活方式，孜孜追求，像苏霍姆林斯基、陶行知等教育大师，像李镇西、余映潮等教育名家，教育即生活，生活即教育，生命价值的追求达到和谐，幸福无处不在。总之，把教师当作事业的人，心里想的总是教育，教育以外的附属东西都是浮云。一般老师很难达到这种做事业的境界，但是我们至少可以保持这种事业心态，不断地追求，不断地完善，对得住学生，对得住自己，那么我们身上的血液就不会倦怠，幸福的泉水也会源源不断。

老师要读点教育理论

说到理论，很多老师都会不屑一顾，要那些虚无的东西干吗？教学讲的是经验。

我读中师时学的教育学、心理学几乎忘得一干二净。记得刚开始对教学有些追求的时候，我也只是专挑那些方法性强的文章读，以期学到一些教学的技巧，对那些理论性的文章毫无兴趣。后来在语文教学中取得了些成绩，开始有了自己的思考，再看那些技法指导性的文章便觉得有不少值得批判的地方，于是不再满足于这类文章的阅读，开始读一些语文教学理论的文章。像《语文学习》《中学语文教学》上的理念、观点类文章一定不会错过，这些文章大都是当前名家的理论研究，道理深刻，充满智慧。

读着读着，我慢慢体会到其中的味道，知道了教学的一些概念，如语文的内涵与外延、人文与工具、教学的预设与生成；了解到语文教学不同流派的风格，如洪镇涛的语感派、于漪的情感派、魏书生的管理派、钱梦龙的导读派等。在不同的阅读中比较、鉴别、联系，我对语文教学就有了些自己的认识，写成文章，竟然在《语文学习》《中学语文教学》《语文教学通讯》等语文教学权威杂志发表。再设计教学时往往就有了理论的思考，过程和方法更加经得住推敲。特别是评课的时候，能够一语中的地指出其中的优劣。理论让自己对学科教学更有底气。

说是理论，我读的理论其实都是经过当代名家消化的文章，还不算真正的理论，只是有些理论的文章而已。在听了王佑军院长的报告《理论的力量》后，我才发现自己学习理论的肤浅，反思教育教学实践，很多困惑着我们的问题都是因为理论的空白造成的。

我曾经在学校提出高效课堂的建设目标，在外派老师出去学习对不同名校的比较后，也提出了以学为主导的五步教学模式。尽管向老师们充分阐述了课改的理由，介绍了名校的经验，一段时间后还是有很多老师对我的五步教学模式提出反对，甚至于教科中心专家到校后也提出质疑。五步教学模式虽然移植于名校，但是我不能说出更多的道理，缺乏有力的支持，只好作罢。现在回想起来，是我在这一做法上没有找到合适的理论支持，我在移植这些做法时，只看到表面的东西，并没有想到背后的支撑。如果当时我能从建构主义教学理论和金字塔学习理论对这种模式进行阐述，也许就没有那么多的反对了。从建构主义的角度看，高效课堂概念提出后，老师们处于一种茫然期，学校帮助老师解决眼前的问题，必须进行一种建构，这是事物发展的初级阶段，也是必然阶段。提出某种方法，让对高效课堂认识不够的老师直接拿来使用，在使用中再批判思考，最终获得对打造高效课堂的个人认识。没有这个模式，对大家来说高效课堂一直是抽象的概念，工作难以推进。从金字塔学习理论上认识，最低效的学习方法就是传统的讲解灌输，有效的学习方法是演讲、展示、交流、探究等，提出新的课堂模式实际上就是有意识地让老师们改变传统低效的教学方式。是否应该改变呢？理论家们已经做过很多实验，得出了结论，以学为主导的课堂教学模式背后的支撑就是金字塔学习理论，遗憾的是那时我对这一理论只是一知半解，不能很好地说服老师们。

再如，减轻学生负担的问题，不仅在专业领域提，而且在行政领域作为政策法规制定下来。然而学生负担总不见减轻，老师们打着对学生负责的旗号，校长似乎也无可奈何。那么到底为什么要强调减负呢？这里面除了过重负担对学生身心伤害外，还存在教育原理的问题。专家们对小白鼠进行了实验，把一群刚出生的小白鼠分成三组，对第一组小白鼠不进行任何训练，只是让其吃饱睡好；对第二组小白鼠进行简单机械的重复训练；对第三组小白鼠进行丰富多样的训练。这样训练一段时间后，第三组的小白鼠大脑皮质生长最快，脑容量最大，比其他两组的小白鼠大脑发育都要好；但令人震惊的是，第二组小白鼠的大脑发育甚至比第一组的还要差。也就是说，进行简单机械的重复训练严重危害了大脑的发育，其危害甚至大于不进行任何训练。这个实验告诉我们，反复机械训练不仅不能促进能力的发展，反而会对思维产生伤害，这就是我们强调对学生减负的科学原理，叫作强化理论。

不懂“行为主义学习理论”，不了解“学习三大定律”，就不知道教学首要解决的是学习动机问题；不懂“早期认识学习理论”，不知道“顿悟说”，就不会理解满堂灌教学的害处；不懂“建构主义学习理论”，就无法真正理解我们当前所采用的课堂教学结构，并尝试变革。如果不读卢梭“自然教育理论”，我们就不会把握儿童的天性，从人的发展规律去思考教学；如果不读杜威的“生活教育理论”，我就会误把学习囿于书本中，忘记教育的本质是促进人的成长，是为了人适应社会，更好地生活；如果不读陶行知的“生活教育学说”，老师就可能把教书与育人剥离开来；如果不读布鲁纳的“发现学习”、施瓦布的“探究式学习”，我们永远不会真正理解研究性学习的含义。

读理论是一件枯燥的事情，但若融入了自己的思考，就会发现其中辩证的趣味。一名普通的老师很难读完所有的教育理论，但对这些理论的基本概念和内容做些了解是必要的。如果懂得在教学中做点理论思考，我们的教学将变得厚重起来。

每位老师都要读读陶行知

“千教万教，教人求真；千学万学，学做真人。

“真教育是心心相印的活动，唯独从心里发出来，才能打动心灵的深处。

“好的先生不是教书，不是教学生，而是教学生学。”

哪怕是只言片语地阅读，你一定会从中找到教育的真谛，感受到教育的灵魂。走出争鸣，细读陶行知，你会发现，他的著作包含了中国教育的所有智慧。

陶行知是中国近代当之无愧的教育大师。他研究西方教育思想并结合中国国情，提出了“生活即教育”“社会即学校”“教学做合一”等教育理论。

尽管《陶行知教育名篇》多年前就躺在了我的书柜里，但真正开始读它却是近几年的事情。他的语言并不华丽，也许并无吸引力；他的方法也非一招制胜，不能现学现用。读陶行知，需不紧不慢，只有在三尺讲台行走些日子后，功利之心祛除之时方能细细品读，如品一杯陈年老酒，香味氤氲，慢慢散开。我通过一篇篇精辟的文字去了解陶行知所创立的教育理论，不禁深深地佩服这位教育大家的远见卓识，因为他在 80 多年前提出并研究的问题，正是今天我们所倡导的最新理念。

《陶行知教育名篇》的第一篇是《教学合一》，提出教学合一的三个理由：第一，先生的责任不在教，而在教学，教学生学；第二，教的法子必须根据学的法子；第三，先生不但要拿他教的法子和学生学的法子联络，而且须和他自己的学问联络起来。几十年的教学改革折腾，我们不断地追求创新，各种教学法你方唱罢我登台，实际上还是回到了陶行知教育思想的原点，因为陶行知早就道出了教学的真谛。曾几何时，老师霸占课堂，成为课堂的主角，传经讲道，喋喋不休，学生成为知识的容器，唯唯诺诺，言听计从。在应付知识考试的教学中，教学忽视了学生本身，拼命地灌输，结果学生学习兴趣丧失，学习能力没能得到培养，知识的掌握效率也极其低下。越往高年级，对学习失去兴趣的人越多，学困生也自然越来越多，我们在感叹学生不如人意的时候，却很少有人反思，其实是我们的教学背离了学习的基本规律，是我们的教学在制造一个个不合格的学生。很多名家对教学方法进行过探讨和表述，定然提出了很多高深的教学理论，但是没有哪位教育家能像陶行知这样用最通俗的话语揭示最简单也最深刻的道理——“教学，就是教学生学”。教学生学有对学生主动学习精神的培养，有对学生探究学习方法的培养，有对学生良好学习习惯的培养，只有学习发生在学生身上，只有学生真正体验了学习过程，才是完全的学习。这样的教学中，知识只是一个载体，学习的目的是获得学习的能力。因为知识在更替，只有能力具有不变的价值。以杜郎口中学为中心辐射的课改旋风之所以取得成功，在我看来，不过是重拾了陶行知 80 年前“教学合一”的论断——学，教学生学。这种学习不是依据老师的主观认识，而是基于学生年龄与个性特点的、让学生乐于参与的、多元的、合作的、探究的学习，这正是陶行知先生所提的“教的法子必须根据学的法子”。

囿于书本的教育，信奉书本里的教训，先生教死书，死教书；学生读死书，死读书。这种教育不知培养了多少书儒、书呆子。美国教育家杜威提出的“教育即生活”“学校即社会”，在陶行知看来，不过是传统教育的改良，而教育的新生是“生活即教育”“社会即学校”。生活教育是以人的需要为出发点，通过人的创造性劳动，达到提升人的物质生活和精神生活的目的。生活教育强调教育以人为本，强调教育与时俱进。陶行知说："我们是现代人，要过现代的生活，就要接受现代的教育。"科学的飞快发展，使我们的生活丰富多彩，生活中的学习无处不在。在这种生活的气息和氛围中，其丰富、鲜活的学习素材是课堂不能比的。只有在现代生活中，才能受到现代化的教育，才能培养现代人的素质。纵观今天的教育，最大的问题莫过于教育与生活的脱离。

北京语言大学校长崔希亮在2011年高考结束后表示："刚刚结束的高考中的许多题目如果让我去答，我也答不好。"记者林天宏发现他自己的文章进入了高考语文现代文阅读，坦言自己也做不对针对文章设置的题目。尽管声讨声不断，今天的考试却是发展到登峰造极，扭曲着真理，也扭曲着教育的价值。在考试的魔棒下，出题者以考倒学生为目的，各种偏难偏怪的题目应运而生，学生十几年的负重学习最终的作用就是通过考试。为了考试，学校舍弃了其他有利于学生身心品行健康发展的教育活动；为了考试，家长包办一切生活服务，学生成为考试的机器。结果学生们在书本知识的学习过程中越来越狭隘，身心疲惫，缺乏创造力，脱离生活，甚至于有的大学毕业生需要学习某种职业技能后才能就业。当我们越来越感觉到当今考试的弊端的时候，回过头去看看，陶行知原来早就告诫过我们。陶行知极力反对"杀人的会考"，认为过分的考试毁掉了有意义的人，也赶跑了中华民族的前途。可惜很多人在追逐那些华丽的教育理论的时候，忘记了陶行知。陶行知的教育研究与实践仰望着星空，又总是贴着中国的现实行走。陶行知学贯中西，理论丰厚，视野广阔，他总是用最通俗的语言行文，仿佛一位长者对年轻人的谆谆教诲，让人一读就懂，易于接受。

"千教万教教人求真，千学万学学做真人。"陶行知的话道出了教育的真谛。当今教育之种种弊端，诸如全社会为考而学，道德教育弱化，教学效率低下，学生创新能力缺失，教育不公平，等等，无不可以从陶行知那里找到钥匙。读这部著作，你会发现，文集中关于教学合一、平民教育、生活教育、创造教育、民主教育等教育思想论断，依然是今天最时髦的话语。我认为，中国的教育要寻找方向，要读陶行知；老师要寻找教学方法，要读陶行知。

《陶行知教育名篇》当成为每个老师的案头必备。

你有这样的心态吗

心态决定状态，状态决定成败。

教师被誉为太阳底下最光辉的职业。在浮躁的今天，很多老师很难得去感受这份职业的幸福。他们总是这样那样地羡慕别人，别人的权力，别人的财富，别人的自由……也难怪，在社会分层里面，教师最多也就处于中下层。但是，身为老师，我们多数已无可选择，与其在抱怨羡慕中破坏自己的心情，还不如调整好心态，或许能发现做老师的幸福。老师应该有这样五种心态。

一是职业心态，认同自己的职业。比物质，教师这份职业是差了点(对大多数老师而言，如果成为业务的顶尖高手，也会像企业的高管一样被人高薪聘请)；但若比精神世界，教师这份职业又比很多职业有优越感，能够与阅读相伴，能够与童心相伴，能够得到社会的尊重，学生的金榜题名、一张贺卡带给老师的幸福感是无法用言语形容的。另外，老师有大量的休息时间，无需过多应酬，可以陪家人、陪孩子，生活规律且有大量可自由支配的时间。

二是教育心态，把握教育的本质。教育是一项塑造心灵的伟大事业，老师一切的起点和归宿都是为了学生的发展。只有认识到老师工作的本质，才不会在工作的得失中过多计较。每个学生都是不同的个体，老师不能用一把尺子量出所有学生的长短，教到聪明听话的学生是幸福；把那些个性张扬、基础薄弱的学生引入正确的人生轨道更是幸福。切不可因为学生的点点错误而惩罚自己，育人本身就是我们每天的工作，以完人的标准苛求学生会让工作变得困难。

三是学习心态，让学习成为习惯。最需要学习的是老师，最有条件学习的是老师，当然也有人说，最不爱学习的也是老师。有些老师觉得那几本教材已背得滚瓜烂熟，无需再学习。一项调查表明老师中习惯阅读的人微乎其微。时事在变化，教材在变化，学生在变化，老师只有不断学习才能应对万变。学习业务知识，让自己更有尊严地站在同行中，这无疑会增加个人的幸福感；加强阅读，让自己的心灵在与伟人的对话中得到升华，精神会更富足。学然后知不足，学习才能使人进步，这是为了工作，也是为了修养心性。

四是交往心态，敞开自己的胸怀。相识是缘，相惜是福，芸芸众生中我们走到一起是一种缘分。对朝夕相处的同事，不妨打开自己的心房，敞开自己，接纳别人。要变文人相轻为文人相敬，悦纳别人的长处，送出自己的微笑，收获一定会丰厚。把学生当朋友，把学生家长当朋友，勤于沟通，你的生活一定会充满阳光。打开网络，和更多优秀的同行去思想碰撞，视野会变得开阔，胸襟也会更坦荡。

五是生活心态，找到自己的快乐。人生不如意者十有八九，关键是我们怎样去面对。当前有一个比较流行的词：活在当下。想想汶川的人们，想想波兰的总统，真的应该珍惜眼前。著名作家史铁生用他的经历告诉我们，其实活着就是一种幸福。当你为没有鞋穿而哭泣时，却发现有人没有脚。快乐要自己去寻找，幸福靠内心去感受。任云卷云舒，任花开花谢，太阳每天照常升起。

教师是太阳底下最光辉的职业，芬芳世界中我们应该庆幸能够在校园这方净土上思考、行走，调整自己的心态，幸福就在我们手中。

威信是潜在的教育力量

老师实施教育的过程，实际上就是老师影响学生的过程，这种影响有一种背后的力量——老师的威信。古人云："有威则可畏，有信则乐从，凡欲服人者，必兼具威信。"但是，大多数老师在与学生的相处过程中，只注重知识教学任务的完成，很少把自己作为一种教育力量去影响学生。

威信包括威和信，威是权威、威严、威望，通过老师渊博的学识建立权威，通过严格的管理确立威严，通过高尚的人格树立威望。信是信誉、信赖、信服，让学生能发自内心地尊敬、爱戴、佩服。苏联著名教育家赞可夫说："老师要有威信，假如没有威信，师生之间不可能有正确的相互关系，也就是少了有效进行教学和教育工作的必要条件。"威信，它是一个人的精神感召力。有威信的老师能够产生一种自然的教育磁场，即使老师不说话，学生也能闻其声。

老师管不住班级学生，老师对学生的批评教育毫无效果，学生对老师布置的任务置若罔闻，学生表现出对老师的无礼等，这些事件中可能存在有学生的问题，但我认为最关键的是老师在学生心目中没有足够的威信。学生刚进初中时，对每个老师都是充满敬意和好奇的，老师的威信自然存在。为什么有些老师感觉到学生越来越难管，老师的公信力在班级越来越差呢？也许老师只是嘴上的巨人、行动的矮子，对学生种种要求，自己却不能以身示范，学生慢慢就把老师的要求当作耳旁风；也许老师在教学中时不时地出现知识错误，不敢承认，试图遮掩，挽回面子；也许老师在班级事务中处理不当，引起大多数同学不满，老师却以权力一意孤行；也许老师看到学生中的不良现象并没积极处理，让有正义感的同学感觉到老师的不作为，整个班级风气出现问题。这些事情时时刻刻都在消减着老师的威信。

具有威信的老师首先要心中有爱，把学生放在心上，在与学生相处的过程中多从学生角度出发，学生感觉到老师真心实意的爱，才会有对老师深深的信任和爱戴。

其次，威信建立于老师对学生积极的影响中。著名的苏联教育家加里宁说："老师每天都仿佛蹲在一面镜子里，外面有数百双精致的、富于敏感的、善于窥视出老师优点和缺点的孩子的眼睛，在不断地盯视着他。"老师的一言一行都会通过学生的一面面镜子反映出来。若是老师总给学生负面的影响，是很难在学生中树立威信的。若是一个班主任进出教室几遍，对门口的一片垃圾视而不见，再安排学生去打扫卫生，学生多半不情愿。若是老师看到垃圾能够随手打扫，就会产生上行下效的积极效果，根本不需要老师发出什么指令。学生虽然不成熟，但是他们的是非判断力已基本形成，老师凡事以身作则，言行一致，处处给学生做出榜样，自然会在学生心目中产生威信。

再者，威信来自于对班级事务的科学处理。有的学生虽然犯了错误，但若感觉到老师对自己的歧视，甚至厌恶，他不仅不会反省自己，反而会对老师产生抵触情绪，这样只会让问题的处理更加糟糕。经常有老师抱怨，某某学生在处理问题过程中态度不好。老师们可以反思一下，在与这些学生打交道的时候，老师的心理和情绪表现得怎样，是否让学生有充分的信任。我在近20年的教育经历中有个体会，对问题学生的处理，最考验老师的智慧，处理得好可以树立老师在全班的威信，对班级管理起到积极的教育作用。相反，会在班级产生负面影响，降低老师威信，问题学生就会不断出现。读一读于永正老师的《我的教育故事》，书中叙述的故事都闪耀着老师对问题学生处理的智慧。

另外，建立威信的基础还在于老师的学识水平。作为传道授业解惑的老师，在知识水平上必然要让学生产生崇拜心理，若是在教学中经常让学生挑出刺来，学生学习中的问题不能帮助其很好地解决，也就不配“老师”一词了。若是班级的学生经常自豪地告诉同学，“我们语文老师随口可以吟诗”“我们数学老师真厉害”“我们历史老师上课从不看书本”“我们美术老师就是个艺术家”等，这样的老师多半已在学生心目中有了很高的威信。

威信并不是靠权力取得，老师若通过不平等的师生关系来建立威信，开始还可能有威无信，慢慢就会无威无信，最后老师的良好形象将会荡然无存。威信建立于师生相处的细节中，是对学生潜移默化的心理影响，老师关键是要做一个受学生欢迎的老师。

老师不能忽视自己的家长身份

因为自己是老师，往往忽视了以家长的身份去参加孩子的家长会，这其实是一种损失。参加家长会是另外一种了解孩子的途径，家长会上我才有机会和更多的家长平等交流。在生活中，我们往往习惯于保持某一种角色，其实每个人都担任着多种角色，不同的角色有不同的体会，也有不同的要求。

坐在儿子的座位上，我和其他家长一样，参与家长会的全过程，听学生们的班务小结，听老师们的考试分析，听家长们的家庭教育交流，从另一个角度了解到学校教育状态。刘舒展妈妈的发言给我留下了深刻的印象。从刘舒展妈妈口中得知，刘舒展进入初中时成绩处于班级靠前水平，但之后每次考试都有下滑，直到七年级结束，滑到了班级第 47 名。刘舒展和妈妈都着急起来，他向妈妈立下军令状，下次考试一定把成绩赶上来；妈妈则拿出更多的时间陪伴孩子，着力培养孩子的学习习惯。一般在孩子做作业的时候，自己也在一旁阅读，给孩子营造写作业的良好环境。为了帮助孩子建立学习信心，妈妈对孩子提出要求：简单的作业一定要独立完成，难一点的作业妈妈和孩子一起思考，妈妈和孩子一起都不能解决的问题就打电话问老师。慢慢地，孩子的学习习惯变好了，成绩开始上升，兴趣开始变浓。刘舒展妈妈说，一定要多鼓励孩子，让他在学习中尝到甜头，这样孩子就会越来越爱学习。就像大人打麻将，打赢了，就想再打再赢；要是输了，就会害怕再输；要是经常输，不仅对打麻将没了兴趣，还会破坏心情。刘舒展妈妈的比喻颇为精妙，道出了积极的心理学原理。刘舒展妈妈说，孩子成功是家庭幸福的源泉，看到孩子慢慢的进步，家长既放心又高兴，家长要把精力多放在孩子身上，不要只顾着去赚钱，教育孩子是比赚钱更划算的投资。家庭是孩子的第一所学校，家长是孩子的第一位老师，良好的家庭教育一定会培养出优秀的孩子。

刘舒展妈妈是位典型的农村妇女，没有太高的文化程度，讲话特别朴素，没有准备发言稿，但是讲起来却特别流利，满脸洋溢着幸福。我想，正是家长平时用心教育孩子，才有这么多的思考和体会。有时，老师们写一点教育叙事和反思都感觉很为难，和这位家长比起来，真是惭愧！我们的老师处在教育的一线，只要有思考，哪天没有教育故事发生呢？如说没有，只能说我们的老师对待教育和学生还不够用心。

我对刘舒展的妈妈充满敬意，因为她重视家庭教育，懂得家庭教育。在农村，像这样的家长寥寥无几，因为家庭教育的普遍缺失，学校教育有很多的无奈。环顾教室，超过半数是爷爷奶奶参加家长会。多数的爷爷奶奶溺爱孩子，孩子养成了很多不良习惯；孩子稍大时，爷爷奶奶不能和孩子更好沟通，失去监管和教育的能力，最多只能给孩子提供生活服务。家庭教育缺失，导致孩子生活习惯差，学习基础差，学校教育困难。初中是孩子成长过程中最关键的时期，习惯定型，性格定向，价值观定向，没有家庭教育和学校教育的联合，孩子的教育很难成功。

我的儿子也在这个班上，反思我对孩子的教育，虽为专业的教育工作者，却远远比不上这个家长。我陪孩子完成了多少次作业？我是否及时地鼓励了孩子，给他信心，培养他的学习兴趣？孩子到底有多少困难我帮他分析过？孩子身上有不少的坏习惯，我是否有意识地在帮他修正？说实话，很多时候，我总是借口自己很忙，对孩子毫无耐心，发现孩子的问题后只是粗暴地批评。慢慢地，孩子怕我了，什么话也不愿意和我交流了，以前热心的公益活动也不愿参加了。表面上问题在孩子，实际上作为家庭教育的责任人，我不也有很大的问题吗？

经常站在老师的角度去教孩子，在孩子面前，我却是不可替代的家长，我应该更多地从家长的角度去教孩子啊！感谢刘舒展妈妈的发言，在家庭教育上，她给我上了一课。

你愿意做寿先生的学生吗

《从百草园到三味书屋》是初中语文的经典，人到中年，阅读时似乎更能感受文章中的童真、童趣，丝丝甜味，拨动心弦。我至今记得学生时代读这篇课文的时候，老师给我们的结论就是三味书屋枯燥无味，文章通过前后的对比，揭露和批判封建腐朽、脱离儿童实际的私塾教育。那个时候人云亦云，书上说的就是真理，老师说的就是权威，而且什么东西都要披上政治的外衣，反封建，批私塾，给文章框上这样的主题就不奇怪了。

那么，学生们会有怎样的阅读感受呢？我在学生阅读的时候，设计了这样的问题：你愿意到三味书屋当寿先生的学生吗？

学生自主阅读，分组讨论，然后各组派出代表全班交流。

第一组学生的发言中规中矩，不喜欢到三味书屋读书，原因有四条：一是没有百草园的趣味；二是先生很严厉；三是读书的内容晦涩难懂；四是只有读书这一种单调的教学方式。学生概括全面，理由充分，我点头称赞。第二组学生站起来，表达了相反的观点：愿意到三味书屋做寿先生的学生，理由也很多，诸如先生博学、和蔼、三味书屋也有很多趣味等。有正有反，正合我的胃口，教材也需要这样辩证理解。令我没有想到的是后面六个组的发言，全部是一边倒地选择当寿先生的学生，各自也在阅读中找到自己的理由，大家对课文的分析从宏观到局部都有了清晰的把握。例如，觉得先生很注意教学方法，对“我”的要求循序渐进，注重对学生们以身示范；先生对学生们并不是死板要求，学生们可以在课堂上做点自己喜欢的事情，先生并非不知，只是不那样苛求学生罢了；三味书屋花园里寻蝉蜕、玩蚂蚁很有趣，可惜我们在学校既没这样的去处，也没这样的闲情。甚至于课堂上先生没有解答“怪哉”一问，学生也给出了很多解释，如不合时宜的提问，让先生不快；民间的传说，先生不愿意降低了身份作答；先生也不确定，怕误人子弟而不答……

我想，这就是原味阅读吧，没有老师先入为主的观念，学生表达最直接的感受。我感叹学生细致的阅读发现，更赞叹学生们不拘传统的个性观念。寿先生是个好老师吗？一位私塾的老方正，古板、迂腐，很难受到学生们的欢迎。为什么学生们从鲁迅的文字中能感受到这位寿先生的美好，甚至于想做他的学生呢？我想除了寿先生自身所具有的与一般私塾先生不同的人格形象外，还因鲁迅温情和幽默的笔触触动了学生们。

初次见到先生，是在文中第 11 自然段，他给人第一感觉是“和蔼”，加上先前所了解先生的方正、质朴、博学，我们可以想象少时鲁迅的幸运，而鲁迅也感受到这种幸运，燃起了求知欲，所以主动请教先生问题。对于先生的“不知道”，鲁迅立刻反省自己，而且为先生找到不作答的理由，“年纪比我大的人，往往如此，我遇见过好几回了”。鲁迅的这种叙述，虽然平淡，但对先生的恭敬之情却是隐匿其中。

在三味书屋的生活并不枯燥，一个后园给了学生们无穷趣味，折腊梅，寻蝉蜕，喂蚂蚁。先生对此是宽容的，说明先生对学生们玩性的理解；当然规矩也不能破坏，“太多，太久，可就不行了”，先生的人情味、灵活性由此可见。这样的老师放在今天不也是很受欢迎吗？况且在以体罚为主要教育手段的私塾，先生却是都不常用，惯用的“总不过瞪几眼”，绝无批评、奚落或挖苦，这样的老师今天也为数不多啊。作者轻松的叙述中，褒扬可见，决然看不到半点的反感和批判。而后面“人声鼎沸”的场景描写，更是透露出一种欢乐和风趣。为了迎合先生“读书”的要求，有假读的，有故意放大声音制造热闹的，有认真读以求先生对学生错误的原谅的……这样的场景，也是今天学生的写照，学生们读来既有心灵的共鸣，也有旁观的趣味。至于先生读书的入神，在学生们看来，那是自我陶醉，表现出先生的博学和投入。鲁迅以孩子的眼光、天真的笔触表现出的好奇，为先生的好印象再次加分。学生们一开始就站在童年鲁迅的视角，所以有了悖于传统的阅读感受。

少时的鲁迅不愿离开百草园，这是儿童的天性使然；对读书的抵触，也是玩性使然。而当他真正走进了三味书屋，却是走进了一片新天地，人生的启蒙从此开始。鲁迅成年后，和寿先生之间常有书信往来，鲁迅每次回家也都前去看望寿先生，可见在三味书屋的生活在鲁迅人生历程中留下了深刻印象，而且这种印象绝对是温情的、快乐的、甜美的，细读文字，我们就会发现作者细腻的笔触。

你愿意让寿先生做你的老师吗？在成人的眼里，这仿佛是个不可能的选择，但是站在学生的立场，在原味的阅读中，我们看到了学生们不一样的心灵世界。

怎么能忘记了阅读

打开书柜，发现尘封的书已有了很多。好多书籍，成了陌生的面孔。

很长时间没有坐下来好好读书了，整天地行走，不停地应酬，在办公室里也习惯于坐在电脑面前，于是忘记了阅读。大脑变得混沌起来，行动变得迟缓起来，语言变得干瘪起来，忘记了阅读，仿佛一场大病过后，整个人少了精神。

阅读能滋养人的生命。朱永新教授不止一次地告诉我们："一个人的精神发育史就是他的阅读史。""书卷多情似故人，晨昏忧乐每相亲。"静静地坐在书房里，翻开一本书，走近一个人，解读一段岁月，倾听一个遥远的灵魂对你一个人的窃窃私语，在细细品味中慢慢融入书中的宁静，在回味中享受那种悠然、超然、淡然的好心致，享受书魂、书香与书韵，享受书中的细节和感动。有时候，哪怕是一句话，一个词语，都可令读书人以为哲理无穷，视为至宝。这种享受，妙不可言，所谓"精妙处，忍不住击节叫好；伤感处，止不住泪眼模糊；激情处，耐不住拍案而起；谐趣处，憋不住哑然失笑"，在这样的享受中，我们会获得人生的超越，走出生活匮乏、单调、贫弱、苍白的状态。

阅读是最好的工作方法。成功的教育者总是与书相伴，程红兵老师说，24 年来，他一直在做着同样的事：爱书、买书、藏书、看书、教书、写书。李镇西老师在《语文教学通讯》上的"镇西茶馆"开得如火如荼时突然停笔，说要专心阅读三年。要是你了解李镇西老师的读书经历，就不会觉得奇怪，为什么他的智慧就像流水一样，源源不断，永远清新。当遇到现实的苦恼与障碍时，不妨阅读，书里面藏着生活的金钥匙。读文史，读文学，读时事，读哲学，凡能读的书籍，我们定能从中找到智慧。能成为省级优秀教师，我感谢陪伴我十多年的语文教学期刊；走向校长岗位，我庆幸我一直喜欢读《人民教育》。

我突然感到害怕，因为我最近停止了阅读。

阅读不是浏览网页，翻翻报刊。电脑总是诱惑太多，浏览网页不能让人静心，不能完全进入阅读之境；报刊总是内容太短，读不能让人尽兴，不能完全享受阅读之味。真正的阅读是要啃下几块“砖头”的，夜深人静之时，手捧书卷，除却历史与人文的书籍外，作为老师，苏霍姆林斯基、杜威、陶行知、魏书生、李镇西等人的书籍，我们是要好好读的，这里面不仅包含哲学思想，包含智慧，也包含很实用的方法。当阅读逐渐广泛，阅读的欲望会越发强烈。

阅读不是一种负担，也许最开始的时候，需要提醒自己阅读。当阅读成为习惯时，阅读又会成为一种享受。每天送走学生，回到宿舍，有些疲倦的身子倚靠床沿，手捧一本书籍，生命很快就会进入另外一种境界。

阅读，不能停止。因为忘记了阅读，就是停止了生长。

聆听班主任的故事

不当班主任不知教育味，这是身边一个老师说给我听的，我深以为然。魏书生说，做老师的不当班主任，就吃大亏了。遗憾的是，我没有当几年班主任，身边也不乏对班主任工作充满怨气的老师。班主任，到底该爱你几分呢？

理念决定行为

我去参加湖北省第三届班主任专业化发展峰会，主要源于对吴非老师的敬仰，想近距离感受大师的风采，聆听这位教育大家的声音。很早就知道这位江苏的特级教师，他有很多关于教育的批判和思考，他的文章，能让人感受到一位教育人的铮铮骨气；而思想与智慧的厚积薄发往往又让人回味无穷，豁然开朗。他一直坚守在教育的一线，直至四年前退休，他的语言是贴近老师的语言，不同于研究理论的教授，也不同于擅长行政总结的专家。

吴非老师的开场有些与众不同，他说，学校最可怕的现象是一群愚蠢的老师在辛勤地工作。不能找到正确的方向和科学的方法，老师越努力，对学生的戕害就越大。

我们身边是否有这样的现象：打着为学生好的旗号，不停地强加给学生这样那样的规矩和意识，学生泯然众人矣；为了知识巩固得更好，不停地重复这样那样的练习，学生成了做题的机器，失去了兴趣，也忘记了思考；事无巨细地管理班级，替学生考虑得十分周全，老师辛苦了，学生却丧失了自我管理的能力……

我们的工作应该具有怎样的意义？老师是传统意义的蜡烛吗？燃烧自己，照亮学生；或者是点燃一个个生命。是传统意义的园丁吗？拿着一把剪刀把学生剪成自己希望的形状；或者播下一颗颗种子。是人类灵魂的工程师吗？像工程师一样用模具制造出一个个产品，或者是唤醒一个个自我。老师更应像个种养者，对学生不是“管理”而是“培育”。培育的过程中，老师的品格和教养本身对学生就是一种影响。吴非老师讲到自己刚开始教书的时候，包里总是放着一本《新华字典》，遇到不清楚的字词随时查阅，小小的细节对很多学生产生了很大的影响，让他们养成了严谨做事的好习惯。

有时候，我们以成人的思维去实施教育，其实站在学生的角度往往又是另外一回事。20 世纪 80 年代，吴老师带着他的学生到城市里去参观博物馆，洁净的博物馆地面上，一个学生随口吐了一口痰。吴非老师觉得当众批评不合适，就当着学生的面拿出自己的手帕擦净痰渍，然后把弄脏的手帕丢进了垃圾桶，接着和学生讲了一番文化人要有素质、讲文明的道理。满以为这样的教育充满智慧，没想到 30 年后有学生回忆起这件事情时，就只有一个感觉，老师太有钱了——在 20 世纪 80 年代中期物质条件还匮乏的年代，老师竟然把手帕扔进了垃圾桶！吴非老师讲这个故事，本意是想说学生时时处处都处于一种教育场中，老师要有自己的智慧和素养。我同时也体悟到，教育更应站在学生的角度。我们成人一般具有了丰富的人生经历，思维方式也在学生时代固化而成，与现在的孩子看问题的角度和想法都会有很大的不同，所以教育的初衷和效果也会产生距离。《背影》这篇文章是中学语文教材的传统篇目，读书时老师怎样教学、文章带给自己怎样的感受，说实话我一点印象也没有了。倒是做了语文老师，越读越觉出其中的味道，然后就想把这种感觉传递给学生，可是，这些懵懂的少年能体味吗？老师的这种感悟能强加到学生身上吗？

教育要站在学生的角度，只有教育发生在学生身上，才是真教育。三年时间，学生慢慢成长，那种积极的影响是不知不觉的。但是，若是教育不当，哪怕只是一次，对学生的伤害或许就是终身的。那是 20 世纪 80 年代，吴老师学校的一个学生，对生理方面知识产生兴趣，不知在哪里找了一本民国时期的小册子，几个学生一起偷偷地看。没想到被老师发现，学校通知家长，处分学生，甚至于这个学生当年参加高考都因政审不合格而未被录取。30 年过去，这个学生事业有成。得知吴非老师病重，在间接征得吴非老师同意后前来看望。吴非老师尽管不是这个学生的老师，也不是当时处分这个学生的领导，但对这件事情刻骨铭心，当场提出向学生道歉。学生拒绝了。再谈及家庭孩子，这个学生竟然潸然泪下。原来那场处分让这个学生的家庭蒙羞好多年。而正是这样一件事，让这个学生成长受挫，产生了心理障碍，竟然不敢再面对女性。所以至今，他仍然单身。听到这里的时候，我的眼睛湿润了。教育面对的是一群心智并不成熟的孩子，犯错是他们成长过程中的权利，这是起码的教育常识，可是直至今天，还有很多老师没有明白这个道理。学生犯错时，老师往往觉得不可饶恕，甚至一棍子打死，哪管给学生留下伤害。

把爱给学生们

“言语与魔法起初是同一件事，直到今天，言语保持着许多神奇的力量。”弗洛伊德的这句名言也许没有多少人知道，但是言语魔法般的力量，每个人都会有所感触。通过言语，我们可以给别人带来极度的喜悦或最深的绝望；通过言语，老师将知识传授给学生；通过言语，演说家影响着听众，甚至主宰听众的判断和决定。言语唤起情绪，也常常是我们影响同伴的方式。言语是老师的武器，来自杭州的全国十佳班主任杨春林就是这样一位言语的高手。

教育要关注人性，更要研究人性。

如何做到这点，杨老师用了“赞起来”“玩起来”“送起来”的三字诀。在如何让学生获赞的问题上，杨老师把称赞作为一种技巧广泛地运用，即使言不由衷的时候也不吝赞词，另外还用多样的方法让学生变得优秀起来（班主任得有多样的方法）。例如他的“三自”班略：和学生一起制订班级“自约”，建立起班级核心价值观，让学生们懂得在班集体中自我约束；学生出现问题后，他通过“预约谈话”“责任方案”“课题研讨”等形式来促使学生“自省”；再严重一点，让学生整理一下“对话实录”，矛盾突出的时候，在班级搞个“模拟法庭”，从而达到“自理”的教育功效。当然，方法是无穷尽的，方法的背后是老师的情智，是老师对待学生的态度和老师言语的力量。一个请假回家返校的学生，找到老师，会说：“老师，我回来了！”敷衍的老师可能只会应声而已：“哦！”然后学生离开去教室。细腻的老师一定会用这样的语言：“好啊，欢迎返校！”这时的学生也一定会说：“老师，谢谢您！”然后鞠躬，高高兴兴地离开。不同的言语产生不同的教育效果。

问题学生哪里都有，但是换个角度去看他们，也许会有不一样的发现，能否以关怀怜悯之心去对待他们，也正是我们老师境界高低的体现。吴非老师讲到一个不起眼的学生的例子，班上一个学生突发癫痫，吓坏了年轻的英语老师，但是这个平时不起眼的学生马上指挥着同学们搬开桌椅，拨打120，通知门卫，其镇定自若的施救指挥让老师刮目相看。杨老师曾经带过一个班，班上有一个精神出现问题的棘手学生，这样的学生不仅给教学带来障碍，更重要的是在班级里就像一颗炸弹，随时都有可能引发各种班级矛盾。杨老师通过和全班学生讲述“3×8＝23”的故事引导学生们和这个学生相处，通过自己的包容和耐心让这个学生逐渐走向冷静平和，这个学生不仅平安度过高三，而且高考还考出了好成绩。当学生做出老师不理解的事情，当学生不按照老师的吩咐去做事情，当学生做事情达不到我们期望的标准，我们是简单地下结论，还是该换个角度思考？想一想，是他不够聪明，还是他懂的事情与你不一样？关键在于，老师是站在自己的角度，还是站在学生的立场。

会“赞”的杨老师，也会和学生们一起玩，玩得还有点疯。在杨老师看来，玩是学生们的天性，会玩的老师自然会抓住学生们的心。他不仅抓住学校组织大型活动的契机，带领学生们玩出风采，也会寻找其他机会和学生们一起玩出教育的契机。他也会对学生来点小恩惠，送给他们一些小礼物，在学生获得成功或进步的时候，给他们一点小奖励。投之以桃，报之以李，融洽的师生关系中，学生们怎会辜负成长！

美国作家盖瑞·查普曼写给夫妻的《爱的五种语言》，何尝不适用于师生关系呢？肯定的言辞，精心的时刻，接受礼物，身体的接触，服务的行动，当一个老师真心地为学生们做些事情的时候，教育也就不自觉地发生了。

成长才知其中味

优秀老师成长的路径都是相同的，那就是自我修炼。

40岁才开始学当班主任的潘颖老师，不到十年的时间，成长成为了有影响力的班主任。40岁，是一个人最容易职业倦怠的时候，尤其是觉得自己看破世事，又依仗自己积累了点经验的时候。若是心态不好，将自己定位为学校领导的工具，或是一头只会低头拉车的黄牛，对职业的感觉甚至上升到厌恶的程度。这是危险的，不仅是学生的不幸，对自己的身心也是一种折磨。

40岁时，短暂的彷徨后，潘颖老师开始寻找自己的出路。看书，上网，参加培训，成为了潘老师生活的新常态。怎么读书呢？一本好书需要反复读，读熟其中的经典，读透其中的感悟，读出自己的影子，慢慢地就读出了自己的想法，读出了自己的语言。好书不厌百遍读，像陶行知、苏霍姆林斯基这些大家的书，积淀了他们一生的教育智慧，没有反复地深层次地阅读，是不会理解其中的奥妙的。读书以后再和志同道合的同伴们在网上研讨，开阔视野，开辟思路，找到激情，找回年轻。于是，走出去，参加各种培训，得到大师的启迪和指点，最后也和大师们走到了相同的道路上。岁月能够让人变老，激情却能让人永远年轻。养生专家曲黎敏老师说，和喜欢的人在一起，做喜欢做的事，就是养生。走上班主任的研究和成长之路，潘颖老师仿佛停留在了40岁。激情不再是问题，事情也做得越来越有条理，班主任工作经过自卑、模仿、欣喜的阶段后，潘颖老师慢慢地有了更多自己的思考和尝试。

如果说潘颖老师的成长是自我觉醒，“80后”梁岗老师则源于对教育的痴迷。他是一个天才演说家，一出场就能抓住听众的心；他是一个痴迷的教育研究者，能够真正走进学生的心里；他是一个实践反思者，总是在否定之否定中前行；他是学生、同事心目中无所不能解决的岗哥。他认为，每个学生呈现在我们面前的部分都是一个碎瓷片，每个碎瓷片中都包含着孩子人格的全部，我们要像考古学家一样去发现，去了解，才能更好地教育。于是，他开始了德育“心”智慧的探索，建立起每个学生的心灵档案，通过碎片化的信息去找到孩子性格的形成原因，再施以有效的教育。这个过程是孤独的，于是学校出现了一个人的课题组；这个过程是疯狂的，以至于家里的油盐酱醋都有了教育哲理；这个过程是兴奋的，当一个个教育案例走向成功。

正当大家听得滋味甚盛的时候，梁岗老师却抛出这样一段话：“这就是教育吗？当大家都为我的工作鼓掌的时候，我发现这并不是我想要的教育，教育是否还有另外一种景致，于是我开始了教育探索的第二阶段……很遗憾，但是这种思维也给了我们足够的启迪。”“我相信，会有一个高度，让我看到不一样的风景。”在网上，看到梁岗老师这样一句话，我相信他的执着一定会让信念开花。

教育是什么？是不断地寻找，不断地发现，直至看到一点点不一样的风景。对教育的认识，我似乎有了一种新的领悟。

把心交给学生

几次考试下来，班级成绩不太理想，心中便有些负担，情绪也变得焦躁，每次走进教室，都忍不住和学生“火”上一阵。

几年来，我一直带毕业班，这次从起始年级执教，便暗下决心，把这个班级当作实验班，推行民主课堂，发掘语文趣味，丰富语文活动，发展语文特长，举办演讲赛、朗诵赛、故事会……一个目标，让学生感受快乐的语文，留下快乐的语文记忆。然而，现实总是输给理想，学生的语文成绩不仅没有在“实验”中提高，反而有些暗淡。

我总认为应试教育有诸多弊端，但只要学生语文能力提高了，也能适应考试，我不想把我的实验游离于考试之外，那样我没有立足的根本。

突然发现，把怨气撒在学生身上毫无益处，有的学生厌倦了，有的学生反感了，有的学生茫然了，有的学生沮丧了……反思自己，近一年来，心情杂芜，作风浮躁，不是学生辜负了老师，而是我在辜负他们。我对学生们说：“成绩不理想，老师责任大于你们，晚自习时我们做一次坦诚的交流吧。”学生们欢呼，他们没有失去对我的信任。

晚自习时，我首先反思自己，一是和学生们交流太少，几乎没有和学生进行课外的谈话，没有洞悉每个学生的心理，没有成为学生真正的朋友；二是对布置给学生的一些任务没有做很好的指导，作业检查也没有落实，没有掌握学生的学习状况。看到我的坦诚态度，学生们一改连日来的拘谨和惶恐。

“老师，您在课堂上越来越严肃了，让我们越来越压抑和沉闷，能不能多一点幽默，让课堂气氛活跃些?”

“老师，您总是给我们布置命题作文，有些题目没有材料可写，只有胡编乱造，甚至抄袭，作文越来越乏味了。”

“老师，您上学期还组织了几次语文活动，这学期一次也没有，你不知道，那是我们的最爱。”

“老师，您刚开始教我们的时候，您的智慧，您的幽默，您不一样的教学风格让我们觉得您是我们遇到的最好的语文老师，那时我们好骄傲。说实话，您现在教学好像有点心不在焉。”

“老师，您说好每周四给我们做社团活动，可是已经耽误好几次了，您说话没有算话，同学们都觉得您不守诚信了。”

…………

一字一句，一言一语，学生的话匣子打开了，我看到了他们朋友般的真诚。想起刚开始接手他们时的雄心壮志，我不禁低下了头。

教书是一项沉静的工作，实现教育的理想仅有口号不够，需要切实的行动，而且要让自己沉下心，静下来，真正走到学生中去。

师生关系就是教育质量，真正把自己的心交给学生的时候，学生也会把你当朋友。因为朋友的关系，他们会受你的影响，喜欢上你的课程。

写给一位调离的老师

一位老同事发来微信，我能感觉到她的兴奋。我有点好奇，坚决从我这儿调走的这位老师，肯定是遇到抑制不住的开心事了！原来，这位老同事到了新单位后忙忙碌碌，尽职尽责，多次受到表扬，要和我分享。

我也笑了。她在我们单位的时候，是一名音乐老师，其实也挺有价值的，每次学校大型活动的成功举办都少不了她的功劳。她前前后后，甚是活络，特别招老师们喜欢。不过一年好像就忙碌那么几次，更多的时候工作还是有点清闲。

“我看到了每个人的价值，而我却是那么落寞。”

“虽然教了那么多的学生，却没有一个可以称之为我的学生。”

这位老同事以这样的理由调到了一所小学，原本教音乐的她，改行教语文，当班主任，从小学一年级开始。当同事们知道她的这个决定后，都大吃一惊，放着比较轻松的“副科”不教，去追逐所谓的“教育梦想”，值得吗？

这位老师到了小学，担起了重任，真的是忙得不行。周末的时候还会拉起原来的同事帮她去做卫生，布置教室；每天七点以前到达学校，全天候地跟着学生，放学晚了，还要给学生们做辅导；每天晚上还要备课，那么简单的内容，得想办法让课堂充实起来；然后还要不停地和家长在微信平台上联系，回答家长们各种好奇的问题；为了筹备家长会，提前两个星期就开始焦虑地做准备……

差不多快累趴下了，不过看到学生仿佛自己的孩子一样，听到学校领导和同事对自己的一句句肯定时，所有的疲惫都烟消云散，整理好心情，每天都是新的开始。“人应该活得有价值一点，感谢城北校区带给我新的人生思考。”同事在微信中对我说。一直对该同事的“背叛”有点耿耿于怀，听到这话也就释然了。

城北校区成立两年多的时间里，大家激情满满。为了振兴学校的梦想，为了践行“把每一个学生放在心上”的诺言，为了追逐一种充实而有意义的教育生活，老师们拼了！负担普遍比其他学校老师重，还争相加班加点，给予学生更多的关怀和辅导。为了学校卓越课堂的建设，老师们走上对经验否定再否定的研究与重生之路。篝火晚会，师生共舞；运动场上，师生同乐；老师会上，智慧分享。微文化、好故事、微心愿、游戏课间、跳蚤市场、四维课程、三八节庆、毕业课程、游学实践……多彩的教育活动，带给学生丰富的成长体验，带给学校生机和活力，也带给老师们心灵的愉悦。这位老同事就是在这样的氛围中被感召，获得力量的吧！

刚好读到《做一个精神灿烂的人》的文章，文中说，精神丰富和灿烂，从哲学上看，阐释的是人生意义。该同事无疑是一个追求精神丰富和灿烂的人，舍弃闲散与安逸，选择虔诚，选择忙碌，在自己的教育责任田上辛勤耕耘。相信她不仅可以收获教育的香甜果实，也一定会收获不一样的人生意义。杨绛先生常说：“我是一滴清水，不是一滴肥皂水。清水，微小，但不渺小，它可以折射出阳光，照亮周围的世界；肥皂水，膨大，五颜六色，却瞬间消失。”这位同事也是在追求做这样的一滴清水，内心充盈，精神丰富。

我敬佩这位老同事人到中年的勇敢抉择，不忘初心，执着地追寻老师的意义。工作是一场修行，当你在工作面前意犹未尽，精神十足，你就会走向不同的人生境界。席慕蓉借用《贝壳》表达心志：“请让我也能留下一些令人珍惜、令人惊叹的东西吧！”其实，不忘初心，我们每个人都可以让自己的生命更精致，更仔细，更一丝不苟。

拿什么让学生留恋

让阳光洒满教育

当传统教育的种种弊端越发受到社会诟病的时候，有良知的教育人总是不断地反思和寻找。湖北省人大常委会副主任、长江教育研究院院长周洪宇认为，传统的教育正处于一种灰色带。学校工作不是面对全体学生，而是面对少数尖子生；不是促进学生的全面发展，而是偏重于智育。在智育方面，不是力图促进学生全面发展，而是偏重于知识传授。在知识传授方面，不是传授与生产劳动和社会实践相关的知识，而是偏重于那些与中考、高考相关的知识。越来越狭隘的教育内容与形式让学生感觉钝化、疾病增多、人格扭曲，很多学生患上了“灰色教育症”。

教育需要一缕阳光！

阳光教育，就是用阳光之心育阳光之人的教育。它是一种理念，强调在教育中注入阳光普照、温暖、多彩、生机勃勃的特征，让教育更加公平，更具活力；它是一种方法，要求学校、老师具有一种阳光气场，用爱心滋养爱心，用温暖传递温暖，用尊重播撒尊重，用智慧启迪智慧；它是一种过程，每个人沐浴在和煦的阳光下，彼此关心、关爱和关照，相互感染、相互呵护和相互促进；它是一种结果，阳光教育旨在培养出智、情、意和谐发展的阳光人。

阳光是老师的爱，“让阳光照耀到校园的每个角落”。每个学生都是渴望成长的独特个体，每个学生都是家庭的希望，教育理应关照到每一个学生。走进每一个学生的心灵，尊重他们，关怀他们，激励他们，给予阳光，他们就会灿烂。

阳光就是一个个学生，“每个人身上都有太阳，只是要让它发光”。2000 多年前的苏格拉底早就给了教育者睿智的点拨，教育就是让每个人发现自己身上的太阳，教育就是让每个太阳发出属于自己的光芒。美国当代教育家加德纳教授提出多元智能理论，为“每个人身上都有太阳”提供了科学依据：人的智能由语言、节奏、数理、视觉、动觉等多方面元素组成，智力并不能从某一个方面来评价定性。被老师定义为低能儿童的爱迪生成为大科学家，数学考零分的罗家伦成了清华校长，“弱智”的舟舟凭借音乐指挥棒走上国际舞台，文化考试不及格的运动员摘取国际比赛的金牌……他们都是一个个智者，都让自己成为了真正的太阳。身体好，心灵美，成绩好，习惯好，品德好……不拘泥于一个标准，每个人都可以做最好的自己。

阳光教育，就是给予师生阳光文化的感染，用阳光的老师引领学生拥有积极向上的人生观；就是给予学生多样的校园生活和丰富的平台，让学生认识自己、发现自己、欣赏自己、提升自己；就是让学校的管理走向民主与智慧，走向开放与和谐。

阳光是一种力量，阳光教育不回避考试的分数，但是分数的背后必须伴随和煦的阳光。什么是真正的高质量？学校应该有这样的思考：有多少学生因为这里的三年提升了生命的质量？有多少学生离开学校后仍然留恋？

阳光与教育断想

阳光代表着温暖、光明、公正、无私，教育也应该具有这样的特征，让每个学生在教育中感受温暖，在教育中化解混沌，享受到公平和无私，这才是教育的本意。

“每个人心中都有一个太阳，只是要让它发光。”教育的作用就是让学生知道自己的太阳在哪儿，怎样让它发光。每个人都是独立的个体，每个人都有独特的个性，每个人都有让人赏识的地方，帮助学生发现自己的特点，悦纳自己，这就是一个个太阳。

让太阳照耀到校园的每个角落，是教育诗意的构想。然而有阳光的地方就会有阴影。偶尔的阴暗不可怕，怕的是永远的阴暗。阳光教育就是让教育关注到每一个学生，关注到学生的每一个方面，关注到学生的每一个发展阶段，让教育中少有阴影，没有阴影。

太阳每天都是新的，教育的每一天也并非重复的繁琐。

自然的阳光每天都能沐浴，心灵的阳光却需要用心感受。内心充满阴霾的人，感受不到真正的阳光。

春日的阳光给人希望，夏日的阳光给人热情，秋日的阳光给人喜悦，冬日的阳光给人温暖。纵然是阳光，季节不同，给人的感受也不同。阳光本身没有变，环境变了，条件变了，阳光似乎也就变了。教育的艺术就如四季的阳光，并非只有热度。

没有人会拒绝阳光，也没有人想拒绝教育。但如果阳光太炽烈，或是太苍白，有的人也会拒绝，这是人之常情。

只要心中的阳光常在，即使阴雨的日子里，心中也有一片艳阳天。

阳光教育，就是让老师充满阳光。阳光老师会让阳光温暖自己，照亮别人；会把微笑永远挂在脸上，把幸福传递给同事，把快乐传递给学生。阳光教育，就是让学生充满阳光。阳光学生会让阳光激励自己，影响别人；把自信留给自己，把阴影抛在身后，向着太阳，永不认输。阳光教育，就是让校园洒满阳光。阳光校园是生命的校园，处处充满活力；阳光校园是青春的校园，处处洋溢快乐；阳光校园是和谐的校园，处处涌动幸福。

阳光不会因为树木的高大而给予它更多的阳光，也不会因为小草的不起眼减少对它的照耀，无私、公正，阳光总是这样。阳光不会因为麦穗的需求多而多给，鲜花的需求少就少给，公平、奉献，阳光也总是这样。

没有阳光，就没有生命；没有教育，就没有生命的质量。教育是同温暖的生命一起开始的，老师是人生幸福的导师。

最需要阳光的是心灵，最不能照到阳光的也是心灵。苏格拉底 2000 多年前就呼吁“认识你自己”“照顾你的心灵”，16 世纪法国人文主义作家蒙田曾说，“世界上最重要的事情就是认识自我”。认识自己的最好方法就是把阳光引入心灵，温暖自己，也照亮别人。

拿什么让学生终生留恋

本学年，我校提出了一个新的办学目标：办成一所让学生终生留恋的学校。学生离开了这所学校，仍然能够怀念这里的人和事；多年以后，谈起在这所学校经历的岁月时，能够有一丝甜蜜和感动；甚至在为人处世的时候，能够遵循在这里所习得的一些法则。我想，这就是让学生留恋的学校。

应试的环境下，学校和老师不得不戴着镣铐跳舞。用心良苦的学校和苦口婆心的老师往往忘记教育的理想，追逐眼前的利益——分数。于是，很多学校，占据了学生所有的时间，为了分数的提高，为了质量的排位；很多老师，绷紧了面孔，逼着学生学习。违背了学生的成长规律，违背了学生意志。分数是学生重要的目标之一，但若把所有的目标都瞄向分数时，这无疑是一种方向的错误。不可否认，很多学生获得了高分数，但他们对学校和老师毫无感情，甚至有着很强的憎恶感。殊不知，过分追求“分数 GDP”，破坏了学生成长的绿色生态，伤害大于收获。

在分数不可回避的现实中，我们当然要追求分数，因为这是为了把学生送到更好的平台，让学生在这个社会有竞争的基础。但是，在追求分数的同时，有很多不能忽视的东西，恰是这些东西，犹如晨露，滋润着学生健康地成长。爱因斯坦曾说，教育就是一个人把学校所学全部忘掉之后剩下的东西。

拿什么让学生留恋？我想首先是老师的人格影响。老师是学师，更是人师。初中阶段正是孩子从懵懂走向成熟的一段历程，性格、习惯、价值观在这个阶段逐渐成型，老师的人格会对学生产生直接的影响，老师的行为习惯也会不自觉迁移给学生，老师在关键时候的某句话也许会对学生产生终生的影响。一个能够在学生成长路上留下印迹的老师一定会让学生留恋。这种印迹可能是老师正直的品格，可能是老师对学生无私的爱，可能是教学中独特的方法，也可能是工作中负责的精神。学生们都有一双审视的眼睛，他们能筛选出心中的好老师，也会记得那些对他们真心好过的老师。

拿什么让学生留恋？我想需要丰富的校园活动。学生是一棵棵成长中的树苗，需要阳光，也需要雨露。每个走出学校的人都有这种体会，最让人难忘的不是课堂上老师的讲授，不是学习书本知识的乐趣，而是来自于校园活动中的情感体验。运动会上的泪水与汗水，文艺活动中的欢乐与笑声，这些往往会给生命注入强大的活力。回忆我的学生时代，没有哪一次课堂情境我能记得，但是第一次参加晚会登台表演时，从害羞到自信的心路历程我记得非常清楚。今天我走上校长的岗位，要感谢读中师时学校组织的兴趣活动，因为有了自己文化成绩外的特长，我有幸从乡镇调入市直学校，在市直学校，我有了更多的学习机会和更好的发展平台。现在，我校经过周密的谋划，终于开展起丰富的校园社团活动，学生可以选择自己喜爱的社团，如球类、棋类、艺术类、文学类等，我希望每个学生都能在这些活动中找到心灵的归属感，沉淀出美好的记忆。

拿什么让学生留恋？我想还在于学生之间美好的情意。初中阶段应该是没有任何功利心最淳朴的时候，学生之间的情意也最为真诚。学校应该营造良好的校风，让学生之间的交往更加纯真；应该给学生提供更多合作竞争的机会，让他们一起体验成功或失败。

前国务院总理朱镕基在回清华母校探访时说："水木清华，春风化雨；教我育我，终生难忘。"春风化雨，润物无声。学校教育若真正从学生的成长出发，给他们积极的人生影响，给他们健康快乐的校园生活，给他们受益终身的教育，他们也一定会留恋这所学校。

让学生多晒晒太阳

第一次和荆州教科院王佑军院长相识，是王院长刚担任荆州市初中语文教研员不久。王院长到我市指导一位青年教师教学的比武课，应我市教研员之约，我也参与了评课活动。也是我太过于直接，对那节课从理念到方法给了不少否定性的评价，我的点评还没完，那位老师的眼泪就哗哗地流了一片。我为过于激烈的语言感到懊恼，但是王院长却因此记住了我。

王院长第一次来我担任校长的八宝中学，发出感叹：没想到有这么诗情画意的农村中学！木栅栏、百花园、高大的香樟、笔挺的玉兰……听了学校关于阳光教育办学理念的介绍，王院长说，阳光教育就是让学生多晒太阳。

非常通俗的一句话，让我的思维一下子变得开阔起来。我想起武昌实验小学张基广校长的惊人话语，“素质教育就是让我们的学生今天睡好觉，明天不跳楼”；想起李炳亭先生对传统课堂犀利而尖锐的批判，“课改就是油锅里捞孩子”；想起我曾经参观的珠海容闳学校，学校下午开设的全部都是阅读、体育、艺术和活动课。教育规划纲要指出，要把学生的健康成长作为教育的出发点和落脚点；教育部颁发文件，要求每个学生都拥有两项体育特长和一项艺术特长；湖北省教育厅在全省推广“大家唱、大家跳”活动……但是，依然有很多教育工作者走不出传统教育的窠臼，把学生闷在教室里，闷在知识中，闷在狭隘的心灵世界。

教育需要阳光，阳光教育就是让学生多晒太阳。我们是否可以让学生多走出教室？沐浴阳光，望望蓝蓝的天，看看大自然的丰富多彩，也许在这种美好的感受中他们的心会变得柔软。我们是否可以让学生多走出教室？到树林，到田间，到工厂，到工地，看看劳作的大人，动手做一做，体验动手实践的过程，更体验那份用汗水谋生活的艰辛。我们是否可以让学生多走出教室？哪怕就是到学校的操场上，赛几趟跑，踢几脚球，打几个滚，任凭阳光静静地落下，润了肌肤，也滋养了心灵。我们甚至可以打破课程的束缚，美术课在室外写生，音乐课在草坪上合唱与舞蹈，劳动实践课不再纸上谈兵，生物课走到植物园，思品课到街上走一走。

走出教室，多晒点太阳吧！男孩子会因此多了阳刚之气，女孩子会因此多了灵秀之美！在有些病态的教育中，阳光是最好的补品。

他们并非不喜欢阅读

学校是读书的地方，但校园里很少听到琅琅读书声，也不见学生三五成群捧书而读的情景。偶尔在课堂上发现一两名窃读的学生，内容不是魔幻便是言情，书名之惊悚往往让人大跌眼镜。

学生基本上是不阅读的。即使是语文课上，老师要不厌其烦地字词讲解、课文分析，然后复习备考，学生读书的时间也是寥寥。有限的课外时间被一部分习题占有后，学生们看看电视，上上网，做些娱乐，一般再懒得去阅读。学生时代不阅读，成人后更是没有读书的习惯。一项权威性的全国国民阅读调查结果显示，高达九成受访者认为自己的阅读量“很少”或“一般”。我国民众每年人均阅读量仅有 4.5 本，远低于韩国的 11 本、法国的 20 本、日本的 40 本、以色列的 64 本。

朱永新说：“一个人的精神发育史实质上就是一个人的阅读史；一个民族的精神境界，在很大程度上取决于全民族的阅读水平。”一个不读书的民族是不能真正变得富足和文明的。当我们悲哀于整个社会的物质日渐丰盈却坠入道德低谷，乃至乱象丛生时，当我们慨叹一些国民精神世界贫瘠苍白、缺少理性思考能力，身在价值多元、信息混杂的环境中很容易偏激、盲从、冲动行事时，当我们屡屡从媒体上看到中国人在国外那些不文明的言行举止时，我们很少想到，这可能正是缺少静心阅读的结果。一个民族的精神要由贫瘠到富足，一个社会要重建起理性秩序、理想信念和稳定价值观，培养阅读习惯，无疑是一条便捷、有效的路径。

对于成人不阅读的理由媒体做过调查，提及的主要原因为没有时间、娱乐方式多元化、图书质量差、没有读书环境等。在我看来，不阅读，关键原因是在青少年时期没有养成阅读习惯。

当前基础教育功利化是一个不争的事实，学生大把的时间用在了应试之中。学校重视学生的全面发展，按照素质教育要求开齐这样那样的课程，有限的课外时间又安排了学生体育锻炼、综合实践和艺术培养等活动，学生可以自由支配的课外时间越来越少。已经疲惫不堪了，谁还喜欢阅读？阅读在学校已经被淡化到不重要的位置，谁还有兴趣去阅读？所以，学生的知识面越来越窄，学生作文中的无病呻吟和新八股越来越多，学生中有心理问题的越来越多（阅读是最好的心理疗伤方式）。学生除了知道考试要考高分，有几个人能想到“诗和远方”？没有阅读，就眼前而言，失去的是知识的宽度；长久而言，失去的是生命的厚度。

但是，怨不得学生。学生不阅读，并非学生的主观问题，认真反思，是我们没有给学生阅读的时间。

从这学期开始，我校在课表中加上了一节阅读课。到阅览室了解情况，一个多月以来，没有哪个班级落下一节阅读课。每次阅读课，学生总是飞快地跑到阅览室，生怕耽误了一点时间。“喜欢阅读吗？”“喜欢啊！”我随意问了几个学生，原来一直以来他们不是不喜欢阅读，而是没有时间。六年前，我曾经到广东珠海容闳学校，了解到每天下午 3：00—4：00为全校阅读时间，学生在教室里阅读，老师在阅览室阅读，我当时羡慕至极，看来只要愿意，我们也可以做到。

网上开始出现呼吁加强母语教学的声音；联合国把每年的 4 月 23 日定为“世界阅读日”，越来越多的中国人开始重视这个日子；全国政协常务委员朱永新从 2007 年开始每年都递交了设立“国家阅读节”的提案；据说有些学科的教学要淡化，考试的难度要降低，学生的负担要减轻。如果可以，学校每天让学生都有一节课的阅读时间，其中的教育价值一定会大于有些学科的教学。

当我们的学生有了阅读的兴趣，养成阅读的习惯，未来我们的民族才会真正富足。

让学生因为遇见我们而感到幸运

有老师感叹：现在的学生很难教!

在信息泛滥、思想多元、个性张扬的时代，学生不再把老师当作偶像，不再把老师的教诲都奉为真理，按照老一套方法肯定是难教的。

当然也有不少老师，享受着教育的幸福，其秘诀就是老师不再把自己当作圣人。放下尊师的架子，收起紧绷的表情，改掉尖刻的语气，保持容让的心态，在良好的师生关系中，学生未必就是不可调教的少年。

我们无法改变学生，但我们可以改变自己。不一定非得学生来适应我们，我们也可以去适应学生。“每个人身上都有太阳，只是要让它发光。”我们根本不需要给予学生什么，只是帮助学生去发现，他的太阳在身体的哪个部位，然后告诉他：这就是太阳，太阳能发出光芒。

“教好每一个学生”也许是一种理想，现实中我们并不能按照我们的标准把每一个学生都教好。但这句话应该根植于每位老师心中，成为每一位老师的工作理念。这是我们对教育的执着追求，对社会的承诺，也是对自己的鼓舞。因为相信每个人身上都有太阳，我们才有教好每一个学生的底气。因为这句话，我们的学生会感到蓬勃的力量，读懂老师善意的目光，他们不会轻易放弃；因为这句话，我们会感到职业的光荣，好学生教好并不难，难的是教好所有的学生，我们要有这样的勇气和信念。“好”的标准并非只有一个，多个角度量一量，多个位置测一测，我们的学生都可以成为好学生。

柳宗元在《种树郭橐驼传》中道出种树的诀窍：“能顺木之天，以致其性焉尔。”要想种好树，就要顺应树木的天性，若是不能顺应天性，“虽曰爱之，其实害之；虽曰忧之，其实仇之”。十年树木，百年树人，人同树理，有的树需要阳光多一点，有的树需要雨露多一点，有的树还需要特殊的养分；有的树能长成参天大树，有的树能形成风景，有的树能结出果实，顺乎天性，每棵树都能长出自己的姿态。

一个人遇到好老师是人生的幸运，只要我们比别人多些对学生天性的认识，多些对学生成长的期望，多一片教育的阳光，幸运就会发生在学生身上。

考试何必这么难

中考接近尾声，老师们开始谈论考题。

物理老师们同步参加了中考，感叹题目真会拐弯，老师也难保不出错。监考老师反馈数学考试的情况，几乎没有学生把题目做完。数学老师们感叹，后面的大题真较劲，即使成绩最好的学生，也没有空闲的时候。

毕竟是选拔考试，没有一定的难度肯定不行，可是在大喊减负的背景下，考试题目却是越考越难。英语老师说，书本上的知识基本掌握，学生考试只能得到20%的分。数学老师说，只学书本的内容，最多只能考及格。所以，虽然课标调整了，教材删减了，学生的负担却是减不下来。只要考试可能考到，老师就得不断地补充，学生的负担就会不断地增加。

怪得着学校和老师吗？多加点时间，多做几个题，就多几分考试的把握。学生在考试面前不断遭遇失败，着急的家长能让学生轻松吗？于是，很多学生都上课外补习班。一切都是考试在作怪。

学校组织老师们到外地学习后，要求老师们按照外地的课堂进行课改，其中核心的内容就是要放手组织学生自学。老师们比较后告诉我，别人的学生学好了课本知识就能很好地应考，而我们的学生把课本知识学得再好，也过不了考试关，我们的考试比那些课改区难啊。我们的课堂需要老师做大量的拓展才行，一语道出真谛，考试制约着课改。

为什么总要这么难呢？殊不知，很大一部分学生就是在一次次考试失败中丧失了学习兴趣，尤其在社会看重的数学和英语学科上，学生不知花费了多少课外精力。

一位学者到美国考察教育，在八年级的数学课上看到美国教材，非常惊讶："学得太简单了！这些内容我们的学生早在小学阶段就学完了。"这位学者认为他们的课堂虽然充满乐趣，却教得太浅、太少。美国的老师反问了一句："对于八年级的学生来说，学数学的目的在于形成初步的数学推理能力，如果用简单的内容可以达成，为什么要让学生花那么多时间，费那么多心思，受那么多打击，学那么难的内容呢？"死做题，做死题，中美课堂的差异，就在于教知识与教能力的本质区别。实际上很多专家已经看到这些问题，着手课改。

考试考些拐弯抹角的死知识有何用呢？能够用一般题目考查学生的能力，何必考得让学生不能动笔呢？

考试题目难度降不下来，学生的负担就减不下来，真正的素质教育就无法推行开来。因为只要考试选拔制度存在，让学生考高分就是学校最大的责任，加班加点加负担就在所难免。而降低考试难度，不是几句行政口号就能落实的。不仅需要专家们更专业的研究能力，更需要断掉考试背后的利益链，让学术成为纯学术。

不妨把难度降一点儿

质检考试后，老师们谈起考试试卷，再次用“难”来形容，据说理科试卷还用上了奥赛题。试卷难度偏大，是出题人对课标、教材研究不够，对国家反复提出降低考试难度的意旨领会不够。难度不降低，学生负担自然不能减下来；况且在教材难度已经降下来的情况下，考试难度不降，让老师更加无所适从。于是老师不得已增加这样那样的教辅，以补充教材；学生不得不花费更多的课外时间补充习题，从而侵占休息、锻炼和其他不需考试的科目的时间。学校再好的办学理念都成为一句空话。

考试难度一大，学生中就会出现两种极端，对于学习有追求的学生来说，遭遇挫折自然是一次不小的打击。昨天有家长来学校咨询，说孩子考试过后情绪不佳，是不是题目太难，能不能请老师和学生沟通一下。对于学习敷衍的学生来说，干脆懒得动笔，学习动力被销蚀得一干二净。昨天亦有两名学生想着法儿捣蛋，直接让学校开除他们，班主任无可奈何，哭笑不得。

分分分，学生的命根。考试的指挥棒直接决定着老师的思想行为。纵然教育行政部门三令五申，纵然教育专家们苦口婆心，考试不改变，一切都是枉然。如果考试题目不超越教材内容，我想师生的加班加点不需要，各种教辅不需要，学生在学校的负担自然能减下来，自然能够拿出更多的时间去锻炼，去阅读，去动手实践，去发展自己的特长，去体验社会生活。

学校不能为考试所累，前提是考试不要那么折腾人。

曾担任教育部副部长的文学大师叶圣陶先生，有着从民国时期走到国家改革开放的人生经历和教育情怀，曾在20世纪70年代痛心抨击考试，连续发表《学习不光为了高考》《考试》《再谈考试》等文章，文中质问道："考试和分数成了学生最重要的事，但是这些考试的目的何在？要考查什么？"这些问题的答案，就连他这个教育部的副部长也不清楚。"中学生为什么要学，老师为什么要教，为什么要考试，这都是应该认真考虑的问题。"叶圣陶在《教育与人生》中指出，教育的根本目的就是为了人生的发展。从不同角度说，教育是为了做人，教育是为了生活。而当今的教育讲技巧比较多，讲道比较少。叶圣陶认为，若教育的方向错了，知识技能再多，也不能发挥好的作用。

平时考试的目的是什么？

和某局长谈论起他的儿子。孩子读初中时成绩很一般，倒是不时的调皮捣蛋被请家长。以"三限生"身份到一中学习，依然秉性不改，不时调皮，家长没少烦心。现在读大学了，局长说，孩子像变了个人似的，经常打电话问候父母，特别讲孝心、讲感情。而且很会规划自己的人生，准备出国留学，很有主见。从他孩子中学阶段的表现看，似乎很难想象他今天的发展。实际上，中学阶段的优秀学生在后来的发展中输给那些并不出色的学生的不在少数。我对局长说，幸好那时孩子的个性没有被家长和老师完全泯灭，否则孩子的一辈子都够家长操心的。局长说，那时他们还是很民主，没有过多地责怪孩子，也没有逼迫孩子学习。

过重的负担压迫着学生，学生的童心不再，个性不再。不少农村学校的学生，特别是那些成绩优秀的学生，他们没有自己的特长和爱好。也许今天他们的分数能够带给学校骄傲，但是明天在不需要分数的社会环境里呢？叶圣陶说，教育就是养成习惯，习惯的养成即自我教育的机制形成，这便是基础教育的任务。比如，体育就是养成锻炼的习惯，智育就是养成思考的习惯，这样的教育才是把最根本的内容给予孩子。

不可把握的考试难度，让老师把握不住教学的方向，只有不断地拓展加题，生怕漏掉了考试题，结果忘记了教育的本意。

在我看来，义务教育阶段的考试不能超出教材范围，题目的难易度应该以教材上的练习为标准。若此，学校才能腾出更多的时间做些对学生成长有益的事。

教育公平的注脚是“适合”

在公平教育成为一项基本教育政策后，再提实验班实在是有些不合时宜。以往的实验班，几乎也就是重点班，一部分成绩好的学生凭借成绩进去，另一部分有钱、有权、有势、之人亦可进班，自然让弱者感觉到一种歧视，教育也确实显得不公平。然而，取消各类实验班，是否就一定教育公平呢?

何为教育公平？它不是物质的平均分配，每个人的生长环境不一样，发展的目标也不一样，因此对教育的需求也不一样。完全的平均分配，必然会导致需求少的人过剩，需求大的人不足，表面的公平，对照不同的个体并不公平。就好似喜阳的农作物平均给它雨水，喜雨的农作物平均给它阳光，只会影响农作物的生长。社会主义初级阶段的分配原则是“按劳分配”，依据这种分配原则，学生学习也是一种劳动，根据不同的劳动效益来决定教育资源选择权才是真正的公平。甚至于共产主义阶段的“按需分配”，根据学生需求来分配教育资源，也不是当前义务教育特别是初中阶段学生入学的“一刀切”。这种公平，忽视了优生的发展。毕竟老师要考虑班级大多数学生的学习状况，这些学生会经常遭遇吃不饱的情况。而对于基础较差的学生，老师的要求又往往过高，这一群体不仅学习吃力，长期在压抑的环境中，还容易滋生出自卑的心理问题。

2000多年前的孔子就提出“因材施教”，每位学生如同森林里的各种植物，个性特点完全不一样。遵循公平原则，给他们相同的空气、阳光、雨水和养分，他们也绝对得不到相同的发展，乔木、灌木仍然各具形态，这样平均着力并不能改变他们的个性特点。

200多年前，在工业革命的影响下，夸美纽斯发明班级授课制，随着社会的进步和多元化发展，这种授课制的弊端逐渐显现。特别是大班级的环境中，老师的分层教学难以落实，关注到每一个个体更是不易。若一味地强调表面公平而忽视学生的个性特点，实际上是最大的不公平。在我看来，根据学生不同的特点分成不同层次的班级，采取分层的教育，才是真正遵循教育的规律。另外，当今基础教育正处于改革与调整之中，新教育探索不断，编排实验班开展教育实验，走出传统教育的禁锢，大胆创新，也不失为一种办法。

追求教育公平中操作层面的公平正义是必须维护的。例如严格招生制度，实现考试公平；均衡学校资源，减少择校现象；转变教育观念，公平对待每个学生等。至于在学校里面按照学生的个性特点编班，老师分层因材施教，并非就是不公平的教育现象。相反，科学的分层教育才能保证对每个学生的公平。在《人民教育》上我看到关于山东潍坊广文中学的报道，该校数学班、英语班、情态强化班等各类个性班级让学生自主择班，提出“只有适合的教育，才是最好的教育”。我想追求教育公平的路上，不能片面理解公平的含义，因为教育公平的注脚是“适合”。

评估太细，学校难出特色

又到了学校接受评估的季节。

几个校长会后嘀咕，几十页的评估细则，项目细化到学校工作的每一个细节，一般的分值都以小数计算，完成这些规定工作都需花费大量的精力，哪还能追求特色。

每学年一次的学校评估，是上级行政部门给学校办学质量定性的评价，一项项分数积累，居前列者给予表彰。校长们不能不在乎，因为这关系到学校荣誉，也关系到个人的工作价值。教育局各部门科室也在乎，在学校的工作中是否受重视，一项评估就可得出结论，于是各科室把想到的设计的各项工作也都装进了评估细则。

在我看来，这样的评估，看似是对学校系统完整的评价，有其合理性；但是过于细碎的工作指向和要求，往往会束缚学校的手脚，让学校没了个性。为了迎合评估要求，学校好好组织的校本活动不得不停下来，按照细则上的规定项目再去组织；本来通过甲种方法做成的事情，学校必须补齐上级指定的乙种方法的资料，方能得分；有的临时抱佛脚，全校动员，集中演练以迎接评估，结果打乱正常的教学秩序。层层传导下来，校长成为了落实上级工作要求的学校行政长官，以绝对服从为准则落实上级要求即可，不需要有自己的想法；老师们的工作指向也非常清晰，就是完成细则中的一项项工作，以评估得分为目标，育人的目标反而抛到了脑后。工作的创造性没有了土壤，也没有了价值。有时候甚至于让人混淆不清，办学是为了完成上级任务，还是教育孩子？尽管上级领导也会说落脚点在教育孩子，但是过于繁琐的细节要求，最后只能让人产生应付心态。

对于这样的评估，我认为可以再做些完善。

减少评估项目，重点指向学校办学规范和特色发展。依法办学是学校第一要义，是学校做好一切工作的基础，也是学校应该遵循的基本规范。学校哪些规范执行到位，哪些没有到位，甚至还有哪些办学违法的事情，应该纳入教育评估之中。学校发展有何亮点，有何特色，可以成为评估的重点。通过观察很多特色品牌学校的成长路径，我发现它们往往是从某一方面工作突破，比如课改、德育、校园文化、特色项目等方面，然后实现学校整体品位的提升。至于达成目标的方式与方法，各校可以各显神通，上级行政部门大可不必以系统的细节要求来整齐划一。在评估检查方式上，也不能只看校园单方面的数据，通过社区、家长等渠道获得的信息一定会更客观，而社区、家长对学校的评价对学校的发展会更有意义。

行政转身，强化服务意识。简政放权、服务社会成为当前行政部门改革的要求，教育行政部门更应该遵道而行，确立服务意识，切切实实为基层学校提供方便，排忧解难。当前的评估和检查，有对学校的督导之意，但似乎更是为了突出各个部门和科室的领导地位。工作布置下来，然后检查评估，实际上是牵住学校的“牛鼻子”。各位校长都是上级认真遴选出来的，都应该有各自的思想和能力，给他们更大空间去作为，也许比有些领导坐在办公室的思考更有实际意义。行政领导们若是立足于做好指导和服务，做好后勤保障，学校也许会更有个性和特色，更符合教育发展要求。

另外，学校要坚定教育之道，校长还要淡化名利之求。学校服务的对象是学生，学校只有真正站在学生的角度，才会有教育的质量。无论东西南北风，学校应该坚持办学宗旨不变，也许偶尔会有学校荣誉奖牌的损失，但只要立足于学生的健康成长，坚持正确的发展方向，学校一定会走向最终的优秀。这就要求学校坚守教育规律，不急不躁；根据学生成长规律，开展有价值的教育活动；坚定办学理想，拥有不断创新的事业热情。若此，学校的特色自会显现。

学校不能作茧自缚

朋友在市内的一所三类高中上班，所教学生的成绩状况可想而知，朋友为此经常头疼。据说，我校原有一位优秀老师调入该校，既进了城，又升了级，待遇自是不差，但是两个月后，该老师硬是回到了现在的乡村初中，原因是教那些学生不知往何处用力，完全没有老师的成就感。

朋友颇为无奈，为了生计也不得不委曲求全。学校管理倒是一流，虽然只有三类的学生基础，学校规范要求上却是超过了很多一类学校，这里面不乏对老师的严格要求，譬如女老师不能穿裙子，学校风雨无阻地在操场举行升旗仪式，老师违规一律经济重罚等。但是三类学校毕竟是三类学校，考入该校的学生的起点一般都在中考总分的及格分以下，这些学生基本丧失了持续学习文化知识的能力。朋友告诉我，一次考试下来，150 分的数学试卷，30 分就算有效分了。然而就是这样一群学生，学校领导在大会小会上高喊着，要考取多少本科！真不知道领导们是出于怎样的判断，追求这样的升学率才体现办学水平吗?

据我了解，很多家长选择这所学校，是看重这所学校的管理，希望孩子能健康地成长，养成良好的习惯，掌握某种技能。硬是指着高高挂在树上的苹果，怂恿学生们去摘下来，结果苹果没有摘到，个个摔得头破血流。老师们感到很无奈，逼着学生学习，学生便嘲笑老师："您是不是怕我们考不好得不到奖金啊!"老师苦笑，硬着头皮逼学生，于是受不了的学生纷纷退学。据说，该校每年退学的学生就不下 200 人，几乎每天都有学生在离开。

我真的是不理解了，学校招生花了很大功夫，结果对学生的离开却不在乎。像这样的学校该如何定位办学的水平呢？在我看来，追求升学率，无疑是拿了短板和别人比拼，只能让更多的学生有挫败感，感到前途渺茫。不如换种思维，这些学生大多习惯不怎么好，学校就育其习惯，好习惯可是终身受益的；这些学生大都会成为普通劳动者，学校应该多给他们社会实践的机会，培养其动手的能力；这些学生大都在学习上遭遇过失败，不如多组织校园活动让他们获得成就感。多元智能理论告诉我们，智商并不只有文化成绩可以判定。很多成功者的案例告诉我们，在一个人奋斗打拼的过程中，情商、意商远比智商重要。对于这些文化基础知识薄弱的学生，我们何不去着力开发他们其他的能力，或者在培养情商、意商方面做点尝试呢？

教育的质量不仅仅体现在升学率，培养学生们健康的体魄、良好的习惯、积极的价值观、正确的思维方式、基本的动手能力，远比分数有效得多。至于精深的数学推理能力、流利的英语表达能力的培养，社会精英可以，普通的劳动者大可不必在这条道路去碰个头破血流。事实是很多学生在这些学科上败下阵来，承受失败，丧失学习兴趣，而这些知识的学习也仅仅是为了应付考试，与生活、工作基本不相连。对于这样的学生，逼着他们学习文化知识，逼着他们去考本科，学生怎不累？老师怎不累？学校怎不累？

教育不是万能的。如果每个学生都可以培养成英才，每个人都要上大学，学生一点点的问题就是学校的责任，那永远只是教育理想。不如多一点对现状的思考，多一点对学生个体的思考，多一点切实的定位，这也许更符合教育的本质和规律。

校长眼里不能只有分数

校长的行政化特点很难让校长们不功利化，好不容易被教育局任命为校长，总要拿出点成绩来回馈，最快最直接的成绩莫过于分数了。对分数的追求本也无可非议，毕竟在当前教育体制下，分数能够解决一些问题。只是过分的追求不免会产生很多极端行为：牺牲学生的休息时间，早晨6点不到起床，晚上11点才睡觉；占用学生的锻炼时间，打了折扣安排在课表上的体育课仍被挤掉，更不用说没有上课表的大课间了；大量的资料印发，实施题海战术，仿佛只有不断重复地练习才能让学生牢固掌握；强迫学生学习，体罚应运而生，对学生心理造成伤害……也许分数上去了，但是学校的教育只剩下分数。

这样功利化的教育对学生的健康成长有害无益。中小学生处于生长发育的关键时期，长体长心长智，健康的身体需要充足的休息和适当的锻炼，健康的心理需要愉悦的环境和正确的引导，聪明的才智也不是分数能换来的。可惜很多校长忽视了这些基本的道理，分数至上，分数为大，分数就是命根，不惜损害学生的身心健康。网上流传一篇《是“人办”还是“神办”》的博文，文章介绍了一位校长引领的一所名校监狱般的管理和神话般的境界，这所学校创造着巨大的社会效益和经济效益。有良知的人摸摸胸口，就知道这种学校的管理实质是对人性的摧残。再看看我们周边的学校，尤其那些所谓的名校又何不同出一辙呢？只是管理还没达到“神办”的境界。有位教研员评价某校：“常规管理已做到极致，所谓‘极致’，就是对学生时空的管理已没有缝隙。”

国家中长期教育发展规划明确提出，要把学生健康成长作为学校一切工作的出发点和落脚点。简单地追求分数，尤其这种违背教育规律、忽视学生健康成长的做法与国家教育的目标宗旨背道而驰。

校长眼里只有分数，必将抹杀老师的职业幸福。老师传道授业，本是富有智慧的劳动，无奈分数至上，必然和学生死磨滥缠，创造性的脑力劳动变成单调乏味的体力劳动；学生也不领情，时不时对老师的要求打些折扣，甚至跟老师唱反调，最后破坏了老师心情，师生都不愉快。这样学校的老师没有几个不喊累的！

校长眼里只有分数，也定会扭曲学生的价值观。复旦大学校长杨玉良就曾在第四届复旦基础教育论坛上痛批教育功利化，他说："我深刻地感受到现在许多学生对成功的理解非常偏颇……总希望找秘诀，走捷径。""我们培养的学生，要有对个人、对整个国家、对人类的责任感。如果学校教育只注重知识，不重视德性培养，那么培养的人越有知识，越可能成为社会的祸害。"分数至上的学校，学生忽视友情，藐视公益活动，甚至于有的学校，专门挑选那些成绩差的学生当干部，做劳动，参加学校活动。难怪很多考入好学校的学生毕业以后对母校并无感激、眷念，原因在于学校在功利化的教育追求中，也给了学生功利化的价值观影响。

校长眼里只有分数，说到底是一种不道德的教育行为，它以损害学生利益来成就少数人的名利。拒绝功利化，从教育的理性出发，多去研究教育规律，多去思考教育策略，多去为学生的健康成长着想，用校长的办学智慧赢得高分数，用学生全面发展的好素质衬托高分数，这样的学校才是道德的学校。

教育的大背景是改不了的，但是既然当了校长，就不能泯灭教育的良知。保持教育人的情怀，用真情面对那些鲜活的生命，你就不忍心让孩子们"在油锅里受煎熬"。

好教育是做出来的

再一次地捧起《为什么是抚松》这本书，跟着作者的描述，也似乎走在了抚松的土地上，崇山峻岭，山路崎岖，星星般的学校散落在一片片林海雪原中……很难想象，在这样一片土地上，发生着教育的奇迹：100％的学生诵读经典并能背诵几十篇到几百篇美文佳作，100％的班级有合唱活动，100％的学校建立了课外活动基地，100％的专任老师参与教科研，90％的校长都有到北京、上海等大城市学习的经历。他们的学生走上了中央电视台星光大道，学生合唱团参加了世界级的比赛，年年有学生被清华、北大录取……

一组组令人艳羡的数据，很难让人与抚松联系起来。抚松教育，中国乡村教育的一个奇迹与例外。

但是读完全书，你决不会认为这是一个奇迹，抚松的教育是一种必然，必然的背后是因为有那样一群痴迷教育的教育人。心存信仰，心无旁骛，心有大爱，好教育就会自然而生。

校长坐正位置。抚松的校长们也曾经连学校的校训是什么都不知道，也曾经沉溺于日常的事务不可自拔，但是在陆世德局长上任以后，校长们都被逼上“梁山”。首先是校长们的听评课，把校长们逼进课堂，让校长们研究课堂，研究教学，研究学生，通过拉练式的听评课，让每个校长都成长为课堂专家。继而，教育局又把校长们带到北京、上海的院校，带到江苏、山东等课改名区，开阔了校长眼界，逼出了校长的思考，一支铁军校长打磨成型。校长们读书了，对教育的理解更深；校长们学会了反思，对工作的创新多了几分；校长们改变了，一所所特色学校随之而生。

不一样的课堂。学校任何的改革，核心都在课堂；学校办学的成就，核心体现在课堂。陆局长带领校长们打出了一套课改组合拳：第一步是“洗脑”，带领校长和老师们到课改学校现场体验；第二步是砸掉讲台，让老师融入学生；第三步是出台规则，告诉老师们该怎样做。也曾经有老师应付检查假实验，也有家长担心学生成绩，也有上级领导直接地批评，也有校长打退堂鼓……但是凭着执着和务实的精神，抚松终于叩开了课改的大门。这是解放思想的大门，让所有老师抛弃几十年的教育观念，改变沿袭几十年的工作方法，无疑于一场教育的革命。很多时候，我们是不是缺少了这种决心和傻劲？我惊诧于抚松教育局的文件中对课堂要求那么细致，对课堂的描述那样具有煽动性。例如：“小组合作学习的每组人数以 4 人为宜，一般不超过 6 人；小组内分工要明确、具体；要以适合开展合作、交流而安排座位。”“生命化的课堂是以爱育爱、以情激情的精神世界。老师要心存真爱，让学生在爱中成长，在爱中懂得爱，珍惜爱，理解爱，学会爱，付出爱，在教育过程中发出不竭的爱；老师要有激情，只有老师充满激情，才能激发学生的激情，才能催生灵动的思维，才能燃起智慧的火花。”在这样的氛围中，抚松的课堂迅速改变，只用一年多的时间，课堂便成效显著：课堂上学生活跃了，学习主动了，负担减轻了，效率提高了，师生关系融洽了……抚松教育散发出她的魅力。

课程中的秘密。如果说课堂是教学改革的主阵地，那么特色课程建设则是教学改革的自留地。李希贵说，只有有了课程的特色，才会有学校的特色。自留地是学校特色发展的空间，抚松教育的成功还在于推出了一大批有抚松味道、抚松气质的特色课程：抽水学校的经典诵读，每名学生积累诗词曲 300 首、成语典故 3000 条、名言警句 1000 条、古文美文 100 篇、名著 100 部；泉阳小学的读书派对，小学毕业达到 1300 万字的阅读量，学校通过晋级考试来考评；第四小学的科技玩家，他们的学生在全国科技创新大赛总决赛中获奖；所有的学校开设合唱课程，任何一个班级都是一个合唱团，随时都可以拉出来展演……传统文化在这里得到继承，教育创新在这里得到体现。

文化体现内涵。学校的发展，最终是一种文化的发展。抚松的学校从校训的刷新，到环境的建设，到节庆文化的设计，到班级管理的创新，既有文化的核心价值，又有文化的实践体现，真正达到了育文化人的教育功效。校训不再是挂在墙上的呼号，从“练好每一招”“用心去做”这些朴素的语言中看到东北教育人的实在与实干；从“江南园林”“世外桃源”这些美丽乡村学校中看到了他们的用心经营；从“创意的开学仪式”和“感人的退休仪式”中看到了他们对教育的虔诚。

教育是缔造春天的事业，只有心怀虔诚，才能缔造出教育的春天。我惊叹抚松教育的成就，更惊叹那群痴迷的教育人，他们用热血、才情、智慧、精神打造出了中国最美的乡村学校。

这般赶考又为何

学校几十个学生被家长牵着跑到邻县的一所高中赶考，以考取该校的“火箭班”。该校这几年在荆州颇有名气，高考成绩一直在县市同类学校中排第一。第一的背后，我认为一是该校严格的管理，类似于初中学校，对学生时空控制得很“到位”，让学生走偏的可能性很小。另外一个原因就是该校在周边县市招收了不少优质生源，一加一减，高考本科上线率自然高出周边县市学校。

其实这里边有不少的学生已经被地市高中预录，有十多个同学还被预录到我市只有 30 人一班的“名校工程班”，按照一般的情形，进入这样的班级，就已经进入重点大学的预备队。为什么要东考西考、舍近求远呢？我看一是迷信使然，二是跟风所致。

近日从新闻报道中认识到安徽省六安市毛坦厂中学，该校万人参加高考，被誉为“高考工厂”，也有人称之为“集中营”“地狱”。报道说，毛坦厂中学连续四年本科上线率 80%以上，其中重点本科上线率 20%以上。学校受家长追捧的程度在媒体眼中如“神魔”一般。可以想象，一个只有 5000 人口的小镇，每年高考考生 1 万多人，该是何等火爆。以 2014 年为例，99 个班级 13000 多名毕业生。对教育比较了解的家长也许能从这些数字中得出信息：一是重点本科上线率并未创造所谓的神话，20%的重点本科上线率在一般的重点中学应该问题不大；二是人数如此庞大的校园，学生的校园生活会好吗；三是一个班级 100 多名学生，老师真的能关照到每一个人吗？当然，毛坦厂中学能被如此信奉，肯定是有它的“绝招”的。“绝招”之外，有几个因素也不可忽视：第一，良好的备考氛围，众多学生是背负着高考成功的信念去的，一般学生都有了心无旁骛的备战高考准备。加上学校的励志活动，周围同学的夜读苦战，肯定能够给人感染。第二，家长的付出，“陪读的家长七八千人”，三年抑或四年，家长该是付出多少精力和财力？即便如此，上重点本科院校的概率如何呢？人人能上本科吗？每届亦有 2000 多名学生考不上本科，不知道这些学生和他们的家长是否后悔当初的选择？即使有“神话”，未必每个人都是“神话”。

一所学校毕竟不是工厂，不可能制造出一条标准的流水线，让所有的学生都符合标准。学生的成功与环境有一定的关系，但更多的取决于学生的内在因素。我校每年都有最优的学生考入省城高中，最后高考成绩也有泯然众人的，并没有因为读了最好的高中就必然胜出其他的同学。有些学校在宣传时善于蛊惑人心，让人迷信，那些着急、焦虑、茫然的家长自然容易中枪。

当然也有家长跟风，谁家的孩子去考了，我也去考；听说某校怎样怎样，于是趋之若骛。在升学竞争、就业竞争愈演愈烈的社会，大多家庭就一个孩子，这是万万输不起的。输不起怎么办？那就让孩子赢，赢在起跑线上。至于跑道是否适合，家长们并未思考。“我要应付高考，只能这样。要说错，也不是应试教育的错，社会给我们的考卷就是这样的。如果进不了大学，我一个高中生出去打工，说什么综合素质呢？”一个考生如是说。在这个全民追逐高考的时代，家长力图把孩子送到最好的学校上本没有错，但若从适合的角度分析，很多家长的选择并不明智。

最近有两则报道惹人瞩目：一是温州高三“学霸”高考前投河自尽，留神秘数字密码；一是武汉市某中学17岁高三“学霸”面试前突然精神崩溃，无缘名校。万人艳羡的“学霸”，一旦走偏，后果也相当严重。孩子的成长，关键在于心理的成长，如果自己有学习的原动力，练成“学霸”，自然是好事；如果是出于环境的压力，父母制造出的“学霸”，也许就只是个学习的机器。我们的家长大都习惯牵着孩子的鼻子走，将父辈祖辈们的某种价值取向转嫁给孩子，或者让孩子去实现自己未曾实现的心愿。那么，对于家长的这种思考判断，孩子认同吗？孩子能与家长共鸣吗？

初中到高中，是学生成长越过的一条大坎，家长慎重对待是必要的；但过分焦虑，迷信与跟风，让孩子也变得惶惶然，或者选择一条并不适合孩子的路，也许就得不偿失了。

体罚之法当休矣

中国素有“棍棒底下出孝子”一说，前段时间，关于“狼爸”教育孩子上北大的新闻成了人们议论的焦点。“中国狼爸”萧百佑崇尚体罚，“三天一顿打，孩子进北大”，而他的四个孩子中，确有三个进了北大。在崇尚民主个性的美国，也出了一位“虎妈”，写下一本《虎妈战歌》介绍她的强制教育，受到国人的追捧。传统的教育方法中，面对不听话的学生，老师敲打几下，是很常见的事，有时也很奏效。

我记得我的成长就与棍棒离不开关系，小时候特别贪玩，父母亲因为家庭负担繁重，没有时间管教我们，我们几个孩子经常犯错误。我七岁时下河戏水，没被淹死，却被父亲罚跪写下了人生第一份检讨书。后来不知道什么事情违背父亲意志，就被父亲罚在烈日下跪几个小时，差点晕过去。经常的惩罚倒是让儿时的我不敢过分贪玩，到了初中有了勤奋学习的习惯，成了村里少有的中专生。邻居们都说，我们几兄弟今天还有点出息，就是小时候父亲打出来的。

在学校里，我也被惩罚过。读小学三年级的时候，一次作业没有完成，数学老师把我们几个同学揪到前面，让我们两两相对，互相揪着耳朵往后拉，看谁能成为赢家。天真的我们使出浑身力气，个个面红耳赤，耳朵都拉变了形，最后不管赢家输家还是被老师钉了几“刮公”。幸好我们那时粗粮吃得多，耳朵长得紧，要是今天的孩子，绝对要把耳朵拉掉下来。老师的体罚让我们生出敬畏之心，作业是不敢不完成的。

后来参加了工作，我也体罚过学生，罚站，揪耳朵，罚抄作业，敲

"刮公"。愤怒的时候，面对不听话的学生，似乎别无他法，更多的时候，确实是抑制不住烦躁的心情。刚参加工作时，初当班主任，班上老是有学生的东西被盗，甚是恼火。我发誓抓住小偷，给学生们一个交代。于是每天在学生就寝之后，蹲守在我班教室附近，终于在一天夜里抓住了偷东西的学生，不分青红皂白，几耳光扇了过去，直到那个学生求饶才作罢。第二天，竟然看到学生脸上有我打过的指印，心里恐惧了好一阵子。好在没有家长来问理，但心理阴影总是挥之不去，后来登门向家长和学生道歉后才算放下了这件事，从此也记住了这次体罚。

再后来，禁止老师体罚或者变相体罚的规定越来越多，"体罚"也就成了教师行业中一个敏感的词语。随着对"人"本身关注越来越多，人们民主维权意识越来越强，体罚处处受到批判。从法、从理、从情，体罚都应该被摒弃了。且不说令人发指的幼儿老师虐童事件，打开网页，输入"体罚"二字，这样的新闻每时每刻都在更新。体罚后产生家校矛盾的，引起学生辍学的，老师被停岗的，甚至因老师体罚导致学生自杀的……这些导致严重后果的体罚事件层出不穷，至于老师揪揪学生耳朵、罚抄几遍作业、带到办公室里罚站之类的事就很常见了。

该罚吗？有时真感觉不罚不行。对于有些顽固、老是改不掉身上坏习惯的学生，对于那些品质出现问题又屡教不改的学生，甚至谩骂侮辱老师的学生，"罚"确实是一种办法。不罚不但教育目标不能实现，而且老师的尊严受到挑战，老师人格受到侮辱。也不乏那种学生，因为老师一次体罚性教育，幡然醒悟，走向良性发展，对老师终生感念的。但是，"罚"也真不是办法。从教育的角度，真还没有几个学生是被老师罚出成效的；从法律法规的角度，体罚是违法行为，只要学生一追究，老师就只有被告的份，任凭再多的解释也不起作用。

社会走向文明，人们法治民主意识不断增强，各个家庭的教育观念不一样，对孩子的期望也不一样。老师一味拿着成才的标准去要求每个孩子，一定要学生达到理想的教育高度，不切实际。

体罚表面是为了学生好，但是站在不同的角度来理解，就有不一样的答案。老师觉得尽责了，家长也许认为你侵权了；老师觉得是为了孩子好，家长认为你伤害了孩子的心灵。看似一份好心，最后落得被学生怨恨，被家长敌视，被学校处罚，最大的受害者其实是老师本身。当然也有老师教育方式简单粗暴，个人不良情绪泼洒到学生身上，体罚就是对学生的伤害。

事实一次次证明，体罚伤害了学生，也伤害了老师自己。多一点宽容与耐心，多一点教育的艺术，体罚之法当休矣。

为什么总有学生辍学离开

我曾经描述了这样的教育理想：

学生在这所学校完整地度过三年，有快乐，有痛苦，有成功，有失败；

不一定每个人都学有所成，但是他们对学校对老师充满感激，充满留恋；

他们是带着感动和不舍离开这所学校；

多年以后他们仍能回忆起这所学校，能说起一些值得回味的细节；

…………

只要不是痛苦，谁都愿意记忆。初中时代是一个人成长中蜕变的一段历程，或好或坏，总是能够给人打下些较深的烙印。

每当学生中途退学离开，他们都会让我的神色有些黯然。其实，临近毕业的孩子，多几天少几天的学习，对他们已经无所谓。我所在乎的是，他们应该度过毕业前的最后时光，这不仅是法律赋予他们的义务，也是每个人都应有的人生经历。“长亭外，古道边，芳草碧连天。晚风拂柳笛声残。夕阳山外山。天之涯，地之角，知交半零落，人生难得是欢聚，唯有别离多。”那种紧张与伤感是一种纯美的记忆。无奈的是，面对学生离开的坚决，我所有的劝说都很苍白。甚至于有学生家长打电话到我这儿：“您别留我的孩子了，孩子读不完初中，我们不怪学校，不怪老师，只怪孩子读不进去，就顺他的意吧。”

我也不能断定读书究竟能够改变这些孩子多少命运，作为义务教育的守护者，我只是有一种忧虑。

是读书改变命运的神话破灭了吗？今年获得诺贝尔文学奖的莫言，小学五年级辍学，18 岁到县城干活，20 多岁离开家乡去当兵，历任班长、保密员、图书管理员、教员、干事等职。从那时起，作家梦熊熊燃起，一封封的稿件投向编辑部。1981 年，莫言发表了第一篇短篇小说《春雨夜霏霏》。谁能想到，30 年后，他竟登上了文坛顶峰，捧回诺贝尔文学奖，让国人解气了一把。很多人便思考，要是莫言接受系统的学校教育，读完文学博士，他的创作成就是否会更高些？有人问，为什么得奖的偏偏是个小学都没有毕业的人呢？当很多农村家庭看到辛辛苦苦培养出的大学生在找工作路口上艰难抉择时，当他们拿着微薄的工资还请求家庭资助时，当看到邻家那个初中未毕业的孩子已经在外面打拼得有模有样时，他们读书的念头确实动摇了。

是教育本身出了问题吗？教育到底应该教给学生什么？学生应该有怎样的学校生活？在理想与现实的博弈中，眼前的分数追求占据上风。培养了 19 位英国首相和 36 位维多利亚十字勋章获得者的伊顿公学，在近 600 年的时间里，一批批 13 岁的稚嫩男孩进入伊顿，经过 5 年的摸爬滚打，他们学会了勇敢、尊重、团结、合作，完成了他们生理、心理、知识、体能、思想和社会责任感的全面成长。而我们，过于强化知识的重要性，忽视孩子的多元发展；或者重视了孩子的多元发展，文化考试却给了孩子更大的压力。当把每个学生的分数拿着一起比较时，逼着每个学生都要上重点上大学时，那些弱势学生怎能承受这种压力。全国首届教书育人楷模于漪在谈到对孩子的培养时说：“不是所有人都能培养成科学家、尖端人才……每个孩子的天分不同，强扭的瓜不甜。大多数孩子都是普通人。”我们总是拿着英才的标准去要求所有的学生，自然而然就有了很多的“差生”。而具有讽刺意味的是，不少的“差生”竟然成为了事业的成功者。爱因斯坦曾说，教育就是当一个人把在学校所学全部忘光之后剩下的东西。可是，很多的学生，除了学习知识，他们还学到了什么？影响成功的重要品质，比如诚信、勤奋、敢于冒险、积极进取，等等，在学校有限的校本课程中，也总是被边缘化。

是学生自己出了问题吗？不得不说，不少的学生从进入学校第一天起就落下了差距。因为家庭环境的差异，很多孩子已经输在了起跑线上。留守的孤独吞噬了他们的斗志，迷幻的网络模糊了他们的理想。毕节的五个孩子，让人扼腕心痛的同时，也给社会敲响了警钟。他们的老师也曾经苦口婆心，曾经多次从逃学的路上把他们找了回来，他们执意而为，学校奈何得了？曾经有个学生，在学校抽烟被发现，要请家长，学生威胁老师，请家长就不读书了，老师只能妥协。还有不少的学生，运动场上跑两圈就站到旁边休息，作业找同学一抄了之，考试的时候干脆睡起觉来，对于犯下的错误不觉羞耻，不计后果地要找人拼命……专家们说，没有教不好的孩子，只有不会教的老师。也许有名师、名生创造了教育的奇迹，但那绝不是教育的常态。面对问题学生，老师多数的时候是无奈。其实，若是家长给孩子的退路少一点，不让孩子从小就有那么多的依赖，在孩子成长的关键时期，多一点陪伴，也许孩子在吃苦、自立、上进方面会强很多。

辍学的事情还在发生，我能够做的，就是这些学生要离开的时候，和老师一道真诚挽留。若他执意离开，我再送给他祝福。

他们的梦想在哪儿

“我的梦，中国梦”，开学第一课，这个选题很切合学生实际。学校组织全校学生集中观看，很多老师说，看得有意义。

每个人都是有梦想的。

记得我们小时候，最大的梦想就是像解放军叔叔一样，穿着威严的军装，手握钢枪。也有很多小朋友想当科学家，搞创造发明。尽管梦想如梦一般，很多的梦想不能实现，有些梦想也在不断变化，但因心中始终有梦想，生命充满了期待和活力。

遗憾的是，现在很多学生，心中没有梦想。我时常跟学生交流，当问及他们以后想干什么的时候，一般的回答是不知道。即使成绩好的学生谈起自己的人生梦想时，也需花好长时间思考一番。更不可思议的是，我问一个刚接到大学入学通知的学生，他也不知道未来要干什么，未来怎么办。莫非，现在的学生都没有梦想？

梦想，一个美丽的词汇，确实离学生越来越遥远。我想，他们之所以丢掉了梦想，不外乎这几种原因。一是家长包办得太多。学生们一路走来，都是按照家长的思路亦步亦趋，没有自己的意志，也就没有自己的梦想，关于未来干什么的大问题，也许只有家长们才能回答。二是学习的失败。应试的过分追求，使学生们不得不面对最现实的分数。当一次次考试亮起红灯的时候，学生们的童心和信心也就慢慢磨灭了。最后破罐子破摔，沉迷于网络，或是用一些违纪的异常举动来引起别人的关注。他们对生活少了热爱，对自己没有信心，梦想也就没有了。三是过重的学习负担。今天的孩子，虽然条件普遍比“70后”“80后”小时候优越了很多，但压力绝对也大了几倍。因为压力，他们只能应付眼前的事，不停地写作业，不停地参加各种培训，走着脚下的路，却不知道要走到哪儿去。别人说，考高中考大学，于是每个人都这样追逐，以至于刚刚考入大学的高中毕业生，也说不出自己的梦想。

很多学生如机器一般，在外力的作用下转动。很感动那两个断臂的少年，一个用脚弹奏出优美的旋律，一个用脚画出优美的弧线。因为心中有梦，为自己而活，他们活出了人生的精彩，身体是残缺的，生命却是圆满的。李连杰在事业的顶峰，做起了公益事业的梦，于是生活有了新的激情；马云在实现自己的一个个梦想之后，做起了民族梦，瘦弱的身躯变得挺拔起来。民族的发展史上，一代代人在梦想的感召下砥砺前行。

梦想，可能是现实的，比如让家人实现健康的愿望，期末考试考出优异成绩的愿望；也可能是理想化的，比如梦想人类没有战争，梦想自己像比尔·盖茨一样成为世界首富。但只要有了梦想，人生就有了航标，生活就有了力量。众多的梦想汇在一起，如一幅彩色的图画，可以让生活充盈起来。

可是，他们的梦想在哪儿？我想开学第一课的班会还要开到学生中来，借此唤醒学生心中的梦想。一个没有梦想的人是可怕的，没有梦想的人生犹如陷入黑暗的泥淖。没有梦想的学生，不可能发自内心地努力，也不会有对生活、对身边人、对大自然强烈的热爱，因为一个人成长最原始的动力还是来自内心丰富的情感。

当学生面临成长的难题时，当学生用敷衍的态度对待生活时，我们不妨和学生谈谈梦想，谈谈那些实现梦想背后的艰辛故事。

校园生活给学生留点什么

几个初中同学聚在一起，聊到了 20 年前。

20 年前，我们临近毕业的日子里，几家欢喜几家愁，几家繁忙几家闲。毕业后，我和耀才考上了中师，算是第一批跳出农门的同学。但今天，当年的成绩已经不是话题，随便几个同学坐在一起，没有自己事业的还真没有几个，企业老总、酒店老板、金店老板、高级白领……资产过千万的也不乏人在，我和耀才早已没有当年成绩的优势。不过同学在一起不谈这个，谈人生经历，谈人生体验，谈昔日校园里艰苦而又幸福的岁月。

谁喜欢了哪个同学，谁特别讲究爱打扮，谁哪次调皮被老师批评……年少的记忆氤氲在心中，回忆起来都是趣味和美好。

罗虹，昔日的班长，读了大学，落魄了好长时间，后来在深圳发展，最近在苏州创建了一个年产值几千万的科技公司。

看着一桌酒席，罗虹讲到了初中时吃饭的故事。那时总是吃不饱。吃饭的铃声一响，几百人冲刺般地奔向食堂，席长领来饭，八个同学团团围住，每人一双筷子，抢住自己的“地盘”。弱小的、本分的同学即使抢也只能抢到那个薄薄的、硬硬的角落（盘子蒸饭放得不平整米少缺水所致）。抢住“地盘”还不算，还要看着席长怎样用筷子分割下去，最要命的是最薄的角落往往又被斜掉那么一点。其实，谁厚谁薄一般都难得吃饱，正是长身体的年龄，饭不够量，就着一点咸菜，又没有油水。我至今记得看着别人买零食吃时馋的心境，夜里因为羡慕有钱的同学在那个叫“必武”的铺子买回烧饼而煎熬好长时间。讲着讲着，罗虹的眼睛就湿润了。那个时候，邓猛是家庭条件较好的一个，商品粮户口，可以用粮票换点加餐票，他和罗虹是从小学一年级升起来的同学，两个人形影不离，是最好的朋友。罗虹说，每次邓猛说没吃饱，就约罗虹去加饭，然后把加饭的四分之三给了罗虹，自己只留一点点。那哪是邓猛要加饭啊，完全是为罗虹加的饭。20 年了，仍然刻骨铭心。

罗虹又说，回忆起初中同学那种情真意切的感觉胜过了后来高中、大学同学，他感觉很奇怪。我说，看过一篇文章，有专家分析初中阶段的学生刚打开各自的心门，开始真正走向这个世界，眼睛里没有点滴沙子，只有单纯的友谊。十四五岁正是把友情看得胜过一切的年纪。这与后来心思复杂与利益冲突中所接触的朋友有着很大的不同。初中的同学即使几十年不见，偶然相遇在某个街头，也会觉得如至亲一般。没有遮掩，没有设防，有的是那段纯朴又有几分激情的年少记忆，而时光越久远，这份记忆便越发醇香。

初中的校园生活，虽然艰苦，但最值得回味。

已为人师，又做校长。比起这些同学，少了人生打拼的跌宕起伏和风起云涌，是一种遗憾。但留在了最让人回味的初中校园，看着年少的学生们在三年中发生的变化，不时把自己也带入那段纯真的岁月，是一种难得的幸福。

作为校长，我不自觉地又升起一份责任：今天，我该如何让学生对初中生活有更多的回味和留恋？

教育该怎样触动学生

中考临近，听到老师们越来越多的议论：学生的学习太被动，即使非常简单的学习任务学生也不能完成，不少的学生坐在教室目光迷茫，没有学习主动性。每次考试下来，不及格的人数在增加，低分大面积存在。这是一个可怕的信号，老师们无可奈何，校长更是感到焦虑。甚至有的老师说，学生未老先衰，精神懈怠，我听得更是紧张。

有点危言耸听，但翻翻学生的考试卷，看看学生课堂的表现，我大吃一惊。毫不夸张地说，好多学生停止了学习，有的在老师的强压下，只是为了完成任务。

不可否认，社会原因给学校教育带来影响，留守儿童增多，离异家庭增多，物质生活变得丰富、网络世界对学生的诱惑等使学生学习成长的动力变弱，学校单方面的教育力量过于单薄。但是，从另一角度来思考，教育本身亦有很多的过错，比如教育体制的问题、学校评价的问题等。不过这些我们暂时无法改变，能够改变的只有老师的教育观念和教育方法。老师们已经很敬业了，争分夺秒地运用时间，不停地找学困生落实学习任务。只是，仅仅凭着强制的办法已经不能解决学生的根本问题。我时常和老师们探讨：我们该怎样触动学生。

终于，我在林格先生《教育是没有用的》这本著作中，看到了一种解答。“教育是没有用的”是一个巨大的叛逆。然而，细细思考，我们现在的教育发挥了怎样的作用呢？林格先生做了一个形象的比喻：摁着牛头吃草。如今的教育，真有许多摁着牛头吃草的情形。一厢情愿地训练“牛嘴”要张开多少度、如何吃草，殊不知“吃草”是牛的本能！人天生就具有学习的本性，人人都在不知不觉中学会了说话，学会了走路，学会了与人交流。可是面对学校教育，许多学生怎么就苦不堪言呢？这是教育方法出了问题了。一味“灌输”，把“草”一起往“牛嘴”里塞，既不管牛吃草的愿望，也不管哪些草合牛的胃口。强摁着牛头，只落得一身疲惫。更可怕的是，牛不管是否乐意，被强摁久了，失去了吃草的本能。

怎样把知识变成学生内心渴望的青草，是所有教育者期待解决的问题。著名特级教师贾志敏说：“成功的教育应该是无痕的。一旦成人摆出教育者的架势，居高临下，盛气凌人，要求孩子如此，不准孩子那般，其时，双方就处于不平等的地位。被教育者往往会产生逆反心理和抵触情绪。这样的教育，必然会以失败而告终。让孩子在宽松、愉悦、无拘无束的状态下，给他讲一则美丽的故事，剖析一个动人的事例，告知一条感人的新闻，以启迪孩子的智慧，点燃他心中的火花，激发他强烈的求知欲望，让他自己明理，往往会收到意想不到的效果。”贾志敏老师这段话巧妙地告诉我们唤醒学生的道理。

遗憾的是，很多老师在教学过程中太过于单刀直入，直接追逐教育目标的达成，忽视了作为学习主体的人。有一个有趣的故事：一位老人遇到了麻烦，每天都有一些顽皮的孩子聚集在他家附近，向他的房子扔石头。老人想了很多办法来阻止他们，叫警察，打电话给孩子们的父母，大喊大叫地威胁他们，但都不奏效。相反，孩子们似乎更加起劲，扔石头扔得更欢了。经过思考，老人将孩子们召集到一起，对他们说：“我现在慢慢地喜欢你们向我的房子扔石头了，为此我愿意向你们付钱，每人每天一块钱作为回报。”尽管这个承诺在孩子们看起来很离奇，但他们仍然非常高兴地接受了这个协议。于是，孩子们每天都在约定的时间里来向老人的房子扔石头，老人也如约付给他们每人每天一块钱。这样过了几天，老人又把孩子们召集起来，对他们说：“很抱歉，最近我的经济出现了一些困难，我无法每天付给你们一块钱了，每人每天付给你们五毛钱怎么样？”孩子们当然很不乐意，但他们嘀咕了一阵子后还是接受了老人的条件。又过了几天，老人再次对孩子们说："最近我的经济状况实在糟极了。我连付给你们五毛钱也无法办得到，但我还是愿意付给你们每人每天一毛钱，你们看怎么样?"孩子们很快交换了一下眼神，其中一个打破了沉默："别想得太美了，谁会愿意只为了一毛钱干这种苦差事?"就这样，孩子们再也不来扔石头了。开始的时候，孩子们扔石头是出于内在动力的驱使，扔石头让他们觉得新奇、好玩。因此，那位老人越管，他们就越逆反。可是，从老人给他们第一笔钱的时候，这些孩子扔石头的动机就发生变化了，他们所做的事情再也不是源于兴趣，而是从内心的渴望转变为外来金钱的刺激。当外来的刺激变得越来越小，甚至消失的时候，扔石头的行为也就失去了激励因素，其结果就可想而知了。

教育走向成功，必须从改变学生的内心开始。林格先生说，教育不是靠吹胡子瞪眼，教育者必须有一颗柔软的心。柔软的心来自于我们对学生生命的自觉关怀。反思我们的教育，道貌岸然的说教，无法触动学生的内心。反思我们的教学，单刀直入的知识教学，难以激发学生兴趣。课堂上老师生怕学生听不懂，喋喋不休；课外时间老师轮番轰炸，让学生疲于应付，消磨了学生的学习积极性。我们的老师，用良心做着违背教育规律的事情，用责任把学生逼向了学习的对立面。

课堂拿出一定的时间给学生吧！课间请让学生充分休息吧！我曾无数次这样呼喊，但收效甚微。我不忍心批评那些抢占时间、有着强烈责任感的老师，只希望他们在对教育本质和规律的探讨中能够厘清教育观念，在触动学生心灵上多一些方法。

能够看到学生疲惫的状态，说明我们发现了教育的问题。下一步是我们怎样来解决这些问题，也许很难，但不能放弃。

空巢家庭空了谁

网上报道，半数城市老年人家庭为空巢家庭，农村老年人空巢家庭比例也达到38.3%，如何养老的问题受到广泛关注。老年人的问题不容忽视，但作为一名教育者，我认为其中透视出的未成年人教育问题更让人担心。

空巢家庭，空了老人，也空了孩子。最近接触到两个学生案例。一个学生在家里表现出自残倾向，手臂上出现多条刀割的痕迹。老师发现后，在细细地疏导中得知原因，学生父母一直在外打工，学生看着别人的父母在身边，就想父母至少能回来一个陪伴自己，于是以此要挟，曾经恐吓过父母“你们不回来我就死了算了”。老师担心学生的同时，意识到问题的严重性，于是联系了学生的父母。父母回绝了孩子的要求，哪怕最近抽时间看孩子一次也没同意。在学生父母看来，孩子不会有什么事情发生，老师只觉得无可奈何。

另一个学生，没有按时上学，老师电话打到学生父母那儿，方知学生父母远在千里之外务工。几经周折，找到学生的行踪，原来学生生病了，在医院输液。学生的大伯在电话里说：“老师，您帮忙到医院里照顾一下这个孩子吧，我们没时间陪着。”当时老师正在教室给另外51个学生上课，能撇下这些学生吗?

保守统计，我校父母不在身边的留守学生占学生总数的50%以上，当看到这些学生不良的学习习惯、生活习惯时，我怒其不争，更哀其不幸。这并不是成长中的学生的错，在他们最应该被父母呵护的年龄，他们却孤独地走过。

美国当代教育家雷夫·艾斯奎斯在中国演讲时曾经给家长们提出四条忠告，其中一条就是，父母无论多么忙，每天一定要和孩子一起吃晚饭。我们的学生别说一起吃晚饭，就是见上父母一面也很奢侈，很多学生一年才能见上父母一面。这样的学生能感受到父母的爱、家庭的美好吗？

这些家长果真是为了家庭生计拼搏在外吗？有迫于生计的，但克服困难给处于成长关键期的孩子一些陪伴也并非不能做到。实际上逃避责任、忽视对子女教育的不在少数。他们把孩子留给家里的老人，表面上是为了挣更多的钱，实际上是追求外面生活的简单和多彩。简单的是不需要处理过多的家庭事务，多彩的是可以感受大城市生活的丰富。其实，如果只是谋生，拿出吃苦的精神，在本地无论是务农还是到工厂打工都不成问题。只是他们对孩子的家庭教育不够重视，认为将孩子送到学校就万事大吉。

遇到一件更离谱的事情。一学生从楼上跳下来，老师将其送到医院救治。学生在重症监护室抢救了三天，又在医院治疗一个月，学校安排老师轮流守护，孩子的父母竟然没有回来看望过，亲人中仅孩子的外婆到医院陪护了七天。学校多次要求孩子父母回来协商孩子治疗问题，他们不是拖延就是以走不开为理由拒绝。直到孩子出院，我们都没有见过她的父母。幸好孩子恢复得不错，没有留下后遗症。可是她内心的伤痛，学校如何能治愈得了？

学生若出现什么问题，人们习惯追责于教育部门。社会问题是教育无法弥补和解决的，整个社会家庭观念的淡薄，部分年轻一代农村家长对孩子教育责任感的缺乏，是农村教育的根本问题。

若能有这样的法律，未成年人必须至少有父母中一人陪伴其成人，甚至于能够像雷夫·艾斯奎斯建议那样，父母每天陪着孩子吃晚饭，教育就不会遇到这么多的问题，整个社会也将更加文明与和谐。

校园里的“骨脆脆”

校园里一个星期内发生了三起骨折事件。一个同学在教室里办黑板报时，从凳子上下来脚一崴骨折了；一个同学经过讲台时，手撑了一下黑板手腕骨折了；一个同学在回家的路上下台阶不小心，小腿骨折了。除了第一个同学第三天继续上学外，另外两个躺在医院，医生说少则半个月才能出院，康复得要 100 天。

事故发生的频率真的有点高了。政教室迅速进行调查，再次澄清，都不存在同学学生或者其他人为因素，完全是学生无意中的一种意外伤害。尽管如此，学校还是担心家长找麻烦。

2004 年，教育部曾经颁布《学生意外伤害事故处理办法》，但是很多伤害事故发生后，学生家长只认一个理：找学校。于是学校出钱、出人、出时间，一次学生伤害事故的发生，往往耗费学校不少人力、物力。伤害事故出不起，为了防止学生伤害事故发生，学校防范于未然，想的办法自然不少。一是有安全风险的活动不开展。校外的学生活动基本取消，校内的活动举行也得先进行安全评估。去年学校首届体育节，有些项目如多人多足接力、投掷等就被取消，原因是安全风险大，最终让学生失去了很多乐趣。二是加强对学生的管制。每当学生课间休息之时，学校安排多名老师在楼梯口、学生出入频繁处、厕所门前进行巡查，以让学生文明行走，制止学生追赶行为，避免学生矛盾发生。但是防不胜防，学生骨折事故还是发生了。

几位家长很理性，没有找学校理论，当然也找不出学校哪个地方管理不当，造成了孩子的骨折。

但是要反思的是，孩子们为什么这么容易骨折。这其中有个孩子，听家长说已经骨折三次了。

记得我们小时候，在凹凸不平的乡村小道上，跑得飞起来，摔在地上“狗吃屎”，也没有哪个骨折。更有调皮的伙伴，从田埂的上一级跳到下一级，三五米的高度，从 5 岁的小娃到 15 岁的少年，没有谁不敢跳的，也没听说哪个骨折了。我一个同学初中毕业后学做泥瓦匠，从三楼掉下来，竟然安然无恙。

莫非，那时的孩子骨头就长得硬？

那时的孩子骨头还真是硬些。从营养上看，吃的是粗粮、田园食品；喝的是池塘的水，一碗水舀起来，有时还有几只“鱼花花”。虽然没有什么其他营养品，但吃的喝的绝对是绿色有机食品，没有激素之类的成分。从运动上看，孩子们好运动，不怕摔。这样的生活，品质不高，但对健康有益。再看今天的孩子，经常吃麦当劳、快餐，喝可乐，还有各种廉价的小包装食品，味道好，但对人的健康却是贻害无穷。且不说防腐剂、食品添加剂等化学物品对身体健康的损害，饮料的过多摄入也会影响身体的正常发育。这些饮料大部分含有磷酸，大量摄入后会影响钙的吸收，引起钙、磷比例失调。一旦钙缺失，骨骼生长缓慢，骨质疏松，对处于生长过程中的青少年身体发育损害非常大。另一方面，学校怕安全事故后责任担当不起，对抗性的体育活动几乎不敢开展，学生体育锻炼不足，时间和强度都不够，学生的身体机能不能得到有效增强，“骨脆脆”便自然而生了。

“骨脆脆”是值得警醒的现象，动作幅度大一点就造成骨折，毫无抵抗性的身体将来能做什么？如果国家不能对食品安全有效管理，家长对孩子健康饮食不能正确引导，学校不把运动锻炼活动丰富开展起来，“骨脆脆”将会越来越多，孩子们将会成为一个个只能轻搬轻放的“玻璃人”。若此，他们还能为社会做什么？

学校能在分数前多点理性吗

学校能在分数前多点理性吗？这并不是一个让人困惑的问题，想必一个学校的校长，还是读了几本专业书籍的，对前沿的教育改革信息也会有些了解。可是到了基层，教育行政部门、教科研部门把考试分数一次又一次给学校排名的时候，校长们也就犯起了糊涂。

这一周，学校围绕质量问题连续开了五个会，分析数据，寻找差距，制订计划，创新方法……一个目标，就是要把学校质量在全市的排位提起来。可想而知，从领导到老师，再到学生，都感到“压力山大”。

这届毕业生是原来学校走向破落时录取的学生，质量排位一直在全市垫底，到九年级我们接手的时候，学生数学、英语等学科有半数的低分(卷面分30%以下)，10分以下的学生也有好几个。学校重新整合，我们对师资做了调整，重新安排了全校最优的老师来执教。半学期过去，除了几个处于前列的学生有进步外，学生整体成绩不见长进。其后，我们再强化措施，对学生进行分层管理和辅导，一名老师上课，还安排一名老师进行督课和辅导；召开学生励志会、家长会，以打破学生的懵懂状态；不断召开老师备考研究会，寻求适合当前学生状态的教学方法；还利用了一些课外时间，让他们更专注于学习和备考……该想到的办法都用上了，本以为这次考试会有大的进步，没想到在全市的总体排名中，变化并不大。

学校挨批评是一定的，于是学校把压力传导给老师，老师把压力传导给学生。目标只有一个，中考提分，全校的平均分至少得提高20分，到每个学科，差不多3～5分。说起来容易，想想似乎也并不难，可偏偏做起来就成了难事。这是怎样的一群学生啊！他们从小学开始落下基础，在初中又荒废了两年，早已经没有了学习的欲望，说是上学，坐在教室真是为了“履行义务”；即使有人一时觉醒，想要奋发图强，但薄弱的学习基础随时都会击碎他的成绩梦。学习基础几乎为零，最基本的乘除计算也往往出错，写出的几个字还需要老师睁大眼睛仔细辨认，态度恶劣的同学干脆交上白卷……老师一遍遍地重复也会失去耐心。有时痛恨他们不争，有时又觉他们可怜——没有目标地坐在教室，一天十多个小时，日复一日，该是多么痛苦的煎熬啊！有时还不得不佩服他们的坚韧，即使被漠视、被打击，仍然可以保持精神屹立的状态。

压力加给老师，老师自然会把学生逼得更紧一点儿。看着老师们痴醉的工作状态，我露出满意的笑容，想着中考结束后的成绩进步，学校不再受到批评，仿佛卸掉了一层枷锁；如果得到肯定，受到表扬，岂不更得意！但是沉心思考，我无疑在做一种虐杀！那些中考无望，那些不抱读书理想的同学，那些每次考试在低分徘徊的同学，即使再多考 100 分又有何用？为了这样的分数，他需要死记很多知识，死做很多题目，这些仅仅有益于考试；他们做着自己不愿做、并且时时带给自己失败体验的事情，精神自然很压抑；他们失去了自由，所有的时空被学习与考试填满，哪怕整天没有一点收获；他们也不得不丢掉自己的兴趣，麻木的状态中，也许他们早就迷失了自己……“学生虐我千百遍，我待学生如初恋。”这是另外一所学校备考时喊出的口号，老师在这样的质量追逐中，又何尝不是一种“自虐”呢！

我们应该追求什么样的质量？其实国家政策层面给了我们很明确的导向，“把学生健康成长作为学校一切工作的出发点和落脚点”，分数不应该成为学校的直接追求。普通高考和职业高考“两条腿走路”，初中毕业实行五五比例的普职分流，这些政策都为基础教育提供了方向——不需要逼着每个学生都走那根独木桥。2015 年 5 月 10 日，全国首个“职业教育活动周”举行，李克强总理专门做出重要批示：要在全社会弘扬劳动光荣、技能宝贵、创造伟大的时代风尚，形成“崇尚一技之长、不唯学历凭能力”的良好氛围。以后将有半数的初中毕业生走上中职之路，他们是否可以在初中阶段不再被挟持，去学习那些只是为了应付考试的死知识；而是为了走好中职之路、人生之路做些储备呢？

一个九年级的学生不堪学习的重负，退学了，我一开始为他惋惜。后来，听说他进了一家美容店，做学徒，不禁为他庆幸起来。他用感性做出了人生选择。后来我特意到了那家美容店，学生有了一股阳光气，大方活络的表现深受老板喜欢。我也再次为他庆幸，少了青春年华的耽误，少了学校对个性的束缚，他自己的色彩还未被抹去，他成才的时间更充足。我想，在他自己选择的路上，他一定会走出人生的精彩来。

考试本应该拼，但实在不可拼的时候，学校是否可以教给学生一些“无用”的知识呢？今天“无用”的东西，或许就是明天的必备素养。培养学生的公民素养，让学生正确认识自己、认识社会，有一颗善良之心，有一种好的习惯，有一份家国情怀并为之努力，这些比应付考试更重要。

我的台湾之行

每个人心中都少不了一种台湾情结。

我刚刚学会说话的时候，听着哥哥欢快地哼着小调：阿门阿前一棵葡萄树，阿嫩阿嫩绿地刚发芽，蜗牛背着那重重的壳呀，一步一步地往上爬……觉得有趣，便也跟着哼唱。歌词是好久以后才弄清楚的，但优美的旋律早已深深地烙在了记忆中。再后来，《童年》《外婆的澎湖湾》《乡间小路》等一首首台湾歌曲总是那么动人心弦，给校园时代增添了许多美好回忆。读中师的时候，女同学爱读琼瑶小说，什么《在水一方》《一帘幽梦》《水云间》……好像永远读不完，也读不厌，读得个个梨花带雨的，憧憬着美丽的爱情故事。再后来，一大拨台湾作家和文学作品走进我们的视野，如三毛、林清玄、席慕蓉、刘墉、张晓风，等等。为什么每个作家都有那样一颗柔软而细腻的心？只要一接触到他们的文字，心灵似乎就要被他们给掠去。

台湾到底是一方怎样的土壤？是像小学课文中写的那样，“那里群山环绕，树木茂盛……要是下起蒙蒙细雨，日月潭好像披上了轻纱，周围的景物一片朦胧，就像童话里的仙境”；还是像歌曲里面唱的那样，“阳光，沙滩，海浪，仙人掌，还有一位老船长”？乡间的小路上是否还有牧归的老牛、缤纷的云彩？是否还可以听到隐约的短笛声和一曲乡居小唱？

高度发达的台湾教育

我荣幸地参加了省教育厅组织的台湾之行。来自全省共 21 名校长、园长组成一个团队。出行之前，省厅教师处专门召开培训会，对学习提出要求，对出入台湾的注意事项一一交代。无比兴奋之中，也让大家多了几分谨慎，虽然同为中华儿女，但一水之隔也隔出了意识形态的很多差异，曾经的对峙在今天的融合中还留有阴影。

十天的学习课程，组织者的安排颇具匠心，有大学校长的讲座，有一般教授的培训，有学校校长的交流，有学校主任的分享；参观的学校有最高水平的实验中学，也有处于山区的偏远学校；从大学到幼儿园，组织者力图让我们对台湾的学校有一个直观的感受。但是因为没有接触一线的老师，没有走进完整的课堂，走近学生，对台湾教育的了解，只是停留在感性上。

台湾的教育无疑是发达的，只有 2300 万人口的地方，却拥有 150 多所大学，平均 15 万人就有一所大学。大学入学率达到了 95%，用台湾人的话说，树上掉下一片叶子，落在行人身上，这个人十有八九是大学生。

这得益于台湾教育制度的改革。约 20 年前，台湾民众提出抗议，不满政府高中招生的三七比例，即学生初中毕业后 30% 的优秀学生才可以升高中读大学，70%的学生只能选择读职校。为了满足民众的诉求，提高台湾民众整体教育水平，大学扩招，慢慢达到了今天的规模。当然随着台湾少子化现象的影响，台湾的大学也在不断地优胜劣汰中。据说台湾有不足百人的大学，2014 年有三所大学关闭，竞争是无处不在的。台湾人心中最好的大学是台湾大学、台湾清华大学、台湾科技大学等校，学生以能上这样的大学为傲。

台湾教育与社会发展

大学的普及对台湾民众素质提高一定有着积极的作用，但是联系台湾社会的发展，未必有着显现的力量。按理说，大学普及 20 年，台湾民众素质提高，区域竞争力也会增强。但实际上，台湾近 20 年的发展却相当缓慢。于是有人研究历史，反思教育，联系当前教育制度，发现了不少弊端。早期台湾重视职业教育，培养了大量的专技人才，所以台湾制造在国际享有很高声誉，特别是高精细的台湾电子产品曾经风靡全球。再回望历史，早期台湾被日本殖民统治时，殖民者把台湾人看作下等人，禁止台湾民众学习政治、经济、科技等高端专业，只允许学习农业、医疗等技术专业，这一历史却造就了台湾农业、生物、医疗的发达。而今的台湾，大学的普及稀释了优质教育资源，尖端人才培养受到影响，一般的学生也不屑于就读专技性大学。这样的人才培养模式并不利于社会的发展，因为一个社会，对普通劳动者的需求远比对精英人才的需求大。很多大学生毕业意味着失业，找不到合适的工作岗位，只能自谋职业。所以台湾各地林立的店铺中，年轻一代，几乎都是大学生，有的是创业者，有的是打工者。当然因为大学的普及，也很少有人因为高学历从事简单的工作而感到不如意。

2011 年，台湾开始推行十二年教育制度，即 12 年义务教育制度。台湾的中小学课程里面，国文课程占据最重要的位置，是课时最多的学科。学校特别注重本土语言、传统文化的学习，要求学生除了会讲普通话外，还要学会闽南语、客家语等方言，其目的在于让孩子们记住自己的家乡和国家。在幼儿园，绝对不可以开设外语课，孩子们的家国情怀从小就扎根于心。

孩子三岁开始上幼儿园，之前由父母看管教育，父母一方可以申请留职请假专带小孩。父母若要工作，也可请有资质的保姆（一般都是大学毕业，有资格证书）看管，政府每个月给予一定补助；也可请爷爷奶奶帮忙，但需要进行岗前培训，达到合格标准，政府也会给予一定的补助。从这可以看到台湾对幼教的重视，从学校延伸到家庭，好习惯从小培养。针对台湾当前少子化的现象，政府正尝试建立更多的托婴中心，以鼓励年轻父母生育小孩，托婴中心多由小学改建，或建立在小学内，因为各小学人数减少，不少资源闲置。

台湾的中小学招生实行严格的划片招生制度，公开透明，接受社会监督。我们参观了台北市铭传小学，这所学校与台湾大学相邻，可以享受台湾大学人力、物力等教育资源，相当于我们的清华附小之类的学校，高峰期学生曾经达到 2 000 多人，但目前只有 400 多名学生。我们问其为什么不发挥学校资源优势多招学生时，校长向我们解释：一是处于老城区地带，人口老化，小学生源减少；二是不可以招收其他片区学生，否则会造成其他学校倒闭，影响教育生态。台湾的学校很多，很多都是只有 200 多人的小学校，甚至还有几十人的学校，这样学生们上学不用走很远的路，稍远一点，家长也完全可以接送。我们后来参观新竹市一所偏远的中学，了解到学生不用在学校住宿，每天早晨上学，下午放学回家，甚是方便。台湾学校的密度大，按照人口与学校的比例，几乎是大陆的两倍，若考虑到台湾少子化的现象，只参考适龄学生，这个比例还要大。

办学特色与校长遴选

只要有考试，就会有应试。陪伴我们的台湾人阿宽，反复向我们介绍，若是女儿考取了哪所高中、考取了台湾大学，就会怎样怎样庆祝，父母对孩子成才的期待都是一样的。所以孩子上辅导班的现象也存在，只是不像大陆这般疯狂。走访学校，我们发现在台湾也有择校的现象，但只限于两类学校，一是办在科技园区的实验中学，学校服务于进入科技园工作人员的子女，因招生人数有限，学校会通过摇号来录取申请就读的学生，摇号公正透明，没有半点掺假，充分体现了台湾社会的民主、公平。二是坐落在山区的学校，因为服务区学生人数不足，但这样的学校又必须存在，学校可以在政府的指导下招收其他区学生。我们参观了新北市双峰学校，这所学校距离市区 15 分钟车程，坐落在群山之中，但因学校办学特色突出，竟然吸引了城区 300 多名学生到校就读。校长骄傲地向我们介绍，一般学校人数都在减少，他的学校人数不减反增，自豪之情溢于言表。可见，追求教育公平，学校发展亦有优劣，学校的好坏也可以带给学校不同的效益。我们参观这所学校时，学校主要领导全部参与接待，给每位参观者还准备了一份水果和自制甜点，小小的细节中彰显出校长不一样的情怀。

参访学校的校长都给我们留下了深刻的印象，校长们的儒雅风度、教育情怀深深地打动了我们。参访新竹立内湖初中，接待我们的是张慧媛校长，虽然学校只有 200 多名学生，但是张校长介绍自己的学校时满是自豪，学生如何走到市、省的赛场，学校有哪些富有特色的社团，取得了哪些成绩，还有哪些愿景，一一向我们介绍，毫不保留。后来参访其他学校，校长们的教育理解和务实作为也都如此，他们的努力也为学校赢得了很多的奖杯，每个陈列室都琳琅满目，从中既可窥见学校的历史，也可看到今天的成就。

一个好校长成就一所好学校，台湾的校长没有行政化色彩，实行的是遴选任用制度。申请担任校长的候选人必须参加考试，笔试合格以后到拟任职学校参加演讲，由教育局、老师、家长、社区四方面组织代表对演讲校长打分，选上的校长还要参加职前培训，然后上岗。每届校长的任期3～4年。校长在一所学校连续任职不能超过两届，任职期满，必须再通过遴选的方式到其他学校担任校长，不能被选任，校长就只能还原成普通老师。想要连任，校长必须做出名气，这可能是我们看到这些校长都非常优秀的缘故吧。相对于校长的遴选和任期制，台湾老师的管理更多依靠于老师的文化自觉，随着在一所学校的教龄增加，老师们也可能会产生一些职业倦怠。

无形的文化力量

参访到台湾的每一所学校，校长们都非常热情和谦逊，亲自到校门口迎接，亲自为我们介绍，发自内心的真诚，让我们在不自觉中受到一种文化的感染。

台湾学者龙应台说："文化是什么？它是随便一个人迎面走来，他的举手投足，他的一颦一笑，他的整体气质。他走过一棵树，树枝低垂，他是随手把树枝折断丢弃，还是弯身而过？一只满身是癣的流浪狗走近，他是怜悯地避开，还是一脚踢过去？电梯门打开，他是谦逊地让人，还是霸道地把别人挤开？一个盲人和他并肩路口，绿灯亮了，他会搀那盲人一把吗？他与别人如何擦身而过？他如何低头系上自己松了的鞋带？他怎么从卖菜的小贩手里接过找来的零钱？"在传播文化、传承文明的校园，我们首先感受到一种文化的力量。

台湾的学校没有像大陆学校一样的热闹环境，几乎看不到一条标语，也找不出一处精致景观。但是走进学校，你自然而然地会感受到一种厚重与安静，让人不得不感叹，这是一个读书的好地方。古老的大榕树，古朴的红砖房，诉说着校园的历史，营造着一种特殊的宁静氛围，让人一进去就会安静下来。细细品赏，又会有许多的小惊喜跃入你的眼帘。生态池里，飞虫徜徉于花草间；树干上，大大小小的鸟窝轻轻垂挂；每株植物都会讲话，所有的生命都有自己的栖息地，小虫小鸟也有自己的家。在这里，所有的生命都自在相依，共同演绎着大自然的丰富与美丽。

校园里，与自然环境相宜的还有人文环境、教育环境的巧思妙想，防撞墙、学生座椅软靠背、老师的咖啡屋、活动室的实木换鞋地板、教室角落的小小阅读区、内容各异形式不一的温馨提示（有提示安全的，有提醒喝水的，有告知洗手方法的，有明示垃圾分类的），无不体现着对师生的人文关怀。

文化不仅显现于物，更内秀于人。漫步校园，你会发现台湾的老师几乎素面朝天，衣着端庄，讲话柔声漫语，笑容真诚可人，举手投足让人感到舒适。学生也是个个彬彬有礼，阳光灿烂，简短的交流间也能被他们的快乐自在所感染。文化，还体现在许多细节当中，校园里，教室里，经常可见戴口罩的老师或学生，原来他们不是怕被传染，而是自己感到身体不适避免传染他人；洗手如厕，没有老师监督，孩子们有序排队，轻声讲话，不推搡、不拥挤已成习惯；只要是残疾人不便上下的地方都有专用滑道。

参观学校时，我们一般会习惯性地去寻找一所学校写在墙上的办学理念和特色，可是在台湾学校，你不用心感受，就不会有这样的发现，因为他们的理念和目标都化为了一个个教育实践。台湾优质学校教育指标对于学生学习是这样界定的："学会认知、悦纳自己、尊重别人、负责做事、生涯发展。"所以，无论是大学、中学、小学还是幼儿园，办学目标都着眼于"全人"发展，教人如何成为一个好的自己、一个完整的自己，成为一个对自己、对他人、对社会负责的合格公民。新竹市立内湖初中的"自尊、自信、自在"，实验中学的"诚恳、踏实、创新、超越"，新北市新店区双峰小学的"拥抱生命，关怀生态，体验生活"，普台学校的"对上以敬，对下以慈，对人以和，对事以真"，这些凝练而成的办学目标无不体现出对个体的关怀，对可持续发展的关怀，同时还关照到社会需求，注重道德感、价值观的培养。龙应台说，文化其实体现在一个人如何对待他人、对待自己，如何对待自己所处的自然环境。在台湾的学校，似乎找到了这样的答案，学校力图站在学生的角度为学生考虑，又力图培养学生站在他人的角度为他人考虑。

教育其实是“小”事

走进台湾，你会感受台湾人的热情与友善。伴行的阿宽不厌其烦地向我们介绍台湾的地理人文，让我们有一种超值的享受，一句“有困难找阿宽”让人倍感温馨；担任司机的阿牛哥在我们每次上下车时，都钻进车厢底部的行李仓，一一把行李摆放整齐，又一一把行李给我们搬下车来。走在街上，当你问路时，决然没有不信任的目光投向你，耐心的引导一定会让你豁然开朗；亲切的语言，纯真的笑容，加上台湾特有的语调，让你置身台湾，总有一种说不出的熨帖。这是一个社会的风气，其实在学校中完全可以找到影子。

阿宽向我们介绍，台湾早期幼儿园，只教孩子说三句话：谢谢，对不起，请。简单的语言，包含的却是感恩、善良、尊重、礼貌、包容等品质，一个人从小就把这些品质扎根心灵，长大了一定带给社会美好。所以当我们行走于台湾街头时，看不到任意停放路边的车辆，看不到行人在没有人行道的地方横穿马路，甚至于看不到一片垃圾。

台湾现在幼儿园的课程中有一项重要内容，就是垃圾如何分类处理。垃圾事小，环境事大，人人出一份小力，聚在一起，就可以成就台湾的美丽天空。除了这样的环境课程外，每所学校都非常注重培养学生管理自己的生活以及承担相应责任的意识和能力，越往下越强调“学习即生活”。参访中，我们不止一次看到学生们在认真做卫生、清扫垃圾。原来每个学生不仅要自己的事情自己做，还有为班级、为他人服务的职责。学校的公共卫生都是由学校统一安排分派到各班，由学生轮流完成的。即使我们认为最脏的厕所，卫生亦由学生打扫。在双峰小学校长办公室里，一张留言引起了我们的注意："亲爱的徐校长，感谢您上次为我们六年级示范如何清理洗手间，但也有许多学弟上洗手间时都不对准，使我们清理得非常吃力。Thank you！祝教师节快乐！"责任，义务，抑或服务精神？学生们只有处于某种角色中，他们才会真正地懂得。

在新竹市立内湖初中放学时，我们看到几个学生穿着黄马褂在学校与公路的接口处，拿着小旗子。阿宽向我们介绍，每个学生每学期必须有五次做志工的经历，才可以得到学校合格的操行评定。

在双峰小学参访时，我们碰巧赶上午饭时间，学生饭菜用几个大盘子和桶装着集中放在讲台上，学生们很有序地用自己的餐具按自己需要的量盛饭菜，吃完各自洗自己的碗，公共餐具由值日生整理好送回厨房。吃饭的时候，没有喧闹，没有争抢，安安静静，真是应了古语"吃不言，睡不语"。通过校长介绍和我们在有限时间内的观察，我们详尽了解了学校及园所的课程安排，确实体现了"学校小社会，社会大学堂"的教育理念，不仅让学生学习认知，更让他们学习生存、学习共处，学习生活并学习为他人、为社会服务，成为一个有文化的人。有一天晚上，我们几个同行兴致不错，找了一个排档小酌几杯，你来我往，声音不觉大了几分，这时一个台湾女孩走过来，说道："你们吃饭怎么还要吵架呢？"惭愧之中，大家自觉放低了声调。

记得在非典流行的时候，全民普及洗手的重要性，医生还出来专门教导洗手的正确方法。台湾的小学里面，处处都有提醒洗手的标志："正确洗手，远离疫病"，并用图标说明"湿、搓、冲、捧、擦"五个步骤。在有午睡床的学校里，教室里也晾着孩子们的毛巾，搁着漱口杯、牙刷。在安坑小学校门入口处有一块醒目的提示牌，主标题为"品德陶铸，贵在实践"，下面是一月份公德修养内容，分低中高三个年级层次向学生提醒："我应该做到：我会做好垃圾分类；我在公共场所不影响他人；我会维护公共环境的整洁。"没有空洞的说教，只有这样一些具体化、细节化的要求，教育入微，教育无声。

如果都像这样重视阅读

在新竹市立内湖初中，学校正在改建一间阅览室，校长介绍说原来那间阅览室不能满足师生、家长阅读的需要。台湾学校对阅读的重视超出我们的想象，图书阅览室的建设绝对不是为了硬件的达标，而是实实在在为了阅读。每所学校，我们都特意参观了学校的图书室，说图书室是学校最奢华、最浪漫的场所毫不为过。在中华大学，阅览室设有一般阅读区、自由阅读区、创意阅读区，创意阅读的学生们或坐，或躺，或思，看似散漫，也许一个个新鲜的创意就从这里产生。在新店安坑小学，整个阅览空间设计成一棵大树造型，树底下，有硬座，有软座，有独立座椅，有联排桌椅，还有不少蒲团放在地上，高低相间，疏密有致，可以想象，学生们在这里阅读完全可以享受自由，享受惬意。

除了对硬件建设的重视外，台湾的学校还非常重视阅读课的安排，每周一节的阅读课成为正式的课程，学生的阅读活动也是多种多样。如好书推荐、亲子阅读、阅读护照奖励、阅读学习单制度、阅读榜、阅读心得写作比赛、阅读知识竞赛、阅读分享会、阅读讲座等。所以，在阅读榜上，我们看到初中一个班级 30 多个学生一学期借阅的书籍可以超过 1 600 册，一个低年级的小学生一学期阅读的书籍可以超过 100 册。朱永新说，一个人的精神发育史就是其阅读史，一个没有阅读的学校永远不可能有真正的教育。莫非台湾学校的书香味都源于阅读，台湾的社会文明也与阅读有关？答案是肯定的。所以，2015 年的政府工作报告，特别提到促进全民阅读，李克强总理就此还专门进行了阐述。如果我们的学生都能这样热爱阅读，也许我们民族的文明素养会向前跨出一大步。

校园是学生们的空间

谁是学校的主人？走进台湾的学校，你会真切地感受到，校园就是学生们的空间。在这里，看不到校长的照片，也看不见老师的荣誉介绍，因为他们觉得，只有学生们的成绩才能代表学校的成就。在新科实验中学，我们看到了宏伟的场面：整座图书馆的书架上，全部搁着学生的灯饰设计，各种创意的造型，五彩缤纷的色彩，让你仿佛置身于一个真正的灯饰世界；四面墙上，全部是学生的书画、手工作品。校园里处处可见学生的手工、书画作品，制作的灯笼、设计的贺卡、书写的对联、布偶、拼画、插花……遍布在走廊、文化墙、会议室、办公室、校长室……充分的展示空间，自然也给了学生充分的成长空间。在这里，我们充分相信台湾对“优质教育”的表述和实践，这也是台湾教育当前推崇的新理念：优质教育是一种扎根的教育，其作为是要提供给学生“适性”发展、“潜能”发现的机会，让学生人人都能“尽”其潜能地发展，把学生的“潜能性”化为“实在性”，亦即帮学生“知自己”，把每个学生带上来。丰富的课程是台湾学校的特色，从各个学校的课表和活动安排中可以看到，知识学习不是课程的全部，课程内容还突出了生活性、综合性和实用性。每个学校都安排了一定的时间以不同的方式开展各类单纯认知以外的活动，让学生的学习有更多选择，更加多元，发展更加适性。

在新竹实验学校，我们正好观摩了一节家政课，家政教室里，学生们系着围裙，手持锅铲，或做炒饭，或拌面条，有的则坐在餐桌旁和同学一起分享，乐趣尽在其中。还有台湾大学的科技创新，新竹实验学校全体学生的“三球”课表、公民历史与人生、舞文弄墨、视觉艺术与创作、瑜伽、篮球，内湖初中的家庭电器修理、技艺教育、户外采摘、感恩节献爱心等，丰富的校本课程，给了每一个学生生长的空间。对那些在文化成绩上特别突出或者有困难的学生，学校亦开设了资源班来满足他们。

想说爱你也容易

若是到台湾来看风景，你一定会很失望。看多了大陆的大山大川，江南秀水，城市风景，你会觉得台湾真没有什么好看的。阿宽诚恳地告诉我们，来到台湾，你要看它的小，品它的细，也不要被电视里的那些打骂声所误导，大家的生活其实很平静。十多天的时间里，虽然只是浮光掠影，但却真切地感受到台湾的美。这里的人美，踏实勤奋，恭谦有礼，那份待人的热情让你仿佛回到久违的大家庭一样；这方土地美，温馨友爱，自由灵动，葱郁的树木，洁净的环境，全民的环保意识营造出真正的宜居家园；这里的物美，在商铺买到假货的概率跟中头彩的概率一样，很低。他们传播着善良、文明，走在台湾的街头或乡村，不知不觉，你也仿佛步入一个新的心灵境界。

台湾的教育也没有想象中的那般“高大上”，但他绝对会以一种虔诚和踏实打动你。校长们的儒雅风度，老师们的教育情怀，学生们的活泼身影，还有社会志士的奉献精神，一起构筑成校园的美丽风景。教育是宏伟的事业，更是无声的行动。把教育和社会联系起来，把今天和明天联系起来，把理想和实践联系起来，把书本和生活联系起来，就是好的教育。台湾教育并没有向我们表达多少高深和新鲜的理论，而是真正让学生站在学校的中央，着力做好一件件小事情，其实我们也可以做到。

教育是内心的一份信仰

——赴香港学习考察所见所感

当狂奔的汽车载着我们在市区穿行，看着火柴盒一样的楼房、时不时从眼前掠过的学校，它们被挤压在有限的空间里，心里纳闷：香港的学校会好吗？

拥挤的香港很安静

一首《东方之珠》唱出了多少人对香港的向往，这个曾经承载中国屈辱的地方，已经从那片灰暗中走了出来，成为真正的东方之珠，成为国人魂牵梦绕的一块商业与文明高地。从深圳的酒店步行至深圳湾口岸，不到30分钟便办完过境手续，手机信号自然转换，意味着我们正式踏入香港。虽然只有一步之遥，负责此次出行安排的杨得雄科长却跑了一个月的手续，对于多数国人特别是公务人员来说，想完成一场想来就来的旅行，香港还会说不。

汽车的速度飞快，可能与香港生活的快节奏有关吧。山与海相连，不时有高楼挺立，也有些渔湾低矮的房子，过了深圳湾大桥，香港就在眼前。再往前走，一排排老房子保留了20世纪80年代的建筑风格，道路狭窄而且老旧，接近市区，似乎毫无规划的高楼林立，只能用寸土寸金和人口密集来解释。然而，在随后几天行程中让我们吃惊的是，道路虽然狭窄，却畅通，没有堵车的情况；人口虽然密集，却很少出现拥挤的情形，也听不到喧闹之声。车辆并行不悖，没有鸣笛，没有抢道，没有占道。第一天带着我们出行的巴士到了一所学校，绕着学校转了四圈直到找到停车位才让我们下车，虽然大家稍有怨气，但是不得不敬畏他们的这种规则意识和文明修养。在拥有80万人口的香港，我们确实感觉不到拥挤，偶有路人多的地方，大家都是安静行走，公交站台、商店门口，不时可见整齐排队的人群。垃圾箱分类设置，地面洁净，几乎没有尘土，看来在香港一个星期不用擦鞋是一种事实。洗手间都配置了整容镜、纸巾、洗手液，全天有人打扫，毫无异味。小小细节，都是一种文明的印证。

有分量有内涵的论坛

我们参加的是第九届大中华地区校长交流论坛，100人的论坛，据说是最大规模的一届了。如果和内地动不动上千人的大会相比，实在是有点“寒碜”，但若论活动的内涵，却又是“高大上”了。地点在香港岭南大学，正值岭南大学50周年校庆，此次活动变成了岭南大学校庆活动的一部分，主办方为岭南大学和香港校长专业发展促进会等教育机构，活动的赞助机构为田家炳基金会。参会的人员除了组委会邀请到的海峡两岸暨香港、澳门学校的校长代表，岭南大学校长郑国汉教授、副校长莫家豪教授、英国伦敦大学教育学院教授Keynote Speaker、香港教育统筹委委员会主席雷添良、田家炳基金会主席田庆良等知名人士出席，无疑增加了会议的分量。其实就参会并参与交流的中小学校长来看，来自香港、台湾的校长绝大多数毕业于世界名校，有着丰富教育经历，头衔很多。他们工作的学校个个堪称名校，特色鲜明。

论坛的主题为“培育世界公民与推动博雅教育”，英国教授Keynote-Speaker主要从事世界公平教育的研究，他在推动教育公平以实现社会公平方面分享了他的研究成果，作为一个发达国家顶尖大学的学者，他把教育的目光聚焦不发达国家，聚焦社会弱者，这种社会担当本身就值得我们学习。郑国汉校长则在社会的发展、着眼未来公民的培养方面提出了个人的看法。他认为，不确定的未来已经到来，职业生涯形态的转变成为一种趋势，未来的社会需要具有思考分析能力、沟通技巧、创新力、决策和执行力、职业素养、社会同理心的通才。他还提出，大学的工作重心应该是教学，如果不能把学生教育放在第一位，这样的大学只能叫作研究所。大学不在其大，而在于对学生成长的影响。即使再忙碌，郑校长亦会经常走进教室，和学生一起活动，用良好的师生关系去影响他们。行走在岭南大学，无论图书馆还是学习室，无论是上课时间还是中午时分，我们都能看到学生安静学习的身影。这样的大学，真好！其后，亚斯里卫理小学林德育校长分享了他的全人教育经验，他提出“做最好的我”的办学理念，以发现每个人身上的长处、不与他人比较、每天进步一点点三个观念为支撑，构建起学校以“爱”为核心的学习框架，自如、洒脱、诙谐的演讲留给大家深刻的印象。来自台湾台北市大理高中的博士校长高景松分享了他体验教育的实践，让学生尽情享受大自然的阳光、雨滴，尽情享受没有围墙的学校、没有钟声的教室，把世界当教室，而不是把教室当世界，在丰富的体验教育中，让学生建立自信、面对挫折、正向思考，形成解决问题的能力。他努力挖掘校内资源，也会积极开辟校外资源，甚至有在校外买地 200 亩作为学校实践基地的疯狂举动，这些该是倾注了他多少心血。

会议安排了六个分论坛：正向教育、家长教育、“一带一路”对教育发展的启示、博雅教育的实践、青年社会流动、中国文化传承，从这些主题可以看出会议主办方对教育的深度思考。我聆听了家长教育的主题论坛，颇有感触。一是他们对家长教育认识更为深刻。没有好的家长，就没有好的教育；先好好做人，再好好做父母。他们把家长教育的思维延伸到现在的孩子，因为他们 20 年后就是家长，今天所接受的教育质量决定了他们以后当家长的质量。二是他们对家长研究更深刻。功利的爱、溺爱、错爱，“直升机”父母、“怪兽”家长、“割草机”父母、“魔鬼粘”父母、“冰壶”父母，只有发现了问题，才能解决问题。三是他们务实的行动更多。促进家校真诚、勇敢地合作，系统性地进行切合需要的家长教育。在台湾，专门立有所谓的“家庭教育法”，对亲职教育要求从自然随意提升到法律规范的层面。因此学校亲职教育的实践样态更为丰富，家长渗入学校工作，参与学校管理，提供志工服务，共同学习成长，家长与学校真正融为一体。他们认为父母的责任有四点：一是营造亲子时间，参与孩子的生活；二是保持宽容心态，接受孩子的问题；三是养成阅读习惯，让孩子模仿；四是善用社区资源，让孩子维持探索兴趣。没有“高大上”的口号，只有切切实实的行动，家长们若能如此，不就是称职的好父母吗？家庭教育有两种，一种像园艺，一种像木工。前者提供阳光、空气和水，让幼苗长大；后者把木头雕成自己想要的样子。我们应该成为哪种父母呢？

根据安排，我在会上就中国传统文化传承进行交流。听了来自香港和台湾的校长传承中国传统文化的种种课程实践，我感到工作还有很多不足。他们传承中国传统文化，比我们做得好，这是事实！好在习总书记响亮提出了中国文化自信，做出了优秀传统文化进校园的战略部署，相信一段时期后，因为中国传统文化在每个中国人身上的烙印，中国人会更加自信，中国文化也会更广泛传播。

匠心包裹的中国心

我在听了香港路德会西门英才中学校长简加言博士就传承中国传统文化所做报告后感叹不已，到了学校才发现，学校做的远比说的好，用同行的李局长的话说："参观这所学校，有一种心灵的震撼！"

学校占地面积确实不大。一个篮球场占据了教学楼前空地一半的空间，逼仄的空间远没有内地学校的恢宏大气。学校刚刚过去的 40 周年校庆的展板还未拆去，浓郁的校园文化、精致的校园布局已然印在心头。行走校园，升旗台、学生展示台，文化设计，绿化装点，没有一处空白，没有一处不显匠心，校长如数家珍地一一介绍，满满的成就之感溢于言表。文化墙上，有一国两制、国内行政架构的宣传，有中国历朝的发展，有经典诗词语录，还有一张中国地图，特别显眼，上面清楚地标注出香港、澳门、台湾的位置，显示出两岸一家亲。在一个转角处，设计师巧妙地设计了一个有江南风韵的小桥流水长廊，杜甫的《春夜喜雨》和陶行知的教育箴言镌刻于石墙之上，无限的诗情画意浸入人心。藤制的围椅、木制的条凳、古朴的方桌，点缀在校园各个空间，是一道道景，更是一份份中国情。

参观完教学楼周围一带，从门口进入教学楼，书香扑面而来，文化气息直入人心。作为一所教会学校，宗教文化自然是它的主流，《圣经》语录、宗教故事图文在校园里处处可见，但是校长向我们介绍，宗教不是为了束缚人，而是叫人求真向善，正如门厅中的一句语录：我来了，是要叫人得生命，并且得得更丰盛。所以在这里，东西方文化是并存的，传统与现代是相融的，一切的宗旨是为了人更好地发展。在大厅的门柱上，一边是学校校训“你们是世上的光”，一边是中国古诗句“问渠哪得清如许?为有源头活水来”。校训的含义，从宗教的角度，是教人传播真善美；从教育的角度，是教人发现自己。至于目标达成的方法，这句古诗给出了最好的答案，由此可见办学的哲学思维。墙上悬挂着几幅宗教图画，图画下边，则是中国传统茶几，茶几上摆放着几本书籍、几副象棋、几套书法工具……我再次佩服到校长的匠心。校长的匠心还不仅如此，组织每周一的升旗仪式，设计中国风的图书馆、会议室，带领老师们游览祖国名胜，编印学校传统文化读本……上百年的殖民统治，中华文化的遗失，让多少香港人忘记了自己的根，以致于发生“非法占中”事件、请愿回归英国殖民统治的闹剧。了解，渗入，回归，相信今天校园里长大的孩子，一定会被中国博大的传统文化所吸引，一定会自豪地告诉世界：我是中国人。而这背后，我们一定要铭记像简加言博士这样的校长，匠心的背后包裹着一颗赤诚的中国心。

教育就是实实在在的事情

香港的学校一般为标准规模，24 个班级，800 名左右学生，每个班级最多 32 人，绝对不可以突破。所以你会在香港看到这样的景象：同一条街道，并列着四所学校。学校的优劣决定了生源的优劣，不可以多招收学生，但学校可以通过面试优先招收一批好学生。路德会西门英才中学无疑是一所优质学校。学校描绘了一个西英梦：要办出一所荣神益人的学校，打造一群高效专业的老师，培育一群坚毅学习的学生，凝聚一群投入学校的家长，建立一所传扬福音的教会，储备一个人才库回馈社会。学生成就聚焦两个方面：一是培养学生品格，做负责任、肯奉献的良好公民；二是提高学生考试成绩，让学生有条件入大学、进社会。没有高调的口号，实实在在的办学追求，让人感受到真实的教育。

走进老师办公室，满墙的书架和壁柜，几乎都塞得满满的，老师们埋头工作，甚为专心。同行的向导提醒我们，不要和他们说话，免得打扰他们工作，因为他们的工作负担太重了。听校长介绍才知道，这里每位老师平均每周有26～28节课，每天差不多6节课，还要备课、批改作业，负担确实够重了。因此学校针对老师专业发展提出“五个一”：一年一书籍、一年一教案、一年一观课、一年一录影、一年一开课，看似简单的背后，却是不平常。老师们没有加班工资，却争着为学校服务；班主任没有津贴，大家却抢着当班主任。教室走廊上摆着一排排桌椅，那是老师课外辅导学生的专座。当问及校长管理的秘诀时，校长说没有啊，这里就是这种文化。感恩，付出，帮助别人……这就是文化，这就是教会学校的力量。在后来与出租车司机的交谈中我了解到，香港人有着特别勤奋的一面，以至于60多岁的退休人员会成为出租车司机的主流，只要身体允许，他们都会找一份事做。这使我想到，中国烛光基金会的那些老者为支持内地教育经常奔波在路上，为学校培训、讲课不拿一分钱的报酬。传播福音，奉献社会，这应该是他们身上最难得的精神品质吧。

然后我们参观了学校图书室、音乐教室、美术教室、家政教室、学校分享式会议室、学校展览长廊……每到一个地方，大家无不赞叹校长用心的思考。有三间教室大小的中文图书室，中国风的室内设计，博物馆般的馆藏风格，书香浓郁，厚重典雅，各种座椅搭配，或高或低，或软或硬，或立或靠，给人的感觉，这是一个让人进来就不想走的地方。校长的用心正是如此，给学生们阅读的享受，培养学生们阅读的习惯。在这间图书室，我和简校长分别代表各自的学校签订了《姊妹学校合作备忘录》，想象我们的师生会有更多的交流和学习，我们的师生有一天能够来到这所学校感受这里的文化，他们的师生能够到内地深度了解内地，今天这份备忘录该是承载多重的分量啊。

走进教室，这里是另外一番景象。家政课上，学生们的炸虾球刚刚做好，展示，品尝，欢快有趣。经过教室的走廊，我们看到了这里学生的学习场景，感受到学生主体的主动性。校长介绍说，学校管理中，学生是主体，教学是焦点。三年前他从内地学习了小组化的教学模式，一直推行课改，所以有了今天课堂上生动活泼的场面。一个个小组争先恐后，一双双小手高高举起，我去过内地好多所知名课改学校，哪曾看到这样的课堂状态？和香港的学校比，我们多了总结，多了提炼，却少了这样务实的行动和执着的追求。他们也布置作业，也有导学案，也有考试，只不过他们更关注学生成长，培养学生能力，说了就做，做就坚持，这是他们的行事风格。

“我们每年 11 月份都会有学生游学，希望明年能到你们的学校去交流。”一份协议的签订，对于香港人，就是一份承诺。

用整个的心投入到教育

在路德会西门英才中学的办公室，有一张老师们的全家福，老师们在篮球场站成心形，挥动手臂，照片上面写着一句话：“努力只能办完一件事，用心才能办好一件事。”如果说这里有什么特别之处，一切源于一个“心”字。简校长在多次的介绍中，向我们“炫耀”：这是我在淘宝上淘来的，这是我和老师在二手市场捡来的，这是老师们亲手设计制作的……把学校当作自己的家，把教育当作自己的生活，用整个的心办教育，这是我们一行对香港校长们的感受。

参访香港播道书院，大家更是被卢伟成校长的才情所倾倒。卢校长 54 岁了，举止神态却像 30 多岁的青年，问他保养的秘诀，他说：“整天跟孩子们在一起啊！”这是保持年轻心态的秘诀，又何尝不是教育的秘诀。卢校长是一个会讲故事的人，讲和太太的故事，讲几个孩子成长的故事，讲自己姐姐的故事，故事的背后都是教育的哲学和智慧。教育即生活，生活即教育，像卢校长这样把生活与教育相融相连信手拈来，是一种才华，更是一种情怀。在学校的演讲台上，印着“学生为本，学习为重”八个字，体现出学校管理的核心。何为学生为本？卢校长向我们讲了一个故事。一次遇到一个被同学嘲笑的“笨学生”，他在与这个学生交谈中努力去发现他的聪明，并启发那个学生：你这么聪明，别人笑你，说明谁是真笨啊？

校长和这个学生交朋友，这个学生变得阳光自信起来。卢校长信奉的观念就是我是校长，我是老师，我的工作就是帮助每一个学生。既然这样，老师何必要管他是好学生，或是不好的学生呢？对每个学生都该一视同仁，都该给他们关怀和鼓励。在学校里，有由调皮学生管理的游戏教室，他们自己制定管理规则，他们在游戏过程中学会游戏的规则、礼仪、着装。针对爱打桌球的调皮学生，校长跟家长沟通，建议为他们配上西服，让他们像绅士一样去打桌球，在校园里也可以用西服替代校服。因为这样特别的定制，这些学生变得比其他学生更加彬彬有礼了。学校还有一个超高的攀岩墙，学校请来教练，教那些精力旺盛的学生，学生们学会了，教同学，教父母，找到了自己的正道和自信。卢校长带领我们参观校园，行走之处都有一个深情的故事，那该花费了卢校长多少的心血啊！何为学习为重呢？卢校长特别向我们解读了《列子学射》的文章，会了不叫"会"，知道"怎么会"才叫"会"。教会学生不是老师讲给学生听，而是学生能够讲给老师听。卢校长带领我们参观体育课、参观会堂、参观教室，走到哪都会有学生的欢呼声，仿佛明星走场一般。没有对孩子的全心投入，没有对教育的全心投入，决然不会如此受学生拥戴。走到每间教室，卢校长都会问："今天学了什么，谁能讲给我们听啊？"一个个学生便来到卢校长身边，讲述刚刚学习的内容。这样的情境，真美！

学习行程即将结束，汽车载着我们经过尖沙东，对面的维多利亚港，霓虹闪烁，灯光摇曳，海浪声声，海风阵阵，那是多少游客的向往之地。我们一行坐在汽车上一览而过，没有被这眼前的美景所吸引，因为香港教育的美景已经烙印在我们心头。香港的学校好吗？来时的疑惑已经释然。这次教育之行，是心灵之旅，它让我们再一次审视，什么是教育；它也让我们深刻反思，怎样才能办好教育。

办好教育需要一份信仰，需要我们整个心灵的投入，当我们整个的心装着学校，装着学生，我们的教育也一定会像维多利亚港的灯光，照亮世界。

后　记

阳光守望

这本集子最先取的名字是“阳光守望”。

2009年初夏，我从城区的实验中学来到八宝中学担任校长，这是我人生的一次巨大挑战。尽管上任之前我备足了课，做好了各种准备，来到八宝中学的第一天，信心还是打了折扣。学校十多处危房，一直以体育为荣的学校却没有一个成型的运动场，小小的校园内就有三处垃圾场，学校除了一间计算机室外再没有其他的功能用房；尖子学生未能得到较好发展，学生的流失相当严重。走进老师的办公室，没有期待的热情，看到一个个陌生的面孔，我开始显得底气不足。后来老师们开玩笑说道，这么年轻，身体又这么单薄，谁想到是我们的新校长呢！

转眼已有五个年头，蓦然回首，才知道时间的匆匆。五年里，有太多的变化，学校旧貌换新颜，原有的破败景象焕发出时代气息，被同行誉为“最美乡村学校”，被湖北省教育厅授予“健康学校”“绿色文明学校”等称号。校园里，绿树成荫，四季花开，有高大的香樟、挺拔的玉兰，更有格物广场、阳光学苑、道德长廊、阳光主题园等文化建设与自然环境相得益彰，构成了学校一个个文化景观。走在校园，感受着学校的积淀与文化时，我有了深深的自豪。

变化的，还有师生的精神风貌、全面提升的教育质量、日益鲜明的办学特色。2013年的义务教育质量表彰会上，学校独得九块奖牌，成为全市之最。

变化的背后因为“阳光教育”。

“阳光教育”在那个时候还是一个少见的词，网络上的资源不多。当然即使是相同的概念，也可以有不同的内涵解读。教师的职业倦怠，教育的功利倾向，社会的诚信危机，大面积的留守儿童，不利的成长环境中，孩子们太需要一缕阳光。成长的路上，教育何尝不就是照耀学生们的太阳呢？心有阳光，教育的一切困惑才能迎刃而解。阳光教育是追求公平的教育，老师要像太阳一样把爱洒向每一个学生；阳光教育是实施赏识的教育，每个学生都会像太阳一样发出自己的光芒，老师旨在帮助学生们发现自己；阳光教育是充满生机的教育，校园里当有欢声笑语，当百花齐放。仿佛一抹曙光，“阳光教育”的理念一下子拨开了八宝中学发展的迷雾。我用形象的语言向老师们解读：“让阳光照耀到校园的每一个角落”，旨在关照、关注、关爱每一个学生，以“教好每一个学生”为职业理想；“每个人身上都有太阳，只是要让它发光”，每个人都可以成长为最好的自己，学校应该多一些角度去教育、培养、评价学生。一场头脑风暴在校园展开，老师分批次出去培训，把教育专家请进来讲座，举办论坛，组织展演，一场场观念的博弈，一次次智慧的碰撞，阳光教育终于落地生根。

从教育观念的转变，到实践系统的构建，到阳光课堂的改良，“阳光教育”成为了学校的核心理念。从阳光教育文化的确立，到阳光教育物化环境的建设，再到阳光教育成果的体现，“阳光”正让这所学校的气质发生变化。于是，我们就有了这样一群了不起的老师，他们尽职、尽责、尽善、尽美，团结协作，热情友好，追求卓越，有着仁爱的情怀；于是，我们就有了这样一群了不起的学生，他们自尊、自律、自信、自立，有着阳光般的灿烂，散发出青春的活力，睿智机敏，乐学求进，乐于助人。

阳光成为教育的一部分，也成为我人生的一部分。多少个日日夜夜，我行走校园，力求为阳光教育找到注解。做个追梦的教育人，带着思辨的眼光去审视，在现实与理想中追求平衡；坐下来与老师论道，引导老师们在自我修养中提升师者境界，在专业成就中感受职业幸福；蹲下来与学生交流，走进学生们的心灵，悟得教育门道，点燃他们的梦想；更多时候是走进课堂，和老师们一起探讨学生高效学习的路径，追寻质量的秘密；也有时候，感悟生活，不经意间获得一些教育智慧；当然也还有那些教育过程中解不开的困惑萦绕心头，挥之不去……于是，有了 30 多万字的行走笔记，摘录部分，编成了一本小集子。

终究是没有集成，后来越看越觉得幼稚，打算作罢。适逢参加湖北省楚天卓越校长班，培训班的硬性要求迫使我重新拿起这本册子，结合这几年参加楚天卓越校长培训班的思考和在实验初中城北校区的办学实践，重新集成，于是有了“教育慢慢来”的价值思考。或许片面，但它是一个教育虔诚者的思考。它见证了我担任校长行走的几年，是一个教育人的阳光守望。

我要特别感谢时任教育局局长易文慧女士，她不拘一格，把我从学科带头人选拔为学校校长。正是这个平台，让我对教育有了更炽热的爱和自己的思考，有了对理想的美好憧憬。

感谢和我一起耕耘、一起成长的同事们，追求幸福而有意义的教育人生，我们一直在路上。